Theo Öhlinger • Verfassungsrecht

# Verfassungsrecht

Geschichte – Grundprinzipien – Organisation

von

**Dr. Theo Öhlinger**
o. Universitätsprofessor in Wien

Wien 1993

WUV▲UNIVERSITÄTSVERLAG

Die Deutsche Bibliothek – CIP-Einheitsaufnahme
**Öhlinger, Theo:**
Verfassungsrecht : Geschichte, Grundprinzipien, Organisation/
von Theo Öhlinger. – Wien : WUV-Univ.-Verl., 1993
ISBN 3-85114-136-9


Copyright © 1993 WUV-Universitätsverlag, Berggasse 5, A-1090 Wien
Alle Rechte, insbesondere das Recht der Vervielfältigung und der Verbreitung sowie der
Übersetzung, sind vorbehalten
Umschlaggestaltung: GRAF+ZYX
Druck: WUV-Universitätsverlag
Printed in Austria
ISBN: 3-85114-136-9

# Vorwort

„Grundrisse" und andere Lehrbücher haben die Tendenz, mit dem unaufhörlichen Wachsen des Rechtsstoffes alle ursprünglichen Dimensionen zu sprengen. Für den Studenten resultiert daraus die Gefahr, vor lauter Bäumen sich im Wald zu verlieren.

Dieses Bändchen möchte den Stoff des österreichischen Verfassungsrechts für den Studenten wieder **überblickbar und durchschaubar** machen und über die Details hinweg die **Zusammenhänge erkennen lassen**. Es geht davon aus, daß Einzelheiten schnell vergessen, aber wieder leicht aufgefunden werden, wenn einmal der größere Zusammenhang erfaßt und verstanden wurde. Das Verständnis für solche Zusammenhänge soll auch eine Gliederung erleichtern, die bewußt nicht die Artikelfolge des B-VG wiederspiegelt, sondern auf den leitenden Verfassungsprinzipien aufbaut, um die Einheit des Gesamtstoffes zu verdeutlichen. Dem gleichen Zweck dienen die zahlreichen Binnenverweise sowie Hinweise auf verfassungsgeschichtliche, verfassungstheoretische und verfassungspolitische Aspekte (im Sinne des Teilfaches Allgemeine Staats- und Verfassungslehre) und auf das Allgemeine Verwaltungsrecht.

Dieses „Studienbuch" will die gängigen Lehrbücher, insbesondere den „Grundriß" von Robert Walter und Heinz Mayer, der sich längst schon zu einem – unentbehrlichen – Handbuch ausgewachsen hat, aber auch das „Kurzlehrbuch" von Ludwig Adamovich und Bernd-Christian Funk, nicht ersetzen, sondern einführend ergänzen. Zur Vertiefung des Stoffes für Seminararbeiten, Diplomarbeiten und andere speziellere Lehrveranstaltungen sei ausdrücklich auf diese Lehrbücher verwiesen. Literaturhinweise sind bewußt nur punktuell und geben Arbeiten an, in die auch ein Student den einen oder anderen Blick werfen und die er jedenfalls dann, wenn ihm eine speziellere Aufgabe gestellt wird, kennen sollte.

Davon abgesehen meint der Autor, auf dem behandelten Gebiet den gesamten Stoff dargestellt zu haben, dessen Kenntnis von einem Studenten bei einer Diplomprüfung sinnvollerweise erwartet werden kann. Nicht behandelt sind hier freilich die eine stärker fallbezogene Darstellung erfordernden **Grundrechte**. Und zum Prüfungsgegenstand gehört neben dem Verfassungsrecht auch noch die **Allgemeine Staats- und Verfassungslehre**.[1]

Gewiß kann ich keinen Kollegen präjudizieren. Aber Besinnung auf das bei Prüfungen noch Vertretbare tut Not angesichts einer durchschnittlichen Studienzeit von mehr als sechs Jahren an der Universität Wien, bei deren Berechnung die vielen Ausfälle nicht nur im ersten, sondern auch noch im zweiten Studienabschnitt gar nicht berücksichtigt sind. In diesem Sinn versteht sich dieses Bändchen auch als Beitrag zu einer autonomen Studienreform, der nicht erst auf den Gesetzgeber wartet, um die Studienanforderungen und damit die Stu-

---

1 Siehe dazu das Skriptum „Vergleichendes Verfassungsrecht".

dienzeit wieder auf jenes vernünftige Maß zurückzuschrauben, das das einzig legitime Motiv der aktuellen Reformdiskussion bildet.

Meinem früheren Assistenten Univ.-Prof. Dr. Manfred Stelzer habe ich für Mithilfe, vor allem beim Kapitel über den VfGH, zu danken. Dieses Buch wäre aber nicht ohne den unermüdlichen Einsatz meiner Studienassistentin Frau Petra Pani zustandegekommen, die mir auch die Perspektive des Studenten vermittelt und so nicht nur zur formalen, sondern auch zur inhaltlichen Qualität beigetragen hat. Allfällige Mängel und Fehler sind freilich vom Autor zu verantworten.

Wien, im September 1993						Theo Öhlinger

# Inhaltsverzeichnis

I. Zu den Begriffen Verfassung und Verfassungsrecht .................... 17
   1. Verfassungsrecht im formellen Sinn .................................................. 17
   2. Die Rechtsquellen des Verfassungsrechts (im formellen Sinn) ........ 18
   3. Der Rang des Verfassungsrechts ...................................................... 19
   4. Die Funktion der Verfassung ............................................................ 19

II. Kurze Geschichte der Bundesverfassung ........................................... 22
   1. Die Entstehung des B-VG .................................................................. 22
   2. Die Novellen 1925 und 1929 ............................................................. 24
   3. Ständestaat und Nationalsozialismus ................................................ 24
   4. Von 1945 bis 1966 ............................................................................. 25
   5. Rechtsüberleitung .............................................................................. 26
   6. Die Entwicklung seit 1966 ................................................................. 27
   7. Reformbestrebungen .......................................................................... 29
      7.1. Dynamik und Zersplitterung des Verfassungsrechts ............... 29
      7.2. Verfassungsrechtliche Grenzen der Verfassungs-
           gesetzgebung ............................................................................ 29
      7.3. Konkrete Reformvorhaben ....................................................... 30
      7.3.1. Grundrechte .............................................................................. 30
      7.3.2. Föderalismus ............................................................................ 31
      7.3.3. Europäische Integration ........................................................... 32

III. Die Grundprinzipien der Bundesverfassung ..................................... 34

IV. Staatszielbestimmungen und Verfassungsaufträge ............................ 36
   1. Theoretische Grundlegung ................................................................ 36
   2. Einzelne Staatszielbestimmungen .................................................... 37
      2.1. Das Verbot nazistischer Tätigkeit ............................................ 37
      2.2. Die dauernde Neutralität .......................................................... 38
      2.3. Umfassende Landesverteidigung ............................................. 38
      2.4. Umweltschutz .......................................................................... 39
      2.5. Rundfunk als öffentliche Aufgabe ........................................... 39
      2.6. Staatszielbestimmungen im Landesverfassungsrecht .............. 40

V. Der Bundesstaat .................................................................................. 41
   Vorbemerkung ......................................................................................... 41
   1. Begriff ................................................................................................ 41
   2. Der Gesamtstaat ................................................................................. 42
      2.1. Die Republik Österreich .......................................................... 42
      2.2. Staatsgebiet .............................................................................. 42
      2.3. Staatsbürgerschaft .................................................................... 43
      2.4. Staatssprache ............................................................................ 44
      2.5. Staatssymbole .......................................................................... 44
   3. Bundesverfassungsrecht und Landesverfassungsrecht ..................... 44
   4. Die Kompetenzverteilung .................................................................. 45
      4.1. Die Kompetenz-Kompetenz .................................................... 45

| | | |
|---|---|---|
| 4.2. | Kompetenz zur Gesetzgebung und Vollziehung | 46 |
| 4.3. | Typen der Kompetenzverteilung | 47 |
| 4.3.1. | Allgemeine Kompetenzverteilung | 47 |
| 4.3.1.1. | Die Zuständigkeit des Bundes zur Gesetzgebung und Vollziehung | 47 |
| 4.3.1.2. | Die Zuständigkeit des Bundes zur Gesetzgebung, des Landes zur Vollziehung | 47 |
| 4.3.1.3. | Die Zuständigkeit des Bundes zur Grundsatzgesetzgebung | 47 |
| 4.3.1.4. | Die Generalklausel zugunsten der Länder | 49 |
| 4.3.2. | Sonderfälle | 49 |
| 4.4. | Die Kompetenzverteilung auf dem Gebiet der Finanzen | 50 |
| 4.5. | Die Kompetenzen auf dem Gebiet der Schule | 52 |
| 4.6. | Strukturmerkmale und Auslegungsregeln der Kompetenzverteilung | 52 |
| 4.6.1. | Grundsatz der strikten Kompetenztrennung und der Exklusivität | 52 |
| 4.6.2. | Kumulationsprinzip und Gesichtspunktetheorie | 53 |
| 4.6.3. | Berücksichtigungsprinzip | 54 |
| 4.6.3.1. | Berücksichtigungsbefugnis | 54 |
| 4.6.3.2. | Berücksichtigungsgebot | 54 |
| 4.6.4. | Versteinerungstheorie | 55 |
| 4.6.5. | Adhäsionsprinzip | 55 |
| 4.6.6. | Föderalistische Auslegungsmaxime | 55 |
| 5. Die Mitwirkung der Länder an der Gesetzgebung und Vollziehung des Bundes und vice versa | | 56 |
| 5.1. | Der Bundesrat | 56 |
| 5.1.1. | Kompetenzen | 56 |
| 5.1.1.1. | Mitwirkung an der Bundesgesetzgebung | 56 |
| 5.1.1.2. | Sonstige Kompetenzen | 56 |
| 5.1.2. | Zusammensetzung | 57 |
| 5.1.3. | Beschlußerfordernisse | 57 |
| 5.2. | Mitwirkung des Bundes an der Landesgesetzgebung | 58 |
| 5.3. | Die mittelbare Bundesverwaltung | 59 |
| 5.4. | Mittelbare Landesverwaltung | 61 |
| 6. Aufsichtsrechte des Bundes | | 62 |
| 7. Der kooperative Bundesstaat | | 63 |
| 7.1. | Bund-Länder-Verträge und Verträge der Länder untereinander | 64 |
| 7.2. | Gemeinsame Organe | 65 |
| 7.2.1. | Die Unabhängigen Verwaltungssenate in den Ländern | 65 |
| 7.2.2. | Der Verwaltungsgerichtshof | 66 |
| 7.2.3. | Der Verfassungsgerichtshof | 66 |
| 7.2.4. | Der Rechnungshof | 66 |
| 7.2.4.1. | Der Rechnungshof als Organ des Bundes und der Länder | 66 |
| 7.2.4.2. | Prüfungsgegenstand | 67 |
| 7.2.4.3. | Prüfungsinitiative | 68 |
| 7.2.4.4. | Bekanntgabe des Prüfungsergebnisses und Berichtspflicht | 68 |
| 7.2.4.5. | Landesrechnungshöfe | 69 |
| 7.2.5. | Die Volksanwaltschaft | 69 |

| | | | |
|---|---|---|---|
| VI. | Die demokratische Republik | | 70 |
| | 1. Der Demokratiebegriff der Bundesverfassung | | 70 |
| | 1.1. | Repräsentative Demokratie | 70 |
| | 1.2. | Rechtsstaatliche Demokratie | 71 |
| | 1.2.1. | Legalitätsprinzip | 71 |
| | 1.2.2. | Demokratie und Grundrechte | 71 |
| | 1.3. | Demokratische Republik | 72 |
| | 2. Die politischen Parteien | | 73 |
| | 3. Die Verbände | | 75 |
| | 4. Die Volksvertretungen | | 77 |
| | 4.1. | Wahl | 77 |
| | 4.1.1. | Die Grundsätze des Wahlrechts | 77 |
| | 4.1.1.1. | Allgemeines Wahlrecht | 77 |
| | 4.1.1.2. | Gleiches Wahlrecht | 78 |
| | 4.1.1.3. | Unmittelbares Wahlrecht | 78 |
| | 4.1.1.4. | Persönliches Wahlrecht | 79 |
| | 4.1.1.5. | Geheimes Wahlrecht | 79 |
| | 4.1.1.6. | Freies Wahlrecht | 80 |
| | 4.1.1.7. | Wahlpflicht | 80 |
| | 4.1.1.8. | Die Grundsätze der Verhältniswahl | 81 |
| | 4.1.2. | Das Verfahren der Nationalratswahlen | 82 |
| | 4.1.2.1. | Verteilung der Mandate auf die Wahlkreise | 82 |
| | 4.1.2.2. | Ausschreibung der Wahl | 83 |
| | 4.1.2.3. | Wahlbehörden | 83 |
| | 4.1.2.4. | Erfassung der Wahlberechtigten | 83 |
| | 4.1.2.5. | Wahlvorschläge | 84 |
| | 4.1.2.6. | Abstimmungsverfahren | 84 |
| | 4.1.2.7. | Erstes Ermittlungsverfahren | 84 |
| | 4.1.2.8. | Zweites Ermittlungsverfahren | 85 |
| | 4.1.2.9. | Drittes Ermittlungsverfahren | 85 |
| | 4.1.3. | Wahlen zu den Landtagen | 86 |
| | 4.1.4. | Kontrolle der Rechtmäßigkeit der Wahl | 86 |
| | 4.2. | Gesetzgebungsperiode, Tagungen, Sitzungen | 87 |
| | 4.2.1. | Gesetzgebungsperiode | 87 |
| | 4.2.2. | Tagung | 87 |
| | 4.2.3. | Sitzungen | 88 |
| | 4.3. | Die Auflösung des Parlaments | 88 |
| | 4.3.1. | Die Auflösung des Nationalrates | 88 |
| | 4.3.2. | Bundesrat | 89 |
| | 4.3.3. | Landtag | 89 |
| | 4.4. | Die Rechtsstellung der Abgeordneten | 89 |
| | 4.4.1. | Beginn und Ende der Rechtsstellung der Abgeordneten zum Nationalrat | 89 |
| | 4.4.2. | Mandat auf Zeit | 90 |
| | 4.4.3. | Das freie Mandat | 90 |
| | 4.4.4. | Rede- und Abstimmungsfreiheit (berufliche Immunität) | 91 |
| | 4.4.5. | Verfolgungsfreiheit (außerberufliche Immunität) | 91 |
| | 4.4.6. | Inkompatibilität | 93 |
| | 4.4.7. | Bezüge | 95 |

| | | |
|---|---|---|
| 4.5. | Organisation | 96 |
| 4.5.1. | Nationalrat | 96 |
| 4.5.1.1. | Rechtsgrundlagen | 96 |
| 4.5.1.2. | Organe | 96 |
| 4.5.1.3. | Öffentlichkeit | 97 |
| 4.5.2. | Bundesrat | 98 |
| 4.5.3. | Bundesversammlung | 98 |
| 4.6. | Die Funktionen des Parlaments | 98 |
| 4.6.1. | Gesetzgebung | 98 |
| 4.6.1.1. | Der Weg der Bundesgesetzgebung | 99 |
| 4.6.1.1.1. | Initiativrecht | 99 |
| 4.6.1.1.2. | Begutachtungsverfahren | 99 |
| 4.6.1.1.3. | Das Verfahren im Nationalrat | 99 |
| 4.6.1.1.4. | Die Mitwirkung des Bundesrates | 100 |
| 4.6.1.1.5. | Volksabstimmung | 101 |
| 4.6.1.1.6. | Beurkundung | 101 |
| 4.6.1.1.7. | Kundmachung | 102 |
| 4.6.1.1.8. | Inkrafttreten | 102 |
| 4.6.1.2. | Exkurs: Wiederverlautbarung | 102 |
| 4.6.1.3. | Elemente der direkten Demokratie | 103 |
| 4.6.1.3.1. | Das Volksbegehren | 103 |
| 4.6.1.3.2. | Die Volksabstimmung | 104 |
| 4.6.1.3.3. | Die Volksbefragung | 104 |
| 4.6.1.3.4. | Landesverfassungsrechtliche Regelungen | 104 |
| 4.6.2. | Das Budgetrecht des Bundes | 105 |
| 4.6.2.1. | Begriff und Rechtsnatur | 105 |
| 4.6.2.2. | Budgetgrundsätze | 106 |
| 4.6.2.3. | Abweichungen und Nachtragsbudget | 107 |
| 4.6.2.4. | Budgetprovisorien | 107 |
| 4.6.2.5. | Rechnungslegung | 108 |
| 4.6.3. | Genehmigung von Staatsverträgen | 108 |
| 4.6.4. | Kontrolle der Verwaltung | 109 |
| 4.6.4.1. | Fragerecht | 110 |
| 4.6.4.2. | Resolutionsrecht | 111 |
| 4.6.4.3. | Enqueterecht | 111 |
| 4.6.4.4. | Rechnungshof und Volksanwaltschaft | 112 |
| 4.6.4.5. | Kontrolle der Staatspolizei und Geheimdienste | 112 |
| 4.6.5. | Mitwirkung des Nationalrates und des Bundesrates an der Vollziehung | 112 |
| 5. Die Regierung | | 113 |
| 5.1. | Parlamentarisches Regierungssystem | 113 |
| 5.2. | Legalitätsprinzip | 115 |
| 6. Die Republik: der Bundespräsident | | 116 |
| 6.1. | Die Wahl und Amtszeit des Bundespräsidenten | 116 |
| 6.2. | Die Verantwortlichkeit des Bundespräsidenten | 117 |
| 6.2.1. | Immunität | 117 |
| 6.2.2. | Politische Verantwortlichkeit | 117 |
| 6.2.3. | Rechtliche Verantwortlichkeit | 118 |
| 6.2.4. | Inkompatibilität | 118 |
| 6.3. | Vertretung | 118 |

| | | |
|---|---|---|
| 6.4. | Kompetenzen | 118 |
| 6.4.1. | Allgemeines | 118 |
| 6.4.2. | Der Bundespräsident als Verwaltungsorgan | 119 |
| 6.4.3. | Die einzelnen Aufgaben | 119 |
| 6.4.4. | Delegierbarkeit | 120 |
| 6.5. | Die Bindung an Vorschlag und Gegenzeichnung | 120 |
| 6.5.1. | Vorschlag | 120 |
| 6.5.2. | Gegenzeichnung | 121 |
| 7. Die Verwaltung | | 122 |
| 7.1. | Die obersten Organe der Verwaltung | 122 |
| 7.1.1. | Bundesregierung und Bundesminister | 122 |
| 7.1.2. | Landesregierung | 124 |
| 7.1.2.1. | Kollegialsystem und monokratisches System | 124 |
| 7.1.2.2. | Notverordnungsrecht | 124 |
| 7.2. | Nachgeordnete Verwaltungsorgane | 125 |
| 7.3. | Schulbehörden des Bundes | 126 |
| 7.4. | Die Sicherheitsbehörden des Bundes | 126 |
| 7.5. | Das Bundesheer | 127 |
| 7.5.1. | Wehrpflicht | 127 |
| 7.5.2. | Eingliederung in die Verwaltung | 127 |
| 7.5.3. | Aufgaben | 128 |
| 7.6. | Exkurs: Selbstverwaltung | 128 |
| 7.6.1. | Begriff und verfassungsrechtliche Problematik | 128 |
| 7.6.2. | Die Gemeinden | 130 |
| 7.6.2.1. | Die Gemeinde als Gebietskörperschaft | 130 |
| 7.6.2.2. | Die Gemeinde als Selbstverwaltungskörper | 131 |
| 7.6.2.3. | Der eigene Wirkungsbereich | 131 |
| 7.6.2.4. | Die staatliche Aufsicht | 132 |
| 7.6.2.5. | Der übertragene Wirkungsbereich | 133 |
| 7.6.2.6. | Das Prinzip der Einheitsgemeinde | 133 |
| 7.6.2.7. | Wien als Gemeinde und Land | 134 |
| 7.6.2.8. | Die Organisation der Gemeinde | 135 |
| VII. Der Rechtsstaat | | 136 |
| 1. Das Rechtsstaatliche Prinzip der Bundesverfassung | | 136 |
| 1.1. | Legalitätsprinzip | 136 |
| 1.2. | Gewaltenteilung | 137 |
| 1.2.1. | Gesetzgebung – Verwaltung | 138 |
| 1.2.2. | Gesetzgebung – Gerichtsbarkeit | 139 |
| 1.2.3. | Gerichtsbarkeit – Verwaltung | 139 |
| 1.2.3.1. | Trennung von Justiz und Verwaltung | 139 |
| 1.2.3.2. | Materielle Gewaltentrennung | 140 |
| 1.3. | Weitere Elemente des verfassungsrechtlichen Rechtsstaatsprinzips | 142 |
| 2. Die Gerichtsbarkeit | | 142 |
| 2.1. | Die Organisation der Gerichtsbarkeit | 142 |
| 2.2. | Die Organe der Gerichtsbarkeit | 143 |
| 2.2.1. | Richter | 143 |
| 2.2.2. | Laienrichter | 143 |
| 2.2.3. | Rechtspfleger | 144 |

|        |          |                                                           |     |
|--------|----------|-----------------------------------------------------------|-----|
| 2.3.   |          | Verfahrensgrundsätze                                      | 144 |
| 2.3.1. |          | Mündlichkeit                                              | 144 |
| 2.3.2. |          | Öffentlichkeit                                            | 144 |
| 2.3.3. |          | Anklageprozeß                                             | 144 |
| 2.3.4. |          | Rechte der Angeklagten                                    | 145 |
| 2.4.   |          | Verbot der Todesstrafe                                    | 145 |
| 2.5.   |          | Amtshaftung und Organhaftung                              | 145 |
| 3. Rechtliche Kontrolle der Verwaltung | | | 145 |
| 3.1.   |          | Verwaltungsgerichtsbarkeit                                | 145 |
| 3.1.1. |          | Verfassungsrechtliche Grundsätze                          | 145 |
| 3.1.1.1. |        | Zentralisierung                                           | 145 |
| 3.1.1.2. |        | Echte Gerichtsbarkeit                                     | 146 |
| 3.1.1.3. |        | Generalklausel                                            | 146 |
| 3.1.1.4. |        | Beschränkung auf die Rechtskontrolle                      | 147 |
| 3.1.1.5. |        | Kassatorische Gerichtsbarkeit                             | 147 |
| 3.1.1.6. |        | A posteriori                                              | 147 |
| 3.1.2. |          | Organisation                                              | 147 |
| 3.1.3. |          | Zuständigkeit                                             | 147 |
| 3.1.3.1. |        | Bescheidbeschwerde und Säuminsbeschwerde                  | 147 |
| 3.1.3.2. |        | Weisungsbeschwerde                                        | 148 |
| 3.2.   |          | Die Kollegialbehörden mit richterlichem Einschlag und Tribunale | 148 |
| 3.3.   |          | Die Unabhängigen Verwaltungssenate                        | 148 |
| 3.3.1. |          | Organisation                                              | 149 |
| 3.3.2. |          | Aufgaben                                                  | 149 |
| 3.3.2.1. |        | Verfahren wegen Verwaltungsübertretungen                  | 149 |
| 3.3.2.2. |        | Maßnahmebeschwerde                                        | 149 |
| 3.3.2.3. |        | „Sonstige Angelegenheiten"                                | 150 |
| 3.3.2.4. |        | Säumnisbeschwerde                                         | 150 |
| 3.3.2.5. |        | Anfechtung von Gesetzen und Verordnungen                  | 150 |
| 3.3.3. |          | Rechtsschutz gegenüber UVS                                | 150 |
| 3.4.   |          | Unabhängiger Umweltsenat                                  | 150 |
| 4. Volksanwaltschaft | | | 151 |
| 4.1.   |          | Organisation                                              | 151 |
| 4.2.   |          | Aufgaben                                                  | 152 |
| 4.3.   |          | Initiative                                                | 152 |
| 4.4.   |          | Befugnisse                                                | 153 |
| 4.4.1. |          | Empfehlungen                                              | 153 |
| 4.4.2. |          | Bericht                                                   | 153 |
| 4.4.3. |          | Anfechtung von Verordnungen                               | 153 |

VIII. Verfassungsgerichtsbarkeit ........................................................... 154
  1. Einrichtung, Organisation und Kompetenzen ........................... 154
    1.1. Einrichtung ........................................................................ 154
    1.2. Organisation und Rechtsstellung der Mitglieder ............... 154
    1.3. Organe des VfGH .............................................................. 155
    1.3.1. Justizverwaltung ............................................................ 155
    1.3.2. Rechtsprechung ............................................................. 155
    1.4. Kompetenzen ..................................................................... 156
  2. Allgemeines Verfahrensrecht ..................................................... 157

| | | | |
|---|---|---|---|
| | 2.1. | Prozeßvoraussetzungen | 157 |
| | 2.1.1. | Formerfordernisse einer Eingabe | 157 |
| | 2.1.2. | Zuständigkeit des VfGH | 158 |
| | 2.1.3. | Legitimation zur Einbringung einer Klage, einer Beschwerde oder eines Antrages | 158 |
| | 2.1.4. | Wahrung von Fristen | 158 |
| | 2.1.5. | Keine "res iudicata" | 158 |
| | 2.2. | Antrag auf aufschiebende Wirkung | 159 |
| | 2.3. | Antrag auf Kostenersatz | 159 |
| | 2.4. | Gegenschriften und -äußerungen | 159 |
| | 2.5. | Mündliche Verhandlung und Beratung | 159 |
| | 2.6. | Beschlußfassung | 160 |
| | 2.7. | Exekution | 160 |
| 3. | Einzelne Verfahrensarten | | 160 |
| | 3.1. | Vermögensrechtliche Ansprüche | 160 |
| | 3.2. | Kompetenzgerichtsbarkeit | 161 |
| | 3.2.1. | Kompetenzkonflikte | 162 |
| | 3.2.2. | Kompetenzfeststellung | 162 |
| | 3.3. | Prüfung von Gesetzen und Verordnungen | 164 |
| | 3.3.1. | Allgemeines und Überblick | 164 |
| | 3.3.2. | Antragslegitimation | 164 |
| | 3.3.3. | Prüfungsgegenstand und -maßstab | 165 |
| | 3.3.3.1. | Verordnungsprüfung | 165 |
| | 3.3.3.2. | Gesetzesprüfung | 165 |
| | 3.3.3.3. | Umfang des Prozeßgegenstandes | 166 |
| | 3.3.3.4. | Abgrenzung des Prüfungsgegenstandes | 166 |
| | 3.3.4. | Präjudizialität | 166 |
| | 3.3.5. | Individualantrag | 167 |
| | 3.3.5.1. | Betroffenheit in einer Rechtsposition | 167 |
| | 3.3.5.2. | Umwegszumutbarkeit | 168 |
| | 3.3.6. | Antrag | 168 |
| | 3.3.7. | Erkenntnis | 169 |
| | 3.3.7.1. | Aufhebung | 169 |
| | 3.3.7.2. | Wirkung der Aufhebung | 169 |
| | 3.4. | Prüfung von Staatsverträgen | 170 |
| | 3.5. | Prüfung von Wiederverlautbarungen | 170 |
| | 3.6. | Bescheidbeschwerde („Sonderverwaltungsgerichtsbarkeit") | 171 |
| | 3.6.1. | Prüfungsgegenstand | 171 |
| | 3.6.2. | Prozeßvoraussetzungen | 171 |
| | 3.6.2.1. | Erschöpfung des Instanzenzuges | 171 |
| | 3.6.2.2. | Behauptete Rechtsverletzung | 171 |
| | 3.6.2.3. | Beschwerdefrist und Antrag | 172 |
| | 3.6.3. | Prüfungsmaßstab | 172 |
| | 3.6.4. | Entscheidung | 172 |
| | 3.7. | Wahlprüfung | 173 |
| | 3.7.1. | Anfechtungsberechtigung | 173 |
| | 3.7.2. | Antrag und Frist | 173 |
| | 3.7.3. | Prüfungsmaßstab | 173 |
| | 3.7.4. | Erkenntnis | 174 |

|  |  |  |
|---|---|---|
| 3.7.5. | Entscheidungen über Volksbegehren, Volksabstimmung und Volksbefragung | 174 |
| 3.8. | Exkurs: Grundrechtsbeschwerde | 174 |

IX. Verfassungsrecht und Völkerrecht .................................................................. 176
   1. Theorien über das Verhältnis von staatlichem Recht und Völkerrecht .................................................................. 176
   2. Die allgemein anerkannten Regeln des Völkerrechts ..................... 177
   3. Völkerrechtliche Verträge .............................................................. 178
      3.1. Staatsverträge des Bundes ...................................................... 178
      3.1.1. Kompetenz des Bundes ......................................................... 178
      3.1.2. Organe des Vertragsabschlusses ........................................... 179
      3.1.3. Kundmachung von Staatsverträgen und Erfüllungsvorbehalt ......... 179
      3.1.4. Der Rang von Staatsverträgen im staatlichen Recht ........................ 179
      3.2. Staatsverträge der Länder ....................................................... 180
      3.3. Durchführung der Staatsverträge ............................................ 181
   4. Beschlüsse Internationaler Organisationen .................................... 181
   5. Die Europäische Menschenrechtskonvention ................................ 182
   6. Europäische Integration .................................................................. 183
      6.1. Die EG als supranationale Organisation ................................. 183
      6.2. Die Beteiligung der Länder und Gemeinden an der Europäischen Integration ........................................................ 184
      6.3. Durchführung des europäischen Rechts ................................. 184
      6.4. EWR-BVG .............................................................................. 185

# Abkürzungsverzeichnis

| | |
|---|---|
| ABGB | Allgemeines bürgerliches Gesetzbuch 1811 |
| AHG | Amtshaftungsgesetz |
| ASGG | Arbeits- und Sozialgerichtsgesetz |
| BAO | Bundesabgabenordnung |
| BDG | Beamtendienstrechtsgesetz 1979 |
| BGBl | Bundesgesetzblatt |
| Bgld | Burgenland |
| BM | Bundesminister |
| BMUJF | Bundesministerium für Umwelt, Jugend und Familie |
| BPräs | Bundespräsident |
| BR | Bundesrat |
| BReg | Bundesregierung |
| BVerfG | Bundesverfassungsgericht Karlsruhe |
| BVG | Bundesverfassungsgesetz |
| B-VG | Bundes-Verfassungsgesetz idF 1929 |
| EG | Europäische Gemeinschaften |
| EGMR | Europäischer Gerichtshof für Menschenrechte Straßburg |
| EKMR | Europäische Kommission für Menschenrechte |
| EuGH | Gerichtshof der Europäischen Gemeinschaften Luxemburg |
| EuGRZ | Europäische Grundrechte-Zeitschrift |
| EWR | Europäischer Wirtschaftsraum |
| FS | Festschrift |
| F-VG | Finanz-Verfassungsgesetz |
| GeO | Geschäftsordnung |
| GeONR | Geschäftsordnung des Nationalrates |
| JBl | Juristische Blätter |
| LGBl | Landesgesetzblätter |
| LH | Landeshauptmann |
| LReg | Landesregierung |
| LVG, L-VG | Landesverfassungsgesetz |
| MRK | Europäische Menschenrechtskonvention |
| NR | Nationalrat |
| NRWO | Nationalratswahlordnung |
| OGH | Oberster Gerichtshof |
| ÖJZ | Österreichische Juristen-Zeitung |
| ÖZÖR | Österreichische Zeitschrift für öffentliches Recht und Völkerrecht; seit 1991: Austrian Journal of Public and International Law |
| RH | Rechnungshof |
| RHG | Rechnungshofgesetz |
| Rz | Randzahl |
| Slg | Sammlung |
| SSt | Entscheidungen des österreichischen Obersten Gerichtshofes in Strafsachen und Disziplinarangelegenheiten |
| StGG | Staatsgrundgesetz |
| StPO | Strafprozeßordnung |
| UUS | Unabhängiger Umweltsenat |

| | |
|---|---|
| UVS | Unabhängige Verwaltungssenate in den Ländern |
| VA | Volksanwaltschaft |
| Vbg | Vorarlberg |
| VfGG | Verfassungsgerichtshofgesetz 1953 |
| VfGH | Verfassungsgerichtshof |
| VfSlg | Erkenntnisse und Beschlüsse des Verfassungsgerichtshofes |
| VVDStRL | Veröffentlichungen der Vereinigung der Deutschen Staatsrechtslehrer |
| VwGH | Verwaltungsgerichtshof |
| VwSlg | Erkenntnisse und Beschlüsse des VwGH |
| - [Nummer] A | – administrativrechtlicher Teil |

# I. Zu den Begriffen Verfassung und Verfassungsrecht

**Lit:** *Grimm,* Die Zukunft der Verfassung (1991); *Koja,* Die Verfassung, in: FS Robert Walter (1991) 349; *Öhlinger,* Stil der Verfassungsgesetzgebung – Stil der Verfassungsinterpretation, in: FS Ludwig Adamovich (1992) 502

Der Begriff „Verfassung" meint als juristischer Fachbegriff die Verfassung eines **Staates** und damit heute in aller Regel ein **Gesetz** von besonderen (juristischen) Qualitäten. (Die Entwicklung dieses Begriffes, die durch historische und ideengeschichtliche Faktoren bestimmt ist, ist Gegenstand der „Allgemeinen Staatslehre".) In diesem Sinn wird „Verfassung" meist ident mit „**Verfassungsrecht**" gebraucht und „einfachem" Gesetzesrecht gegenübergestellt.

## 1. Verfassungsrecht im formellen Sinn

Die besonderen Qualitäten, die das Verfassungsrecht von „einfachen" Gesetzen unterscheiden, bestehen in formeller (das Verfahren seiner Erzeugung betreffend) und materieller (inhaltlicher) Hinsicht. Deshalb differenziert man auch zwischen

– Verfassung im formellen Sinn und
– Verfassung im materiellen Sinn.

Die **formelle** Eigenheit des Verfassungsrechts besteht darin, daß es in einem **besonderen Gesetzgebungsverfahren** – dh: in einem im Vergleich zur ("einfachen") Gesetzgebung erschwerten Verfahren – erlassen und abgeändert wird. Einmal erlassen legt die Verfassung die **Regel ihrer Abänderbarkeit** selbst fest. Die einzelnen Verfassungen unterscheiden sich verständlicherweise in diesem Punkt. Rechtsvergleichend gehört die österreichische Bundesverfassung zu den relativ leicht abänderbaren Verfassungen und ist in diesem Sinn **flexibel**. Dementsprechend häufig sind Änderungen des Bundesverfassungsrechts. Allein das „Bundes-Verfassungsgesetz in der Fassung von 1929" (B-VG) ist seit seiner Wiederverlautbarung 1929 mehr als fünfzigmal novelliert worden. Erleichtert wird die Abänderbarkeit und damit die Flexibilität des österreichischen Verfassungsrechts noch durch die Möglichkeit von Verfassungsrecht außerhalb dieses B-VG (siehe sogleich I.2.).

Eine Änderung des österreichischen Bundesverfassungsrechts bedarf in der Regel (Art 44 Abs 1 B-VG):

a. einer **Mehrheit** von zwei Dritteln der Stimmen im NR (Konsensquorum), wobei mindestens die Hälfte der Mitglieder anwesend sein muß (Präsenzquorum), sowie

b. der ausdrücklichen **Bezeichnung** als „Verfassungsgesetz" bzw „Verfassungsbestimmung".

(Zu besonderen Regelungen für Bundesverfassungsgesetze bestimmten Inhaltes siehe unten VI.4.6.1.1.4.)

Eine **Gesamtänderung** der Bundesverfassung muß – neben den erwähnten Beschlußerfordernissen für Bundesverfassungsgesetze – einer **Volksabstimmung** unterworfen werden (Art 44 Abs 3 B-VG). Man versteht unter einer Gesamtänderung eine Aufhebung oder gravierende Änderung eines leitenden Prinzips der Bundesverfassung (siehe unten III.).

## 2. Die Rechtsquellen des Verfassungsrechts (im formellen Sinn)

Eine weitere formelle Eigenart des österreichischen Bundesverfassungsrechts liegt darin, daß es nicht – wie die meisten anderen Staatsverfassungen – in einem einzigen Gesetzeswerk, einer „**Verfassungsurkunde**", niedergelegt ist. Verfassungsurkunde in diesem Sinn ist das schon zitierte „**Bundes-Verfassungsgesetz in der Fassung von 1929**" (kundgemacht im Bundesgesetzblatt Nr 1 aus 1930; B-VG).

Neben diesem „Stammgesetz" gibt es jedoch noch eine Reihe weiterer **Bundesverfassungsgesetze** (BVG) wie etwa das BVG vom 26.10.1955 über die Neutralität Österreichs oder das Finanz-Verfassungsgesetz. Ferner besteht die Möglichkeit, einzelne Bestimmungen eines Gesetzes als **Verfassungsbestimmungen** zu beschließen; diese haben dann ebenfalls den Rang eines Verfassungsgesetzes. Man schätzt die Zahl solcher Verfassungsbestimmungen auf über 200. Schließlich können auch **Staatsverträge** in Verfassungsrang gehoben werden und gelten dann ebenfalls als Bestandteile des Bundesverfassungsrechts (zB: die Europäische Menschenrechtskonvention und ihre Zusatzprotokolle). Gleiches kann auch mit bloß einzelnen Bestimmungen eines Staatsvertrages geschehen (solche Verfassungsbestimmungen finden sich zB im Staatsvertrag von Wien vom 15.5.1955 oder im EFTA-Abkommen, aber auch in vielen anderen, vor allem multilateralen Abkommen).

Als Folge dieser – rechtsvergleichend: ungewöhnlichen – Rechtstechnik ist das österreichische Verfassungsrecht sehr **zersplittert und unübersichtlich** geworden und enthält viele Ausnahmeregelungen und extreme Detailbestimmungen. Verfassungstheoretiker sehen darin die Gefahr eines Verlustes der normativen Kraft der Verfassung: statt gesetzliche Regelungen genau auf ihre Verfassungsmäßigkeit zu durchdenken, macht man sie einfach zu Verfassungsbestimmungen. Die große Zersplitterung hat daher zu verschiedenen Initiativen einer Bereinigung und Konzentration des Bundesverfassungsrechts Anlaß gegeben, aber bislang zu keinem größeren Ergebnis geführt (siehe unten II.7.1.).

Eine Eigenheit eines Bundesstaates ist die Differenzierung zwischen dem Verfassungsrecht des **Bundes** (Bundesverfassungsrecht) und dem **Landesverfassungsrecht**. Auf ihr Verhältnis zueinander wird noch zurückgekommen (siehe unten V. 3.). Auch für Landesverfassungsrecht gilt, und zwar von der Bundesverfassung (Art 99 Abs 2 B-VG) vorgegeben, daß es
– nur bei Anwesenheit der Hälfte der Mitglieder des Landtages
– mit einer Mehrheit von zwei Dritteln der abgegebenen Stimmen

geändert werden kann. Landesverfassungsrechtlich ist eine **Bezeichnungspflicht** normiert.

## 3. Der Rang des Verfassungsrechts

An die Form des Verfassungsrechts ist seine besondere **rechtliche Qualität** geknüpft. Das Verfassungsrecht besitzt in der Hierarchie der Rechtsordnung den höchsten Rang. Alle übrigen Rechtsakte, insbes auch „einfache" Gesetze, sind an die Verfassung gebunden. Ein der Verfassung widersprechendes Gesetz ist **verfassungswidrig**. Es ist als solches zwar nicht ungültig („nichtig"), kann aber vom VfGH in einem bestimmten Verfahren aufgehoben werden (siehe unten VIII.3.3.).

Das Verfassungsrecht ist allerdings selbst **mehrschichtig**. Aus der Differenzierung von **Änderung** und **Gesamtänderung** (siehe zuvor I.1.) und wegen der erschwerten Regeln einer Gesamtänderung ergibt sich ein erhöhter Bestandsschutz der leitenden Grundsätze der Verfassung, aus dem wiederum ein höherer Rang dieser Grundsätze gegenüber „einfachem" Verfassungsrecht folgt. Diese Grundsätze nehmen damit den höchsten Rang innerhalb der österreichischen Verfassungsordnung ein und binden auch den („einfachen") Verfassungsgesetzgeber: (Bundes-)Verfassungsgesetze, die einen der leitenden Grundsätze (siehe dazu unten III.) in einem Maß abändern, das als Gesamtänderung der Verfassung zu qualifizieren ist, sind daher verfassungswidrig, sofern nicht eine Volksabstimmung gemäß Art 44 Abs 3 B-VG stattgefunden hat. Insofern kann der VfGH auch Verfassungsrecht (des Bundes und der Länder) am Maßstab der leitenden Grundsätze prüfen und gegebenenfalls als verfassungswidrig aufheben (**„verfassungswidriges Verfassungsrecht"**).

Landesverfassungsrecht darf (auch einfaches) Bundesverfassungsrecht nicht verletzen (Art 99 Abs 1 B-VG) und ist diesem daher untergeordnet. (Dagegen besitzen Landesgesetze den gleichen Rang wie Bundesgesetze.)

Vereinfacht dargestellt ergibt sich daraus folgendes Bild eines **Stufenbaus der Rechtsordnung** (*A. J. Merkl*):

Grundprinzipien der Bundesverfassung

Bundesverfassungsrecht

Landesverfassungsrecht

Landesgesetze         Bundesgesetze

## 4. Die Funktion der Verfassung

An die Form des Verfassungsrechts knüpft sich die Frage nach dem **Sinn der erschwerten Abänderbarkeit und erhöhten Bestandskraft**. Diese Frage stellt sich in besonderer Schärfe in der Demokratie, sofern man diese als „Herrschaft der Mehrheit" versteht. Denn hier bewirkt die für Verfassungsänderungen erforderliche qualifizierte Mehrheit, daß eine Minderheit Änderungen blockieren kann, die von der Mehrheit bzw ihren Repräsentanten gewünscht werden. Eine Minorität kann in diesem begrenzten Maß der Majorität ihren Willen aufzwingen. Die für Verfassungsrecht erforderliche erhöhte Mehrheit versteht sich insofern nicht von selbst, sondern bedarf einer Rechtfertigung.

In der älteren Verfassungstheorie wird diese Frage unter dem Titel „**Verfassungsrecht im materiellen Sinn**" abgehandelt. Darunter versteht man jene Rechtsnormen, die, unabhängig von ihrer Form, inhaltlich zum Verfassungsrecht gehören. Das setzt aber eine Klärung der Frage voraus, was eine Verfassung regeln soll. Diese Frage kann sinnvollerweise nicht abstrakt, sondern nur im Zusammenhang mit dem politischen System, dessen Teil (Element) eine Verfassung bildet, beantwortet werden.

a. Vor dem Hintergrund einer arbeitsteiligen Industriegesellschaft ist es illusorisch, daß das Volk auch in einer Demokratie in jeder Frage selbst entscheidet. An dessen Stelle muß die Fülle der täglich notwendigen politischen Entscheidungen von Repräsentanten und Funktionären bewältigt werden. Vergegenwärtigt man sich ferner, daß das Bekenntnis zu einem demokratischen System bedeutet, daß politische Entscheidungen in einem Meinungswettstreit fallen, benötigt man, will man chaotische Zustände vermeiden, Regeln einerseits über die Bestellung der Repräsentanten und ihre jeweiligen Kompetenzen sowie andererseits über die Art und Weise, wie ihre Beschlüsse zustandekommen sollen.

Die Verfassung enthält in diesem Sinne die **Spielregeln des politischen Prozesses**. Diese sollen aber im politischen Alltag im wesentlichen außer Streit stehen und daher – auch aus Gründen der Kontinuität – höhere Bestandskraft erlangen. Darüber hinaus bietet dies der im politischen Konkurrenzkampf um die parlamentarische Mehrheit unterlegenen Partei Schutz davor, daß die mit einer noch so knappen Mehrheit obsiegende Partei die Spielregeln des politischen Prozesses verändert und auf diese Weise den **Wechsel der Mehrheit** verhindert. Es besteht also eine weitere Funktion der Verfassung darin, die für die Demokratie essentielle **Konkurrenz um die Mehrheit offen zu halten**.

Ein ähnliches Verfassungsverständnis findet sich bei *Hans Kelsen*, der allerdings dieses politische Bedürfnis nach einem der einfachen Mehrheit entzogenen Komplex von Regeln des politischen Prozesses als ein „rechtslogisches" Erfordernis deutet. Nach *Kelsen* ist die Verfassung im materiellen Sinn die „Verfahrensordnung der Gesetzgebung", dh: der Komplex von Normen, der die Organe (Zuständigkeit) und das Verfahren der Gesetzgebung regelt und in diesem Sinn „Rechtserzeugungsregel" *(Walter:* „Zwangsnormerzeugungsnorm") ist. Diese rechtslogische Deutung der Verfassung kann allerdings ihre formelle Eigenart (erschwerte Abänderbarkeit) nicht hinreichend erklären (vgl etwa Großbritannien, wo es diese erschwerte Abänderbarkeit einer Verfassung nicht gibt).

b. Einige Eigenheiten des österreichischen Bundesverfassungsrechts, so seine extreme Dichte und seine Zersplitterung, sind durch spezifische Merkmale des **politischen Systems Österreichs** zu erklären.

Lange Zeit war dieses politische System durch die Dominanz zweier Großparteien, die um die Mehrheit konkurrierten, geprägt („hinkendes" Zweiparteiensystem, im Hinblick auf das Bestehen einer kleinen dritten Partei, das absolute Mehrheiten der Großparteien theoretisch sogar als Ausnahmefall erscheinen läßt, obwohl diese zwischen 1966 und 1983 fast ununterbrochen bestanden). In dieser Situation bedurften Verfassungsänderungen stets der Zustimmung der beiden großen Parteien. Das Verfassungsrecht sicherte jeder dieser Parteien ein Mitspracherecht auch dann, wenn sie in Opposition war. Das Verfassungsrecht bildete damit ein Element jener **Konsensdemokratie**, die für das politische System der Zweiten Republik charakteristisch war und (trotz erodierender Tendenz) immer noch ist.

Viele Verfassungsregelungen – zB die extrem komplizierte und detaillierte Kompetenzverteilung und Behördenorganisation auf dem Gebiet des Schulwesens – sind Besiegelungen eines Kompromisses zwischen den Großparteien, die diesen vor einseitiger Abänderung durch eine dieser Parteien (allenfalls im Zusammenwirken mit einer dritten Partei) schützen sollen. Die auf diese Weise erreichte Dichte des österreichischen Verfassungsrechts erzwingt eine Kooperation zwischen diesen Parteien auch in Fällen der absoluten Mehrheit einer Partei oder einen „kleinen Koalition" und fördert so auch die Neigung zu „großen Koalitionen". Große Koalitionen tendieren aber auch schon deshalb zur Form des Verfassungsrechts, weil die dafür erforderliche Zweidrittelmehrheit im NR automatisch gegeben ist. Die Dichte und die damit korrelierende Zersplitterung des Bundesverfassungsrechts sind also einerseits Produkte großer Koalitionen, andererseits favorisieren sie diese.

Unabhängig von den besonderen Strukturen des Parteiensystems – das zuvor skizzierte „hinkende Zweiparteiensystem" ist seit den Achtzigerjahren im Zerfall begriffen – hat eine Verfassung auch die Funktion, jene gemeinsame Werte im Kampf der Parteien um die Mehrheit außer Streit zu stellen, welche eine funktionierende Demokratie iS eines Basiskonsenses voraussetzen muß (**Konsensfunktion der Verfassung**).

c. Eine Demokratie westlicher Prägung beruht – neben dem Mehrheitsprinzip – auch auf dem Gedanken der **Begrenzung staatlicher Macht** iS der **Sicherung individueller Freiheit**. Auf diesem Grundgedanken beruhen zwei Prinzipien moderner Verfassungen: die Gewaltenteilung und die Grundrechte.

c.a. **Gewaltenteilung** bedeutet, daß die gesamte staatliche Gewalt nicht bei einem einzigen Organ, auch nicht dem Parlament, konzentriert sein soll, sondern auf mehrere Organe, die sich wechselseitig kontrollieren, verteilt sein soll. Diese Beschränkung auch des Parlaments, dh des gesetzgebenden Organs (auf dessen nähere Ausgestaltung in Österreich noch zurückgekommen wird), bedarf „rechtslogisch" einer der Gesetzgebung übergeordneten (diese bindenden) Norm, die eben durch das Verfassungsrecht gebildet wird. Ohne diese Bindung des Gesetzgebers könnte dieser eine ihn iS der Gewaltenteilung einschränkende Norm jederzeit beseitigen (totalitäre Demokratie).

c.b. **Grundrechte** normieren eine Selbstbeschränkung des Staates, indem sie gewisse individuelle und gesellschaftliche Freiheitsräume einer staatlichen Regelung oder staatlichen Eingriffen entziehen bzw solchen Regelungen und Eingriffen Schranken setzen (Freiheit der Wissenschaft, der Presse, der Bildung von Vereinen etc). Soll diese Beschränkung auch der Gesetzgebung gegenüber wirksam sein, bedarf sie ebenfalls einer höherrangigen Norm.

d. Eine besondere Form der Gewaltenteilung bildet der **Bundesstaat**. In ihm sind die staatlichen Befugnisse zwischen mehreren, rechtlich gleichrangigen Parlamenten und Regierungen verteilt. Nur wenn diese Verteilung auch für den Bundesgesetzgeber bindend ist, kann von einer Gleichrangigkeit zwischen Bund und Ländern und nicht einer bloßen Delegation von Staatsgewalt an die Länder gesprochen werden. Der Bundesstaat setzt daher ebenfalls begrifflich eine dem Bundesgesetzgeber übergeordnete Verfassung voraus.

Ausführlicher zu behandeln ist die besondere Funktion (der „Sinn") einer Verfassung im Fach **„Verfassungslehre"**, auf das hier verwiesen wird.

## II. Kurze Geschichte der Bundesverfassung

### 1. Die Entstehung des B-VG

Das Bundes-Verfassungsgesetz (B-VG), der Kern des Bundesverfassungsrechts, wurde am 1. Oktober 1920 von der konstituierenden Nationalversammlung beschlossen. Ihm war seit **Begründung der Republik** durch die aus ehemaligen Reichsratsmitgliedern bestehende Provisorische Nationalversammlung Ende Oktober 1918 ein fast **zweijähriges Verfassungsprovisorium** vorausgegangen.

Am 21.10.1918 traten die deutschsprachigen Abgeordneten des Reichsrates zusammen und konstituierten sich als „Provisorische Nationalversammlung".

Am 30.10.1918 faßte die Provisorische Nationalversammlung den „Beschluß über die grundlegenden Einrichtungen der Staatsgewalt" (StGBl Nr 1). Die Provisorische Nationalversammlung nahm mit diesem Beschluß die oberste Gewalt des Staates „Deutschösterreich" in Anspruch. Damit wurde der neue Staat unter Bruch der monarchischen Verfassung und in diesem Sinn **revolutionär** konstituiert.

Das Gesetz vom 12.11.1918 über die Staats- und Regierungsform legte die **demokratische Republik** fest (StGBl Nr 5) und erklärte Deutschösterreich zugleich als Bestandteil der Deutschen Republik.

Das Gesetz vom 14.11.1918 betreffend die Übernahme der Staatsgewalt in den Ländern legte eine Vorform des **Bundesstaates** fest (StGBl Nr 24). Zuvor waren von der Mehrzahl der Länder „Beitrittserklärungen" zur Republik Deutschösterreich abgegeben worden.

Die **konstituierende Nationalversammlung** wurde am 16.2.1919 gewählt. Ihre eigentliche Aufgabe, die Schaffung einer endgültigen Verfassung, konnte sie freilich erst nach dem Abschluß des **Friedensvertrages von St. Germain** zügig in Angriff nehmen. Zunächst leistete die Staatskanzlei unter Mitwirkung von Prof. *Hans Kelsen* Vorarbeiten.[1] Staatssekretär für Verfassungsfragen war der Tiroler *Michael Mayr*. Die eigentliche „Verfassungsfrage" dieser Zeit bildete das Verhältnis von Zentralstaat und Ländern. Die Vorstellung reichte von einem lockeren Staatenbund bis zu einem zentralistischen Einheitsstaat und die Divergenzen bestanden nicht nur zwischen der Staatsregierung und den Ländern, sondern mehr noch zwischen den und zum Teil auch innerhalb der Parteien. Auf den **Länderkonferenzen von Salzburg (Februar 1920) und Linz (April 1920)** versuchten die Länder, einen Kompromiß zwischen den Parteien zu finden. Ab Juli 1920 begannen die Beratungen in einem siebenköpfigen **Unterausschuß des Verfassungsausschusses der Konstituierenden Nationalversammlung**.[2] Vorsitzender war *Dr. Otto Bauer*, Stellvertreter *Dr. Ignaz Seipel*. Hans Kelsen

---

1 *Schmitz,* Die Vorentwürfe Hans Kelsens für die österreichische Bundesverfassung (1981).
2 Zur Entstehung des B-VG siehe die folgenden Quellenwerke: *Ermacora,* Quellen zum österreichischen Verfassungsrecht (1920) (1967) (enthält ua die Protokolle des Unterausschusses des Verfassungsausschusses); *Walter,* Die Entstehung des Bundes-Verfassungsgesetzes 1920 in der konstituierenden Nationalversammlung (1984) (hier wird die Entstehungsgeschichte der einzelnen Artikel des B-VG anhand der Protokolle des Unterausschusses, des Verfassungsausschusses und des Plenums nachgezeichnet).

wurde als Experte beigezogen. Der dort gefundene Kompromiß wurde schließlich als „**Gesetz vom 1. Oktober 1920, womit die Republik Österreich als Bundesstaat eingerichtet wird (Bundes-Verfassungsgesetz)**" beschlossen (Berichterstatter: *Dr. Ignaz Seipel*). Damit erweisen sich die politischen Parteien als die eigentlichen Schöpfer der Bundesverfassung.

Einige **Eigenheiten des österreichischen Verfassungsrechts** sind aus der Situation dieser Zeit erklärbar. Zum einen gelang es den Parteien nicht, über alle Fragen eine Einigung herzustellen. Das betrifft insbes die **Grundrechte**, bei denen die ideologischen Differenzen zwischen den Parteien besonders eklatant zu Tage traten. Der in dieser Frage gefundene Kompromiß bestand darin, daß der Grundrechtekatalog der Verfassung der Monarchie – das Staatsgrundgesetz vom 21.12.1867 über die allgemeinen Rechte der Staatsbürger der im Reichsrate vertretenen Königreiche und Länder (StGG) – aufrechterhalten und durch verschiedene andere Gesetze aus der Monarchie und der Zeit der provisorischen Verfassung (siehe den Katalog des Art 149 B-VG) ergänzt wurde. Ferner konnte in der **Schulfrage** keine Einigung über die Kompetenzverteilung zwischen Bund und Ländern erzielt werden. Deshalb wurde zunächst die gesamte Kompetenzverteilung zwischen Bund und Ländern sistiert und auch in diesem Punkt der Rechtszustand der Monarchie aufrechterhalten. Keine Einigung konnte zunächst auch über die Kompetenzverteilung auf dem Sektor der **Finanzen** erzielt werden. Auch diese Frage blieb daher zunächst ausgeklammert (siehe Art 13 B-VG) und wurde erst 1922 im F-VG geregelt.

Diese und andere provisorische Regelungen deuten darauf hin, daß die Verfassung von 1920 im Verständnis ihrer Autoren ein **Provisorium** in einem tieferen Sinn war: die Verfassung eines Staates, an dessen Selbständigkeit und Lebensfähigkeit die Mehrzahl der Mitglieder der Konstituierenden Nationalversammlung nicht glaubte. Es ist dies aber auch Symptom der tiefen Zerrissenheit der Parteien bzw Lager, die in der Verfassung nur zu einem notdürftigen und oberflächlichen Kompromiß, nicht aber zu einem tieferen Konsens fanden. Die Verfassung von 1920 war weit davon entfernt, Symbol und Garant eines die Parteien übergreifenden Basiskonsenses zu sein, weil es diesen Grundkonsens einfach nicht gab.

In dieses Bild paßt auch der betont **nüchterne Stil der Verfassung**. Auf eine feierliche Präambel, wie sie bei Verfassungen üblich ist, wurde verzichtet, teils aus dem Bewußtsein ihrer Unvollständigkeit, teils weil man sich darauf nicht einigen konnte. Aus diesem Grund fehlen in der Verfassung von 1920 auch Regelungen über die Staatssymbole (Flagge, Wappen, Staatssiegel): sie wurden bezeichnenderweise erst 1981 in den Text des B-VG eingebaut (Art 8a B-VG). Die Bundesverfassung von 1920 ist aber darüber hinaus frei von programmatischen Erklärungen und Staatszielbestimmungen. Dies wird gelegentlich als – **relative – Ideologiefreiheit** gedeutet. In der Tat ist diese Verfassung in hohem Maß, wenngleich nur relativ, ideologisch neutral. Im Verständnis ihrer Autoren sollte sie nicht den Inhalt, sondern das Verfahren (die **Spielregeln**) der Politik festlegen.

Als positive Kehrseite verdient die technische Ausgereiftheit und Präzision dieser Verfassung hervorgehoben zu werden. Daran ist der Einfluß Kelsens erkennbar, der die Funktion der Verfassung in einer Verfahrensordnung der Gesetzgebung („Rechtserzeugungsregel") und speziell im Bundesstaat in der Kompetenzaufteilung sah und statt programmatischer Bekenntnisse juristisch präzise und exekutierbare Normen empfahl.

Als eigentliche „Verfassungsfrage" wurde 1918/20 die Frage **Bundesstaat oder Einheitsstaat** bezeichnet. Hier setzte sich ein Kompromiß iS eines sehr zentralistisch geprägten Bundesstaates durch. Doch blieben zentrale Fragen wie die Kompetenzverteilung nur provisorisch geregelt.

Den Kern der Verfassung von 1920 bildete die **parlamentarische Demokratie,** die auf Bundesebene in der extremen Form einer **Versammlungsregierung** festgelegt wurde, bei der die Regierung strikt dem Parlament untergeordnet ist (siehe noch unten VI.5.1.). Aber gerade in diesem Punkt war der Konsens nicht tief. Am engagiertesten bekannte sich die Sozialdemokratie zur parlamentarischen Demokratie, doch wird auch dieses Bekenntnis relativiert, indem diese Form der Demokratie im Austromarxismus nur als Vorstufe und Übergang zum Sozialismus verstanden wurde. Im christlich-sozialen sowie im deutsch-nationalen Lager war die Begeisterung für die parlamentarische Demokratie von Anfang an gering und wurde bald durch antiparlamentarische Tendenzen überlagert.

## 2. Die Novellen 1925 und 1929

1925 kam es zur ersten großen Novelle, mit der die bundesstaatliche Seite (iS einer Stärkung des Bundes) ausgebaut und vor allem die **Kompetenzbestimmungen des B-VG** mit Wirksamkeit vom 1. Oktober 1925 in Kraft gesetzt wurden. Ferner wurde die „Doppelgleisigkeit" der (allgemeinen) Verwaltung in den Ländern (iS einer Parallelität von Bundes- und Landesorganen) durch Schaffung eines einheitlichen **Amtes der LReg** (siehe auch das BVG vom 30.7.1925 betreffend Grundsätze für die Einrichtung und Geschäftsführung der Ämter der Landesregierungen außer Wien) und die **Verländerung der Bezirkshauptmannschaften** beseitigt.

1929 erfolgte die zweite große Novelle, die bereits im Schatten schwerer innenpolitischer Spannungen stand (1927: Brand des Justizpalastes!). Sie zielte tendenziell auf eine Einschränkung der „Parlamentsherrschaft" bzw „Parteienherrschaft", sowie auf eine Stärkung der Exekutive (im doppelten Sinn des Wortes: Regierung und Polizei) und führte im besonderen die **Volkswahl des BPräs** ein, dessen Befugnisse erheblich erweitert wurden. Die Absicht der Regierungsvorlage, ein präsidentielles Regierungssystem einzurichten, scheiterte aber an der für die Zweidrittelmehrheit erforderlichen Zustimmung der Sozialdemokratie.

Im Anschluß an die Novelle 1929 wurde das B-VG **wiederverlautbart** und im BGBl Nr 1/1930 unter dem Titel „**Bundes-Verfassungsgesetz in der Fassung von 1929**" kundgemacht.

## 3. Ständestaat und Nationalsozialismus

Der mit dieser Novelle angestrebte Versuch einer Stabilisierung der Demokratie blieb ohne dauernden Erfolg. 1933 benützte Bundeskanzler Dollfuß den Rücktritt der drei Präsidenten des NR am 4.3.1933 zur Ausschaltung des Parlaments (Fiktion einer „Selbstausschaltung"). Ein neuerliches Zusammentreten des NR am 15.3.1933 wurde von der BReg unter Androhung von Gewalt verhindert. Die BReg regierte in der Folge mit Hilfe selbständiger Verordnungen auf der Basis des „Kriegswirtschaftlichen Ermächtigungsgesetzes" aus 1917. Durch eine solche Verordnung[3] wurde auch der VfGH ausgeschaltet, um dessen Prüfung der Verfassungsmäßigkeit dieser Verordnungen zu verhindern. Daß es sich dabei um Verfassungsbrüche handelt, ist heute allgemein anerkannt.

---

3 BGBl 1933/191.

Ebenfalls durch eine Verordnung auf der Basis des Kriegswirtschaftlichen Ermächtigungsgesetzes wurde die Verfassung vom 24.4.1934 erlassen. Die gesetzgebenden Körperschaften (Bundeshaus, Landtage) waren aus Vertretern der Berufsstände und kulturellen Gemeinschaften zusammengesetzt. Das Schwergewicht auch der Gesetzgebung lag aber bei der Exekutive: die BReg konnte Gesetze und sogar Verfassungsgesetze ohne Mitwirkung der gesetzgebenden Körperschaften erlassen (**ständisch-autoritäre Verfassung**).

Am 12.3.1938 begann die Besetzung Österreichs durch das Deutsche Reich A. Hitlers. Nach heute herrschender Auffassung stellte diese Besetzung völkerrechtlich eine **Okkupation** dar, die nur die Handlungsfähigkeit, nicht auch die Rechtssubjektivität Österreichs beseitigte (**Okkupationstheorie** im Gegensatz zur **Annexionstheorie**).

## 4. Von 1945 bis 1966

Am 27.4.1945 proklamierten die drei neuformierten politischen Parteien (ÖVP, SPÖ, KPÖ) eine **Unabhängigkeitserklärung**, deren Art I lautet:

Die demokratische Republik ist wiederhergestellt und im Geiste der Verfassung von 1920 einzurichten.

Wieder, wie schon 1918, waren es die politischen Parteien, die den Staat – neu – begründeten. Am 1. Mai 1945 werden das B-VG und alle übrigen Bundesverfassungsgesetze und Verfassungsbestimmungen nach dem Stand vom 5. März 1933 wieder in Kraft gesetzt. (Zunächst trat allerdings anstelle der Bestimmungen, die tatsächlich undurchführbar waren, die „**Vorläufige Verfassung**", die am 19.12.1945 [Zusammentritt des NR] außer Kraft trat.) Damit wurde eine Verfassungsdiskussion, die die Einheit des Landes gefährden hätte können, abgeblockt, aber auch die Chance einer Aufarbeitung des Scheiterns der Demokratie in der ersten Republik vertan.

Diese Aufarbeitung war allerdings in den Konzentrationslagern des Dritten Reichs erfolgt. Hier fand die politische Führungsschicht über die Gräben der Lager hinweg zu einer Verständigung, die von 1945 an zu einer besonderen Form der **Zusammenarbeit** führte. Diese beruhte auf zwei Institutionen: der Regierungsform der **Großen Koalition** und der Zusammenarbeit der Wirtschaftsverbände in der **Sozialpartnerschaft**. Große Koalition und Sozialpartnerschaft bilden die eigentliche **Realverfassung der ersten beiden Jahrzehnte der Zweiten Republik**. Zwischen dieser und der geschriebenen Verfassung bestand zwar kein rechtlicher Widerspruch, aber die wirksamen Institutionen der Realverfassung standen in einem von der Rechtsverfassung nicht erfaßbaren Raum; sie setzten die Rechtsverfassung zwar nicht formell außer Kraft, aber überlagerten sie und machten sie partiell unwirksam. Das gilt insbes für die **Rolle des Parlaments** sowohl als Gesetzgeber wie als Kontrollor der Regierung. Da die Große Koalition automatisch über die Zweidrittelmehrheit im NR verfügte, stand sie gewissermaßen über der Verfassung und konnte diese jederzeit dort ändern, wo sie ihren Zielen formell im Wege stand. In dieser Zeit entwickelte sich der Stil der Verfassungsbestimmungen in einfachen Gesetzen, mit denen gesetzliche Regelungen, die „an sich" der Bundesverfassung widersprachen oder auch nur verfassungsrechtlich zweifelhaft waren, abgesichert wurden. Ferner gab es in dieser Zeit eine Reihe von **Novellen** zum B-VG, von denen zwei aus dem Jahre 1962 hervorzuheben sind: die **Gemeinde-Verfassungsnovelle** sowie die **Schul-Verfassungsnovelle**, welche die Große Koalition auf dem Schulsektor verfassungsrechtlich zementierte (Erfordernis der Zweidrittelmehrheit für Schulgesetze; Zusammensetzung der Schulbehörden nach dem Parteienproporz).

In diese Zeit fällt auch der Abschluß des **Staatsvertrages vom 15.5.1955**: mit ihm erlangt Österreich seine volle völkerrechtliche Souveränität wieder. Zuvor war diese Souveränität durch „Kontrollabkommen" beschränkt. Nach dem 2. Kontrollabkommen vom 28.6.1946 galten ua einfache Gesetze als genehmigt, wenn nicht innerhalb von 30 Tagen ein einstimmiger Einspruch des Alliierten Rates erfolgte, und bedurften Verfassungsgesetze der einstimmigen Zustimmung des Alliierten Rates.

Der „Staatsvertrag" enthält auch einige **Verfassungsbestimmungen**, so:

| | |
|---|---|
| Art 4: | Anschlußverbot (Verbot einer politischen und wirtschaftlichen Vereinigung zwischen Österreich und Deutschland), |
| Art 7, Z 1-4: | Rechte der slowenischen und kroatischen Minderheiten, |
| Art 8: | Verpflichtung zur Wahrung der Demokratie, |
| Art 9 und 10 Z 1: | Verbot nazistischer Organisationen sowie Verhinderung des Wiederauftretens nationalsozialistischer Bestrebung, |
| Art 10 Z 2: | Aufrechterhaltung des Habsburgergesetzes. |

Im Zusammenhang mit dem Staatsvertrag sowie dem **Moskauer Memorandum** steht das **BVG vom 26.10.1955** über die Neutralität Österreichs (siehe unten IV.2.2.).

1955 markiert auch eine gewisse Zäsur innerhalb der Periode der Großen Koalition. Während diese bis 1955 als staatspolitische Notwendigkeit zur Konzentration aller Kräfte für Wiederaufbau und Erlangung der Unabhängigkeit weitgehend anerkannt war, kommt es nach 1955 zur Erstarrung und Versteinerung im Parteienproporz.

1958 tritt Österreich der **Europäischen Menschenrechtskonvention** bei; ihr Verfassungsrang wird 1964 durch ein Bundesverfassungsgesetz eindeutig außer Streit gestellt.

## 5. Rechtsüberleitung

In der Darstellung der Verfassungsentwicklung war mehrmals vom „**Bruch der Rechtskontinuität**" die Rede. Von einem solchen spricht man dann, wenn außerhalb der Rechtserzeugungsregeln der geltenden Verfassung eine neue in Kraft gesetzt wird und Wirksamkeit erlangt, dh politisch durchgesetzt werden kann.

Vor allem in den beiden Übergängen zu demokratischen Verfassungen 1918 und 1945 stellte sich in Österreich das Problem, daß – obgleich entscheidende politisch-ideologische Änderungen eintraten – nicht die gesamte Rechtsordnung neu erlassen werden konnte. Schon aus praktischen Gründen der beschränkten Gesetzgebungskapazitäten mußte man große Teile der früheren Rechtsordnung wieder in Kraft setzen.

Wie schon erwähnt, wurden 1945 mit dem Verfassungsgesetz vom 1.5.1945, StGBl Nr 4, über das neuerliche Wirksamwerden des B-VG idF 1929

(V-ÜG) das B-VG sowie alle übrigen Bundesverfassungsgesetze und in einfachen Bundesgesetzen enthaltenen Verfassungsbestimmungen **nach dem Stande vom 5.3.1933** wieder in Geltung gesetzt. Dies entspricht dem Gedanken der Identität zwischen der ersten und der zweiten Republik (beachte die Affinität zur völkerrechtlichen **Okkupationstheorie**: oben II.3.).

Demgegenüber setzte das Verfassungsgesetz über die Wiederherstellung des Rechtslebens in Österreich (**R-ÜG**) alle **nach dem 13.3.1938** für die Republik Österreich oder ihre Teilbereiche erlassenen (einfachen) Gesetze und Verordnungen in Geltung, soferne sie nicht
 a) mit dem Bestand eines freien und unabhängigen Staates Österreich oder
 b) mit den Grundsätzen einer echten Demokratie unvereinbar waren oder
 c) dem Rechtsempfinden des österreichischen Volkes widersprechen oder
 d) typisches Gedankengut des Nationalsozialismus enthielten.

Die Provisorische Staatsregierung (später: BReg) hatte durch Kundmachung festzustellen, welche Rechtsvorschriften in diesem Sinn als aufgehoben gelten, wobei strittig ist, ob eine solche Kundmachung konstitutiv (so OGH und VwGH) oder bloß deklarativ (so VfGH) ist.

Der Anknüpfungszeitpunkt konnte deshalb gewählt werden, da – zum Unterschied zum Verfassungsrecht – die Rechtskontinuität auf der Ebene des Gesetzesrechts materiell auch 1934 und 1938 gewahrt worden war.

Im Zusammenhang mit der Rechtsüberleitung stellt sich das Problem der **Einordnung** der alten Rechtsvorschriften in das Rechtsquellensystem des B-VG, und zwar auf zwei Ebenen:
 a) Gesetz – Verordnung
 b) Bundesrecht – Landesrecht.

ad a: Die früheren originär österreichischen Vorschriften wurden entsprechend ihrer **Bezeichnung** als Gesetz bzw Verordnung übernommen (**formelle Transformation**). Demgegenüber gilt für originär deutsche Rechtsvorschriften (aufgrund der größeren begrifflichen Differenz) nach der Judikatur die **materielle Transformation**. Danach ist zu fragen, welchen Rang die Vorschrift aufgrund ihres Inhaltes in der durch das B-VG grundgelegten Rechtsordnung haben müßte, dh in welcher Form (Gesetz oder Verordnung) sie nach der geltenden Verfassung erzeugt werden müßte. Die Judikatur des VfGH ist allerdings nicht einheitlich.

ad b: Vor dem **bundesstaatlichen** Hintergrund stellt sich auch noch die Frage, ob eine übergeleitete Rechtsvorschrift in den Bereich des Bundes- oder Landesrechts fällt. Diese Frage wurde nach 1945 durch die Judikatur unter analoger Anwendung der §§ 2–6 ÜG 1920 gelöst, die im wesentlichen auf die Kompetenzverteilung abstellen (**materielle Transformation**).

## 6. Die Entwicklung seit 1966

Die Periode der Großen Koalition ist aus verfassungsrechtlicher Sicht zwiespältig. Sie ist Ausdruck eines noch vorhandenen Mißtrauens gegenüber der Tragfähigkeit des 1945 erreichten Verfassungskonsenses. Sie dient aber gleichzeitig dem Abbau dieses Mißtrauens. Das belegt die Probe aufs Exempel: der Übergang zum System der **Einparteienregierung** 1966. Dieser funktioniert, ohne die Gräben von 1934 wieder aufzureißen. 1970 liefert ferner den Beweis, daß ein Wechsel von Regierung und Opposition möglich ist (was in der Zwischenkriegszeit für die Sozialdemokratie fast aussichtslos erschien).

Zumindest in einem Teilbereich wird dadurch die parlamentarisch-parteienstaatliche Demokratie stärker an das in der Verfassung konzipierte Demokratiemodell angenähert – freilich immer noch ausbalanciert durch die Sozialpartnerschaft. Es kommt zu einem **Nebeneinander von parlamentarisch-parteienstaatlicher Konkurrenzdemokratie und verbändestaatlicher Konkordanzdemokratie**. Damit hat das Verfassungsrecht zweifellos an Effektivität gewonnen. Symptome sind außer einem verlebendigten Parlamentarismus die mit wechselndem Erfolg vor dem VfGH ausgetragenen Verfassungskonflikte zwischen BReg und Opposition. Die wachsende Zahl der an den VfGH herangetragenen Fälle (1947:333, 1964:400, 1967:587, 1980:838) läßt auch auf ein verstärktes Verfassungsbewußtsein der Bevölkerung schließen. Bemerkenswert ist ferner eine **Renaissance des Föderalismus**.

Bedeutsame Verfassungsnovellen aus dieser Zeit:

**B-VGNovelle 1974** (BGBl 444): teilweise Verwirklichung eines Forderungsprogramms der Bundesländer (Stärkung der Position der Länder, kooperativer Föderalismus). Diese Novelle markiert eine Trendumkehr im Verhältnis von Bund und Ländern.

**B-VGNovelle 1975** (BGBl 302): Ausbau des Rechtsschutzes durch Erweiterung der Zuständigkeit des VwGH und des VfGH (insbes: Maßnahmebeschwerde beim VwGH, Individualantrag zur Verordnungs- und Gesetzesprüfung, Antragsrecht der Opposition zur Gesetzesprüfung).

**Parteiengesetz 1975** (siehe VI.2.).

**1977** (BGBl 121) wurde – zunächst „probeweise" – die **Volksanwaltschaft** geschaffen und 1981 (BGBl 350) in das B-VG (7. Hauptstück: Art 148a-148j) eingefügt.

Weitere Punkte des Forderungsprogramms der Länder wurden **1983** (BGBl 175: Einschränkung des Einspruchsrechts der BReg gegen Gesetzesbeschlüsse der Landtage und eine Reihe von Kompetenzverschiebungen, darunter – als wichtigste – die Schaffung einer relativ umfassenden Bundeskompetenz auf dem Gebiet des Umweltschutzes : Art 10 Abs 1 Z 12 B-VG) und **1988** (BGBl 341: Erweiterung der Kompetenzen des BR; BGBl 685: Einführung der Landesbürgerschaft; Ermächtigung der Länder zum Abschluß völkerrechtlicher Verträge) verwirklicht. Durch die Novelle **1988/685** wurden ferner die **Unabhängigen Verwaltungssenate** geschaffen.

**1992** wurde das **Wahlrecht zum NR** grundlegend verändert (B-VGNov 1992/470).

Insgesamt wurde das B-VG seit der Wiederverlautbarung 1929 bis Mitte 1993 54mal novelliert.

Bedeutsame Änderungen gab es in neuerer Zeit auch auf dem Gebiet des **Landesverfassungsrechts**. Während sich die älteren Landes-Verfassungsgesetze – iS des Verständnisses bloßer Ausführungsgesetze zur Bundesverfassung (siehe unten V.3.) – mit den notwendigsten Bestimmungen begnügten, die sich kaum von einander unterschieden („Rank-Xerox-Föderalismus"), kam es in der Folge einer wissenschaftlichen Neubegründung einer **„(relativen) Verfassungsautonomie"** der Länder ab dem Ende der Siebzigerjahre zu einer inhaltlich differenzierten Neugestaltung der meisten Landesverfassungen. Neue Verfassungen wurden in den Ländern Burgenland, Niederösterreich und Tirol erlassen. In der Mehrzahl der anderen Länder erfolgten tiefgreifende Novellen.

## 7. Reformbestrebungen

**Lit:** *Klecatsky,* Hat Österreich eine Verfassung? JBl 1965, 544 ff; zu relativ aufwendigen, aber im Ergebnis dürftigen Reformbestrebungen der Siebzigerjahre *Adamovich,* Zur Lage des österreichischen Bundesverfassungsrechts, JBl 1975, 629 ff; zu neueren Bemühungen *Holzinger,* Aktuelle Reformtendenzen im österreichischen Bundesverfassungsrecht, ÖGZ 1991/4, 15; *Öhlinger,* Stil der Verfassungsgesetzgebung – Stil der Verfassungsinterpretation, in: FS Adamovich (1992) 502.

### 7.1. Dynamik und Zersplitterung des Verfassungsrechts

Das österreichische (Bundes-)Verfassungsrecht ist durch zwei – auch in rechtsvergleichender Hinsicht einzigartige – Besonderheiten charakterisiert: **Dynamik und Zersplitterung**.

Die zahlreichen Novellen sowie die sonstigen Bundesverfassungsgesetze und Verfassungsbestimmungen zeigen, daß das österreichische Verfassungsrecht – trotz der erschwerten Abänderbarkeit, die häufig als „erhöhte Bestandsgarantie" gedeutet wird – keineswegs ein sehr stabiler Rechtsbereich ist. Auch für die Zukunft ist eine Stabilisierung des Verfassungsrechts nicht zu erwarten. Vielmehr sind eine Reihe von Verfassungsreformen in Diskussion bzw Vorbereitung.

Ein weiteres Kennzeichen ist, wie gesagt, die **formelle Zersplitterung**. Das Bundesverfassungsrecht ist nicht, wie – rechtsvergleichend gesehen – üblich, in einer einzigen Urkunde kodifiziert, sondern neben dem B-VG als „Stammgesetz" gibt es zahlreiche selbständige Bundesverfassungsgesetze, Verfassungsbestimmungen in einfachen Bundesgesetzen und Staatsverträgen oder einzelne Bestimmungen in Staatsverträgen (siehe oben I.2.). Kennzeichnend ist auch ein **äußerst dichter Regelungsgehalt**: das Bundesverfassungsrecht begnügt sich nicht mit grundlegenden Bestimmungen iS einer „rechtlichen Grundordnung des Staates", sondern ist überfrachtet mit unzähligen Detailregelungen. Die formellen Möglichkeiten – insbes Verfassungsbestimmungen im Kontext einfacher Gesetze – erleichtern solche Detailbestimmungen. Die hohe Dichte des Regelungsgehalts zwingt zu häufigen Anpassungen an geänderte Umstände. Zersplitterung und Dynamik bedingen sich so wechselseitig und führen zu immer rascher abfolgenden Änderungen mit immer dichterem Regelungsgehalt. Insgesamt ist ein **Verlust der Grundsätzlichkeit des Verfassungsrechts** zu konstatieren.

Für die Zersplitterung hat Hans R. *Klecatsky* das oftzitierte Bild der **Ruine** geprägt. Sie ist seit Jahrzehnten Anlaß für Forderungen nach einer formellen Bereinigung, etwa in Form einer Wiederverlautbarung.

### 7.2. Verfassungsrechtliche Grenzen der Verfassungsgesetzgebung

Die Rechtstechnik von Verfassungsbestimmungen in einfachen Bundesgesetzen oder auch von Sonder-Bundesverfassungsgesetzen wurde seit jeher immer wieder dazu verwendet, um Entscheidungen des VfGH iS der Mehrheit der Volksvertretung zu „korrigieren". Zwei solcher Verfassungsbestimmungen aus den Achtzigerjahren – § 103 Abs 2 KFG idF BGBl 1986/106: Absicherung der „Lenkerauskunft" gegen die vom VfGH Slg 9950/1984, 10.394/1985 festgestellte Verletzung des Verbots des Selbstbezichtigungszwanges; § 10 Abs 2 GelegenheitsverkehrsG idF BGBl 1987/ 125: Absicherung der Bedarfsprüfung für Taxis gegen die vom VfGH Slg 10.932/1986 festgestellte Verletzung des Grundrechts der Erwerbsfreiheit[4] – wurden vom VfGH selbst als Einschränkung seiner Gesetzesprüfungskompetenz verstanden, die als Eingriff in das rechtsstaatliche Baugesetz und damit als eine Gesamtänderung der Bundesverfassung gedeutet werden könnte. Obwohl der VfGH in den konkreten Fällen im Hinblick auf den sachlich eng begrenzten Geltungsbereich der relevanten Verfassungsbestimmungen bzw die Möglichkeit ihrer baugesetzkonformen restriktiven Interpretation diese Konsequenz letztlich verneinte (VfSlg 11.756/ 1988, 11.829/1988), wurden damit **verfassungsrechtliche Grenzen der Rechtstechnik von Verfassungsbestimmungen** angedeutet.[5] Auch aus dieser Sicht wird die Notwendigkeit einer Reform des bestehenden Verfassungsrechts deutlich.

Neuere bundesverfassungsrechtliche Regelungen, die Entscheidungen des VfGH entweder „korrigieren" oder einer verfassungsgerichtlichen Überprüfung einer bestimmten Regelung von vornherein vorbeugen wollten, sind etwa:

a) BVG vom 5. Juni 1987 über die Begrenzung von Pensionen oberster Organe (BGBl 1987/281 idF 1989/344) betreffend die Kürzung von Pensionen und Aktivbezügen von Politikern (als Reaktion auf VfSlg 11.309/1987);

b) BVG über unterschiedliche Altersgrenzen von männlichen und weiblichen Sozialversicherten (BGBl 1992/832; Reaktion auf VfSlg 12.568/1990);

c) BVG über eine Steuerabgeltung bei Einkünften aus Kapitalvermögen, bei sonstigem Vermögen und bei Übergang dieses Vermögens von Todes wegen durch den Abzug einer Kapitalertragssteuer, über eine Steueramnestie, über eine Sonderregelung bei der Einkommens- und Körperschaftssteuerveranlagung für das Kalenderjahr 1992 und über eine Amnestie im Bereich des Devisenrechts (Endbesteuerungsgesetz), BGBl 1993/12.

## 7.3. Konkrete Reformvorhaben

### 7.3.1. Grundrechte

Mangels Einigung über einen neuen Grundrechtekatalog (siehe oben II.1.) rezipierte das B-VG (Art 149) das Staatsgrundgesetz über die allgemeinen Rechte der Staatsbürger aus 1867 und eine Reihe weiterer Gesetze der Monarchie, ergänzt durch Beschlüsse der Provisorischen Nationalversammlung und des Staatsvertrages von St. Germain. Dazu kommen seit 1955 Bestimmungen des Wiener Staatsver-

---

4 § 10 Abs 2 GelegenheitsverkehrsG wurde 1993 (BGBl 1993/129) ersatzlos aufgehoben, nachdem der VfGH sämtliche Verordnungen zur Festlegung von Höchstzahlen für Taxis, die auf der Grundlage dieser Bestimmung erlassen wurden, als gesetzwidrig aufgehoben und damit die Absicht des Verfassungsgesetzgebers praktisch vereitelt hat.

5 Ausführlich *Öhlinger*, Verfassungsgesetzgebung und Verfassungsgerichtsbarkeit, ÖJZ 1990, 2 ff.

trages, vor allem aber die MRK mit ihren Zusatzprotokollen sowie Verfassungsbestimmungen grundrechtlichen Inhalts (§ 2 Abs 1 ZivildienstG, § 1 DatenschutzG, §§ 12 und 44 Auslieferungs- und RechtshilfeG). So erweist sich gerade auf dem Gebiet der Grundrechte die Verfassungslage als besonders zersplittert und unübersichtlich.

1964 wurde im Bundeskanzleramt ein Expertenkollegium für Probleme der Grund- und Freiheitsrechte eingerichtet (**Grundrechtsreformkommission**). Dieses setzte sich als Ziel nicht nur eine Kodifikation der bestehenden Rechte, sondern auch eine inhaltliche Erneuerung. 1974 wurde aus der Kommission ein Redaktionskomitee gebildet und später durch neue Mitglieder ergänzt, das konkrete Formulierungsvorschläge erarbeitete. 1983 wurde die „Politische Grundrechts-Kommission", bestehend aus Vertretern der Parteien, der Sozialpartner, der Länder und 2 Mitgliedern des früheren Redaktionskomitees, gebildet. Diese entschloß sich für Teilreformen statt einer Gesamtreform. Als Ergebnis der Grundrechtereform wurde bislang einzig das BVG über den Schutz der persönlichen Freiheit BGBl 1988/684 iVm der Schaffung der UVS (B-VGNov 1988/685) erlassen. Eine Reihe von Teilentwürfen wurden in Enqueten des Bundeskanzleramtes vorgestellt und publiziert (Recht auf ein faires Verfahren 1987, Recht auf Sozialversicherung und Sozialhilfe 1988, Wirtschaftliche und soziale Rechte 1991).

### 7.3.2. Föderalismus

Seit Beginn der Siebzigerjahre kommt es zu einer bemerkenswerten Renaissance des Föderalismus in Österreich. Bereits 1963 war – als Reaktion auf ein den Ländern abverlangtes finanzielles „Notopfer" – ein **Forderungsprogramm der Bundesländer** formuliert worden, das 1970 überarbeitet wurde. 1974 wurde es zum Teil realisiert (B-VGNov 1974/444). Es war dies die erste B-VGNovelle seit 1920, die die Rechte der Länder nicht schwächte, sondern stärkte. In der Folge wurde dieses Forderungsprogramm immer wieder neu gefaßt und in einzelnen Punkten in den B-VGNov 1983/175, 1984/490, 1987/640 und 1988/685 verwirklicht. Zum Teil erfolgten diese Novellen im Abtausch zu „Gegenforderungen des Bundes" (insbes 1983 und 1988: Erweiterung der Umweltschutzkompetenzen des Bundes).

1986 wurde das Amt eines BM für Föderalismus und Verwaltungsreform im Bundeskanzleramt eingerichtet.

Einen neuerlichen Auftrieb erhielten die Länderforderungen im Zusammenhang mit den österreichischen Bestrebungen, der EG beizutreten (siehe unten II.7.3.3.). Die Länder knüpften an ihre Zustimmung zum Beitritt die Forderung nach einer grundsätzlichen Neugestaltung der Aufgabenverteilung zwischen dem Bund und den Ländern. Am 25.6.1992 wurde eine „**politische Vereinbarung**" vom Bundeskanzler und vom Vorsitzenden der Landeshauptmännerkonferenz unterzeichnet. Darin verpflichten sich Bund und Länder zu einer grundsätzlichen Reform des Bundesstaates spätestens bis zur Volksabstimmung über einen EG-Beitritt (siehe unten II.7.3.3.). Ua sollen die Staatsaufgaben zwischen dem Bund, den Ländern und den Gemeinden iS des Subsidiaritätsprinzips neu verteilt und dabei geschlossene und abgerundete Verantwortungsbereiche geschaffen werden. Grundsätzliches Einvernehmen besteht über eine prinzipielle Abschaffung der mittelbaren Bundesverwaltung, an ihre Stelle soll Landesverwaltung (iS des Art 11 B-VG) treten.

### 7.3.3. Europäische Integration

**Lit:** *Öhlinger,* Verfassungsrechtliche Aspekte eines Beitritts Österreichs zu den EG (1988)

Am 17. Juli 1989 überreichte der österreichische Außenminister in Brüssel den Antrag auf Mitgliedschaft in der EG. Es ist dies der vorläufige Höhepunkt einer 1987 eingeleiteten grundsätzlichen Neuorientierung der österreichischen Europapolitik.

Eine Mitgliedschaft in der EG wird für Österreich die einschneidendste Verfassungsänderung seit 1920 bringen. Es herrscht heute Einigkeit darüber, daß ein solcher Beitritt als **Gesamtänderung der Bundesverfassung** zu qualifizieren ist und daher einer Volksabstimmung zu unterwerfen sein wird.

a. „Berührt" und maßgeblich verändert (iS der Lehre zu Art 44 Abs 3 B-VG) wird vor allem das **demokratische Prinzip** der Bundesverfassung (siehe dazu unten VI.1.): erhebliche Bereiche der Gesetzgebung (vor allem des Bundes, aber auch der Länder) werden durch Verordnungen der Gemeinschaft ersetzt oder durch Richtlinien der Gemeinschaft inhaltlich determiniert. Nach einer Prognose des Präsidenten der Kommission *Jacques Delors* werden in Zukunft rund 80 % der nationalen Wirtschafts-, Finanz- und Sozialgesetzgebung nur mehr Ausführungsakte zu Gemeinschaftsrecht sein. Im Hinblick auf die zentrale Stellung des Parlaments in der österreichischen Verfassungsordnung (siehe unten VI.1.2.1.) muß dies als eine Gesamtänderung der Bundesverfassung qualifiziert werden.

Dazu kommt das **„Demokratiedefizit" der EG**: das zentrale Rechtssetzungsorgan der EG ist der Ministerrat, bestehend aus den Regierungsmitgliedern der Mitgliedstaaten. Dem Europäischen Parlament kommen nur sehr eingeschränkte Mitwirkungsbefugnisse zu.

b. In hohem Maße berührt werden durch einen EG-Beitritt auch das **bundesstaatliche und das rechtsstaatliche Prinzip** ohne daß – isoliert gesehen – damit die Grenze einer Gesamtänderung überschritten werden dürfte.

aa. Auch die Länder müssen Gesetzgebungskompetenzen an die EG abtreten, wenngleich in absolut, aber auch relativ geringerem Ausmaß als der Bund. Mit den an Brüssel abgetretenen Bundeskompetenzen verlieren auch sie ihr Mitwirkungsrecht an der Bundesgesetzgebung. In den Organen der EG wird die Republik durch Bundesorgane vertreten sein, so daß der Kompetenzverlust der Länder durch Mitwirkungsrechte an der Rechtssetzung in der Gemeinschaft auch nicht partiell kompensiert wird.

bb. Der **VfGH verliert sein Kontrollmonopol** in Bezug auf generelle Rechtsakte. Weder Rechtssetzungsakte der EG selbst noch Akte, die von österreichischen Organen in Ausführung von EG-Recht gesetzt werden, unterliegen einer Prüfung am Maßstab innerstaatlichen Rechts einschließlich innerstaatlichen Verfassungsrechts. Nach einem vom Europäischen Gerichtshof vertretenen, wenngleich nicht unbestrittenen Standpunkt, besitzt das EG-Recht einen Anwendungsvorrang auch gegenüber innerstaatlichem Verfassungsrecht.

c. Bereits im Vorfeld des EG-Beitrittes waren bedeutsame Verfassungsänderungen erforderlich.

aa. Die B-VGNov 1992/276 richtete ein **Länderbeteiligungsverfahren an der europäischen Integration** ein (Art 10 Abs 4 – 6 B-VG, siehe unten IX. 6.2.). Sie erweiterte die Kompetenzen der Länder auf dem Gebiet des **Grundverkehrsrechts** (Art 10 Abs 1 Z 6 B-VG) mit dem Ziel die Länder zu ermächtigen, Regelungen gegen einen „Ausverkauf von Grund und Boden" an EG- und EWR-Bürger (als Folge der Niederlassungsfreiheit) zu treffen. Ferner wird die Kompetenzverteilung hinsichtlich der innerstaatlichen Durchführung von „**Rechtsakten im Rahmen der europäischen Integration**" geregelt (Art 16 Abs 6 B-VG, siehe unten IX.6.3.).

bb. Im Vorfeld der Beitrittsverhandlungen wurde 1992 das **Abkommen über den Europäischen Wirtschaftsraum** (EWR) abgeschlossen, mit dem die „vier Freiheiten" des EG-Binnenmarktes auf die EFTA-Staaten erstreckt werden. Die EFTA-Staaten übernehmen den vom Abkommen erfaßten Rechtsbestand (**acquis communautaire**) der EG, das ist im wesentlichen der EG-Rechtsbestand mit Ausnahme des landwirtschaftlichen Bereiches. Angesichts der quantitativ und qualitativ geringen Auswirkungen auf das österreichische Verfassungssystem und seines bloß transitorischen Charakters wurde dieses Abkommen von BReg und NR nicht als gesamtverfassungsändernd qualifiziert (anders *Griller*, Gesamtänderung durch das EWR-Abkommen?, ecolex 1992, 539).

Ein **EWR-BVG** BGBl 1993/115 sieht ein – die Gesetzgebungskompetenz des NR einschränkendes – Verfahren der Umsetzung von gesetzändernden Beschlüssen des gemeinsamen EWR-Ausschusses vor (siehe unten IX.6.4.).

d. Eine EG-Mitgliedschaft wird auch den – verfassungsgesetzlich verankerten (siehe BVG vom 26.10.1955 über die Neutralität Österreichs, BGBl 1955/211 – dazu unten IV.2.2.) – **Status der dauernden Neutralität verändern**. Eine Mitgliedschaft in der EG ist mit dem klassischen Neutralitätskonzept zweifellos unvereinbar. Inwieweit einige Kernpunkte der Neutralität – keine Mitgliedschaft in einem militärischen Bündnis und keine Zulassung militärischer Stützpunkte fremder Staaten (siehe Art I Abs 2 BVG-Neutralität) – auch bei einer Mitgliedschaft in der EG aufrechterhalten bleiben können, wird vom Ergebnis der Beitrittsverhandlungen abhängen.

# III. Die Grundprinzipien der Bundesverfassung

**Lit:** *Öhlinger*, Verfassungsrechtliche Aspekte eines Beitritts Österreichs zu den EG (1988)

Jede Verfassung beruht auf bestimmten Grundprinzipien, die die Fülle der einzelnen Regelungen zu einer systematischen Einheit zusammenfassen. In Österreich ist die Unterscheidung zwischen Grundprinzip und Einzelregelung auch normativ-verfassungsrechtlich bedeutsam, weil Veränderungen der Grundprinzipien iS des Art 44 Abs 3 B-VG einer Volksabstimmung bedürfen. Die Gesamtheit der Grundprinzipien (leitenden Prinzipien) bildet die **verfassungsrechtliche Grundordnung**, die im Gesamtaufbau der Rechtsordnung eine eigene – die oberste – Stufe einnimmt. Sie bildet den Maßstab, an dem der VfGH sogar Bundes- und Landesverfassungsgesetze prüfen und gegebenenfalls als verfassungswidrig aufheben kann („**verfassungswidriges Verfassungsrecht**", siehe oben I.3.).

Das B-VG proklamiert deutlich erkennbar zwei Grundprinzipien:
- **demokratische Republik** (Art 1 B-VG)
- **Bundesstaat** (Art 2 B-VG).

Eine charakteristische Eigenheit der österreichischen Bundesverfassung ist ferner das sehr ausgebaute System rechtlicher Bindungen und Kontrollen, das von der Lehre und Rechtsprechung unter dem Stichwort „**Rechtsstaat**" als drittes Grundprinzip der österreichischen Bundesverfassung angesehen wird. Es ist freilich sehr eng mit den beiden im B-VG selbst proklamierten Prinzipien, vor allem mit dem Demokratieprinzip, verknüpft (siehe unten VI.1. und VII.1.). Andere, in der Verfassungslehre herausgearbeitete Prinzipien (wie: gewaltenteilendes Prinzip und liberales Prinzip) sind richtigerweise als spezifische Aspekte des demokratischen und des rechtsstaatlichen Prinzips zu verstehen.

Die verfassungsrechtliche Konzeption der „demokratischen Republik" und des „Bundesstaates" ergibt sich freilich nicht isoliert aus den Art 1 und 2 B-VG, sondern erst aus dem Gesamttext der Verfassung: nur aus dem **Gesamtzusammenhang** der Regelungen der Bundesverfassung läßt sich erkennen, was unter „demokratischer Republik" und „Bundesstaat" iS des B-VG zu verstehen ist. Isoliert für sich haben diese Begriffe keinen verfassungsrechtlich relevanten Gehalt.

Es stellt sich daher die Aufgabe, aus der Fülle bundesverfassungsgesetzlicher Bestimmungen die verfassungsrechtlichen Modelle der demokratischen Republik, des Bundesstaates und des Rechtsstaates herauszuarbeiten. Eine **Gesamtänderung der Bundesverfassung iS des Art 44 Abs 3 B-VG** liegt dann vor, wenn eines dieser (miteinander verschränkten) Modelle gravierend verändert wird.

Bisher erfolgte noch keine einzige Volksabstimmung über eine Gesamtänderung der Bundesverfassung. Auch die Novelle 1929, die in die radikale parlamentarische Republik Züge einer Präsidentschaftsrepublik einfügte, wurde ohne Volksabstimmung beschlossen, was vom VfGH nie beanstandet wurde. Die von der Vorarlberger LReg vertretene Auffassung, die Beseitigung der Landesbürgerschaft sei eine Gesamtänderung im Hinblick auf das bundesstaatliche Prinzip, wurde vom VfGH nicht akzeptiert (Slg 2455/1952).

Als Gesamtänderung der Bundesverfassung würde aber – nach heute herrschender Auffassung – ein Beitritt zur EG zu qualifizieren sein (siehe zuvor II.7.3.3.). Es steht fest, daß ein solcher Beitritt einer Volksabstimmung unterzogen werden wird.

Zum Inhalt der einzelnen Grundprinzipien siehe näher unten V.1., VI.1., VI.6. und VII.1.

Der VfGH hat in seiner neueren Rechtsprechung die Grundprinzipien unmittelbar zum Maßstab einfachgesetzlicher Regelungen gemacht. In der grundlegenden Entscheidung Slg 11.196/1986 zum Rechtsstaatsprinzip wurde eine Bestimmung der BAO, die generell den Ausschluß der aufschiebenden Wirkung einer Berufung anordnete, deshalb als verfassungswidrig aufgehoben, weil „es nicht angeht, den Rechtsschutzsuchenden generell einseitig mit allen Folgen einer potentiell rechtswidrigen behördlichen Entscheidung solange zu belasten, bis sein Rechtsschutzgesuch endgültig erledigt ist"; dies widerspreche dem Rechtsstaatsprinzip. Dieses fordere nämlich nicht nur **ein System von Rechtsschutzeinrichtungen**, sondern verlange auch **ein Mindestmaß faktischer Effizienz des Rechtsschutzes**.

Die dogmatische Begründung dieser Rechtsprechung wurde im Schrifttum zu Recht kritisiert.[6]

---

6 Siehe *Wiederin*, Aufenthaltsbeendende Maßnahmen im Fremdenpolizeirecht (1993) 64 ff.

# IV. Staatszielbestimmungen und Verfassungsaufträge

## 1. Theoretische Grundlegung

Die österreichische Bundesverfassung wurde unter dem Einfluß des Positivismus (*Hans Kelsen*) ursprünglich „wertfrei" („wertneutral") und in diesem Sinne „inhaltsleer" konzipiert.[7] Sie war als eine „Verfahrensordnung" des politischen Prozesses (im besonderen der Gesetzgebung) gedacht, die aber nicht den Inhalt der Gesetze determinieren sollte. In politologischer Sicht entspricht dies einem Verständnis der Funktion der Verfassung als **Spielregel des demokratischen Prozesses** (siehe zuvor I.4.a). Die Gegenposition sieht in der Verfassung eine „**materielle Wertordnung**" und bezieht sich dabei vor allem auf die Grundrechte. Sie wurde vor allem nach 1945 in der BRD herrschend und übte längerfristig auch Einflüsse auf das österreichische Verfassungsverständnis aus.

Auf der traditionellen österreichischen Linie liegt es, daß die **Grundprinzipien der Verfassung** – siehe zuvor III. – ursprünglich „formal" verstanden wurden. Erst allmählich wurden durch die Lehre und Judikatur die „materiellen" Komponenten dieser Grundprinzipien aufgedeckt. (Besonders deutlich läßt sich dies am rechtsstaatlichen Prinzip ablesen – siehe dazu unten VII.1.; es gilt dies aber auch für das demokratische und das bundesstaatliche Prinzip. Man vergleiche zum demokratischen Prinzip den Wandel von der Auffassung *Kelsens* – der im Art 1 B-VG eine bloße Leerformel ohne normativen Gehalt sah – bis zur gegenwärtigen Judikatur, die im Art 1 B-VG beispielsweise einen unmittelbar anwendbaren Maßstab für die innere Organisation der Selbstverwaltungsträger sieht: VfSlg 10.306/1984.)

Ein ähnlicher Wandel liegt im Verständnis der **Grundrechte** vor. Während sie ursprünglich als bloße Schranken der Vollziehung (allenfalls – bei Fehlen eines Gesetzesvorbehaltes – auch der Gesetzgebung) verstanden wurden, hat die neuere Lehre und Judikatur auch hier „materiale" Komponenten aufgedeckt. Dies entspricht einem Verständnis der Grundrechte als **objektive Prinzipien**.

Zeigen sich somit interpretative Aufweichungen des ursprünglich wertfreien Verständnisses der Verfassung, so ist in der Zwischenzeit diese Konzeption auch durch **Regelungen des formellen Verfassungsrechts** selbst verlassen worden. Es handelt sich dabei um Regelungen, die als **Staatszielbestimmungen** oder **Verfassungsaufträge** bezeichnet werden können. Sie haben eine gewisse Ähnlichkeit mit Grundrechtsbestimmungen, unterscheiden sich von diesen aber dadurch, daß sie **keine subjektiven Rechte** gewährleisten. Die Grenze ist allerdings fließend.

Ein spezifisches Problem von Verfassungsaufträgen, das sich aber auch in der Grundrechtsjudikatur, insbes beim Gleichheitssatz, stellt, liegt darin, wie

---

[7] Freilich ist diese Wertfreiheit schon deshalb nur eine relative, weil ihr selbst eine bestimmte Werthaltung – nämlich die der Toleranz – zugrundeliegt. Zur Toleranz als Grundwert einer Demokratie *Kelsen*, Staatsform und Weltanschauung (1933). Es geht also bei der Gegenüberstellung von wertfreier und werterfüllter Verfassung nur um graduelle Unterschiede.

der VfGH auf **Unterlassungen des Gesetzgebers** reagieren kann. Während die ältere Judikatur ein Unterlassen des Gesetzgebers pauschal als nicht sanktionierbar bezeichnet (VfGH 3744/1960, 4213/1962, 5169/1965, 7407/1974), hebt die neuere Rechtsprechung Regelungen auf, die einen „Verfassungsauftrag" unvollkommen ausführen. (Das Problem stellt sich relativ häufig beim Gleichheitsgrundsatz: siehe etwa VfGH 8017/1977, 8533/1979, 8806/1980, zur näheren Begründung dieser Rechtsprechung siehe insbes VfSlg 10.705/1985.)

## 2. Einzelne Staatszielbestimmungen

### 2.1. Das Verbot nazistischer Tätigkeit

Art 9 und 10 des **Staatsvertrages von Wien** – beide Bestimmungen stehen im Verfassungsrang – verpflichten Österreich zur Beseitigung aller Spuren des Nazismus aus dem politischen, wirtschaftlichen und kulturellen Leben sowie zur Bekämpfung eines Wiederauflebens des Nazismus. Organisationen faschistischen Charakters sind aufzulösen. Eine entsprechende Tätigkeit ist unter Strafe zu stellen.

Ein allgemeines Verbot der Wiederbetätigung im nationalsozialistischem Sinn[8] enthält § 3 **Verbotsgesetz** StGBl 1945/13 idF des NS-Gesetzes BGBl 1947/25. Dieses Verfassungsgesetz[9] enthält ferner Bestimmungen über die Registrierung von Nationalsozialisten, Strafbestimmungen und Regelungen sonstiger Rechtsfolgen.

Die kompromißlose Ablehnung des Nationalsozialismus ist nach VfSlg 10.705/1985 „ein grundlegendes Merkmal der wiedererstandenen Republik".

Nach VfSlg 10.705/1985 ist § 3 Verbotsgesetz von jeder staatlichen Behörde im Rahmen ihres Wirkungsbereiches **unmittelbar anzuwenden**, auch wenn das für die Behörde maßgebliche Gesetz darauf nicht unmittelbar Bezug nimmt. Eine Vereinigung, deren Zweck eine nazistische Betätigung ist, ist zu verbieten, Wahlvorschläge einer solchen Gruppe dürfen nicht zugelassen werden, Versammlungen sind zu untersagen, auf Wiederbetätigung gerichtete Verträge sind nichtig (§ 879 ABGB), staatliche Unterstützungs- und Förderungsmaßnahmen

---

8 Dazu VfSlg 11.258/1987: "Bei der Beurteilung, ob ein Verhalten als Wiederbetätigung zu qualifizieren ist, kommt es nicht darauf an, ob einzelne Formulierungen schon bei isolierter Betrachtung bereits als typischer Ausdruck nationalsozialistischer Ideologie anzusehen sind oder ob manche Ideen in der Vergangenheit von anderen politischen Gruppierungen ebenfalls vertreten wurden und einzelne davon auch heute noch in Programmen demokratischer Parteien enthalten sind. Denn neben Einzelhandlungen, die schon bei isolierter Betrachtungsweise als typische Betätigung im Sinne des Nationalsozialismus zu erkennen sind, kann auch ein komplexes Handeln eine Wiederbetätigung darstellen, selbst wenn einzelne Teilakte des betreffenden Gesamtverhaltens für sich allein noch nicht als typisch nationalsozialistische Handlungen angesehen werden können. Bei dieser Gesamtschau kommt es auf den Inhalt der geäußerten Gedanken, aber auch darauf an, ob sie in einer dem Sprachgebrauch der Nationalsozialisten deutlich angenäherten Form geäußert werden".

9 Zuletzt novelliert BGBl 1992/148.

dürfen nicht gewährt werden. Die Hinterlegung einer Satzung nach § 1 Abs 4 ParteienG – siehe dazu unten VI.2.a. – bewirkt nicht die Erlangung der Rechtspersönlichkeit (VfSlg 11.258/1987).

## 2.2. Die dauernde Neutralität

**Lit:** *Verdross,* Die immerwährende Neutralität Österreichs (1977); *Öhlinger/Mayrzedt/ Kucera,* Institutionelle Aspekte der österreichischen Integrationspolitik (1976); *Zemanek,* Veränderungen im internationalen System und die dauernde Neutralität (1991); *Fischer,* Neutralität und Beitritt zu den Europäischen Gemeinschaften (1991)

**Im BVG vom 26.10.1955, BGBl Nr 211, über die Neutralität Österreichs** erklärt Österreich „zum Zwecke der dauernden Behauptung seiner Unabhängigkeit nach außen und zum Zwecke der Unverletzlichkeit seines Gebietes [...] aus freien Stücken seine immerwährende Neutralität". Österreich verpflichtet sich „diese mit allen ihm zu Gebote stehenden Mitteln aufrechtzuerhalten und zu verteidigen". Es wird „in aller Zukunft keinen militärischen Bündnissen beitreten und die Errichtung militärischer Stützpunkte fremder Staaten auf seinem Gebiete nicht zulassen".

Zuvor hatte eine österreichische Regierungsdelegation am 15.4.1955 im **„Moskauer Memorandum"** eine Deklaration zugesagt, die Österreich international dazu verpflichtet, immerwährend eine Neutralität der Art zu üben, wie sie von der Schweiz gehandhabt wird. Dieses Memorandum ist nach offizieller österreichischer Auffassung kein völkerrechtlicher Vertrag, sondern eine „Verwendungszusage". **Rechtsgrundlage der österreichischen Neutralität ist ausschließlich das BVG vom 26.10.1955.** Eine völkerrechtliche Verpflichtung resultiert jedoch aus der **Notifikation** dieses BVG an die Staatenwelt (*Verdross*).

Der **Inhalt** der Neutralität ergibt sich aus dem **Völkerrecht**. Er impliziert insbes
– im **Kriegsfall** die Nichtteilnahme am Krieg oder an einem diesem gleichzusetzenden bewaffneten Konflikt und ein unparteiisches Verhalten gegenüber den Kriegsparteien (siehe insbes das V. und XIII. Haager Abkommen von 1907);
– im **Frieden** keine Teilnahme an politischen, militärischen und wirtschaftlichen Bündnissen und keine Übernahme sonstiger Bindungen und Verpflichtungen, die die Verpflichtungen eines neutralen Staates im Kriegsfall beeinträchtigen könnten („sekundäre Pflichten" oder „Vorwirkungen"; Österreich ist aus diesem Grund nicht den Europäischen Gemeinschaften beigetreten, wohl aber den Vereinten Nationen und dem Europarat).

Der Staatsvertrag von Wien vom 15.5.1955 normiert ferner ein **Anschlußverbot** (Verfassungsbestimmung des Art 4).

## 2.3. Umfassende Landesverteidigung

Nach Art 9a B-VG (Fassung BGBl 1975/368) „bekennt sich [Österreich] zur umfassenden Landesverteidigung". Ihre Aufgaben sind

– die Bewahrung der Unabhängigkeit nach außen,
– die Bewahrung der Unverletzlichkeit und Einheit des Bundesgebietes,
– die Aufrechterhaltung und Verteidigung der immerwährenden Neutralität.

Die umfassende Landesverteidigung gliedert sich (Art 9a Abs 2 B-VG) in die

- **militärische**: sie obliegt nach Art 79 Abs 1 B-VG dem Bundesheer (siehe unten VI.7.5.),
- **geistige**: dazu gehören Maßnahmen der Förderung und Hebung der inneren Verteidigungsbereitschaft der Bevölkerung,
- **zivile**: zB: Anlegung von Schutzräumen in Gebäuden,
- **wirtschaftliche**: Anlegung von Notstandsreserven an Nahrungsmitteln und Energieträgern.

## 2.4. Umweltschutz

Nach dem BVG vom 27.11.1984, BGBl Nr 491, bekennt sich die Republik Österreich (Bund, Länder und Gemeinden) zum **umfassenden Umweltschutz**. Er wird im § 1 Abs 2 **definiert** als „Bewahrung der natürlichen Umwelt als Lebensgrundlage des Menschen vor schädlichen Einwirkungen". Er besteht insbes „in Maßnahmen zur Reinhaltung der Luft, des Wassers und des Bodens sowie zur Vermeidung von Störungen durch Lärm".

Diese Regelung gewährt zwar – entgegen verschiedenen verfassungspolitischen Vorstellungen – **kein subjektives Recht**. Sie ist aber vom VfGH als objektiver Maßstab, insbes der Gesetzgebung, aber auch der Vollziehung anzuwenden (VfSlg 11.294/1987). Freilich ist dieser Prüfungsmaßstab sehr vage und unbestimmt.

## 2.5. Rundfunk als öffentliche Aufgabe

Nach Art I Abs 3 des BVG über die Sicherung der Unabhängigkeit des Rundfunks, BGBl 1974/396, ist Rundfunk eine öffentliche Aufgabe. Art I Abs 1 definiert Rundfunk als „die für die Allgemeinheit bestimmte Verbreitung von Darbietungen aller Art in Wort, Ton und Bild unter Benützung elektrischer Schwingungen ohne Verbindungsleitung bzw längs oder mittels eines Leiters sowie der Betrieb von technischen Einrichtungen, die diesem Zweck dienen". (Strittig ist, ob der sog „passive Kabelrundfunk", dh die unveränderte Weiterleitung ausländischer Programme unter diese Definititon fällt.)

Die näheren Bestimmungen für den Rundfunk und seine Organisation sind bundesgesetzlich (RundfunkG, BGBl 1984/379) festzulegen. Dabei sind „die Objektivität und Unparteilichkeit der Berichterstattung, die Berücksichtigung der Meinungsvielfalt, die Ausgewogenheit der Programme sowie die Unabhängigkeit der Personen und Organe, die mit der Besorgung der im Abs 1 genannten Aufgaben betraut sind", zu gewährleisten (Art I Abs 2 BVG-Rundfunk). Die öffentliche Aufgabe des Rundfunks wird in § 2 Abs 1 RundfunkG näher konkretisiert und besteht in der Erfüllung des Programmauftrages. Nach § 2 Abs 2 RundfunkG hat der Österreichische Rundfunk bei Erfüllung seiner öffentlichen Aufgaben auf die Grundsätze der österreichischen Verfassungsordnung (insbes bundesstaatliche Gliederung – Gleichbehandlung der Länder, Freiheit der Kunst), auf die Grundsätze der Objektivität und Unparteilichkeit der Berichterstattung, der Berücksichtigung der Meinungsvielfalt und der Ausgewogenheit der Programme Bedacht zu nehmen. Die „öffentliche Aufgabe" des Rundfunks rechtfertigt die rechtliche Sonderstellung des Rundfunkträgers (etwa auf abgabenrechtlichem Gebiet), determiniert Verwaltungsbehörden bei der Ausübung des Ermessens (zB bei der Erteilung fernmeldebehördlicher Bewilligungen) und kann uU Eingriffe in fremde Rechtssphären rechtfertigen.

Der Österreichische Rundfunk (ORF) ist eine durch das RundfunkG geschaffene juristische Person („Anstalt öffentlichen Rechts"), die zwar eine öffentliche Aufgabe besorgt, aber keine Hoheitsgewalt besitzt.

## 2.6. Staatszielbestimmungen im Landesverfassungsrecht

Besonders zahlreich sind Staatszielbestimmungen in den neueren Landes-Verfassungsgesetzen:

zB: Art 1 Bgld L-VG:
(1) Burgenland ist ein demokratischer und sozialer Rechtsstaat.
(2) Burgenland gründet auf der Freiheit und Würde des Menschen; es schützt die Entfaltung seiner Bürger in einer gerechten Gesellschaft.

Eine „Sozialstaatsklausel" normiert auch Art 1 Abs 1 Vbg Landesverfassung. Mehrere Landesverfassungen enthalten eine Staatszielbestimmung über den Umweltschutz. Nach § 1 Abs 1 Kärntner LVG, LGBl 1986/42, über die Grundsätze des Umweltschutzes in Kärnten haben das Land Kärnten und die Gemeinden ‚„durch Schutz und Pflege der Umwelt die Lebensbedingungen für die gegenwärtigen und die künftigen Generationen in Kärnten zu sichern'. Nach Abs 2 ist jedem Kärntner 'in Eigenverantwortung die Erhaltung der natürlichen Lebensgrundlagen seiner Heimat anvertraut'".

Zu diesem neuen Stil gehört es auch, wenn sich in der Tiroler Landesordnung von 1989 eine Präambel folgenden Inhalts findet:

„Der Landtag hat in Anerkennung des Beitrittes des selbständigen Landes Tirol zum Bundesstaat Österreich, in Anerkennung der Bundesverfassung, im Bewußtsein, daß die Treue zu Gott und zum geschichtlichen Erbe, die geistige und kulturelle Einheit des ganzen Landes, die Freiheit und Würde des Menschen, die geordnete Familie als Grundzelle von Volk und Staat die geistigen, politischen und sozialen Grundlagen des Landes Tirol sind, die zu wahren und zu schützen oberste Verpflichtung der Gesetzgebung und der Verwaltung des Landes Tirol sein muß, beschlossen: …"

Diese Tendenzen der Landesverfassungsgesetzgebung werden gelegentlich als ein neuer Stil der Verfassungsgesetzgebung bezeichnet, dessen Vereinbarkeit mit dem Bundesverfassungsrecht problematisch sei. Es geht hier auch um das Ausmaß an **Verfassungsautonomie** (siehe dazu unten V.3.).

# V. Der Bundesstaat

## Vorbemerkung

Obwohl das B-VG in einer nicht zufälligen Reihenfolge, sondern bewußten Rangordnung das demokratisch-republikanische vor dem bundesstaatlichen Prinzip nennt, wird in der Folge aus didaktischen Erwägungen letzteres dem ersteren als Gliederungsgesichtspunkt vorgezogen.

## 1. Begriff

Bundesstaat ist ein Staat, in dem
  a. die Staatsfunktionen (Gesetzgebung, Verwaltung, Gerichtsbarkeit) zwischen einem **Oberstaat** und **Gliedstaaten** verteilt sind („**Kompetenzverteilung**");
  b. die Kompetenzen der Gliedstaaten nicht vom Oberstaat delegiert sind, sondern nach der rechtlichen Konstruktion den Gliedstaaten **originär** zukommen.

Die Teilglieder (Länder) des Bundesstaates sind daher nicht Untergliederungen des Einheitsstaates, sondern **Träger selbständiger Staatsgewalt** („Gliedstaaten"). Zwischen Oberstaat und Gliedstaaten besteht ein Verhältnis prinzipieller **rechtlicher Gleichwertigkeit**. Die prinzipielle Gleichrangigkeit von Oberstaat (Bund) und Gliedstaaten (Ländern) setzt nach *Kelsen* begrifflich eine dem Bund und den Ländern in gleicher Weise übergeordnete **Gesamtverfassung** voraus, die die Kompetenzverteilung zwischen dem Bund und den Ländern regelt („**Drei-Kreise-Theorie** des Bundesstaates"). In Österreich erfolgt die Kompetenzverteilung in Form eines Bundesverfassungsgesetzes (insbes, aber nicht ausschließlich in den Art 10 bis 15 B-VG), das sich von sonstigem Bundesverfassungsrecht formal nicht unterscheidet. Die theoretische Differenzierung zwischen Gesamtverfassungsrecht und Verfassungsrecht des Bundes ist somit nicht positivrechtlich ausgebildet. Die Schule Kelsens folgert daraus, daß sich bei einer rein juristischen Betrachtung der Bundesstaat nicht von einem **dezentralisierten Einheitsstaat** unterscheiden läßt. (Dem Kelsenschen Modell entsprach dagegen das Verhältnis von Österreich und Ungarn nach dem „Ausgleich" von 1867; die österreichische Reichshälfte selbst bildete einen dezentralisierten Einheitsstaat.)

Unterhalb der Stufe der Verfassung ist allerdings die rechtliche Gleichrangigkeit von Bund und Ländern weitgehend ausgeprägt:
  a. Bundesgesetze haben keinen höheren Rang als Landesgesetze (es gilt **nicht** die Regel: „**Bundesrecht bricht Landesrecht**"). Bei widersprüchlichen Regelungen entscheidet vielmehr der VfGH über die jeweilige Regelungskompetenz;
  b. die Länder unterstehen **keiner** allgemeinen **Aufsicht** des Bundes (siehe aber unten V.6.).

Für den VfGH (Slg 2455/1952) ist neben der Kompetenzverteilung die **Mitwirkung der Länder an der Bundesgesetzgebung** – dazu unten V.5.1. – essentiell. Kein wesentliches Merkmal des Bundesstaates ist – entgegen VfSlg 11.403/1987 – die mittelbare Bundesverwaltung (siehe unten V.5.3.).

## 2. Der Gesamtstaat

### 2.1. Die Republik Österreich

Unabhängig von der Aufteilung der Staatsgewalt auf Bund und Länder bildet der Bundesstaat „nach außen", dh in völkerrechtlicher Hinsicht, einen einheitlichen Staat. Die Aufteilung der Staatsgewalt hat im wesentlichen nur im Staatsinneren Bedeutung. Dieser einheitliche Staat in völkerrechtlicher Hinsicht ist die **Republik Österreich**.

Falsch ist es, die „Republik Österreich" mit dem Bund gleichzusetzen. Allerdings tritt der Bund im Privatrechtsverkehr vielfach unter dieser Firma in Erscheinung. Von Verfassungs wegen (Art 82 Abs 2 B-VG) werden die Urteile und Erkenntnisse der Gerichte im Namen der Republik verkündet.

### 2.2. Staatsgebiet

Art 3 B-VG besagt lediglich, daß das Bundesgebiet aus den Gebieten der Länder besteht, womit ein „bundesunmittelbares" Territorium ausgeschlossen ist.

a. Die **Grenzen** des Gesamtstaatsgebietes werden hier vorausgesetzt. Sie sind im **Staatsvertrag von St.Germain** und gegenüber Ungarn auch im **Venediger Protokoll** von 1921 (BGBl 1922/138) geregelt. Nach Art 5 des Staatsvertrages 1955 sind die Grenzen Österreichs jene, die am 1. Jänner 1938 bestanden haben. In neueren Verträgen mit den Nachbarstaaten wurden die Staatsgrenzen fixiert und gelegentlich geringfügig korrigiert.

Strittig ist der Verlauf der Grenzen im **Bodensee** (Kondominium oder Realteilung?).

b. Die **Grenzen der Länder** gehen auf jene der Kronländer der Monarchie zurück und sind seither nur vereinzelt und geringfügig geändert worden (abgesehen von der Zeit der deutschen Besetzung).

Art 3 Abs 2 B-VG stellt die **Grenzen der Länder** unter einen besonderen Schutz: sie dürfen nicht durch den Bundesverfassungsgesetzgeber einseitig abgeändert werden, sondern nur durch **paktierte Verfassungsgesetze des Bundes und der Länder**. In diesem engen Bereich gibt es also ein vom Bundesverfassungsrecht unterschiedenes, höherrangiges „Gesamtverfassungsrecht".

Die Bedeutung der Landesgrenzen wird relativiert durch das Gebot, daß das Bundesgebiet ein **einheitliches Währungs-, Wirtschafts- und Zollgebiet** zu bilden hat und Zwischenzollinien und Verkehrsbeschränkungen nicht errichtet werden dürfen (Art 4 B-VG). Ergänzend bestimmt § 8 Abs 4 F-VG, daß Abgaben der

Länder und der Gemeinden, die die Einheit des Währungs-, Wirtschafts- und Zollgebiets verletzen oder in ihrer Wirkung Zwischenzöllen oder sonstigen Verkehrsbeschränkungen gleichkommen, nicht erhoben werden dürfen.

Historisch richtet sich Art 4 B-VG gegen tatsächliche Beschränkungen, die 1918/19 von den Ländern errichtet wurden und die Lebensmittelversorgung Wiens gefährdeten. Seine normative Reichweite ist vor allem bezüglich des geforderten einheitlichen Wirtschaftsgebietes unklar und strittig. Er schließt jedenfalls gesetzliche Differenzierungen im Rahmen der Landeskompetenz nicht aus.

Verfassungsrechtlich problematisch sind die Zollausschlußgebiete (Kleines Walsertal und Jungholz).

## 2.3. Staatsbürgerschaft

Nach Art 6 B-VG (idF der B-VGNov 1988/685) besteht für die Republik Österreich eine **einheitliche Staatsbürgerschaft**. Staatsbürger, die in einem Land ihren ordentlichen Wohnsitz haben, sind dessen **Landesbürger**.

Die Landesbürgerschaft hat keinen selbständigen staatsbürgerschaftsrechtlichen Gehalt. Sie umschreibt den Personenkreis, der an der politischen Willensbildung im Land mitzuwirken berechtigt ist.

Damit wird das ursprüngliche Konzept des Art 6 B-VG „umgedreht". Art 6 B-VG sah in seiner früheren Fassung vor, daß

– für jedes Land eine Landesbürgerschaft besteht (deren Voraussetzung wiederum das Heimatrecht in einer Gemeinde des Landes war)
– und mit der Landesbürgerschaft, also davon abgeleitet, die Bundesbürgerschaft erworben wird.

Diese Regelung war jedoch seit 1945 durch eine Verfassungsbestimmung im StaatsbürgerschaftsG (zuletzt § 1 StaatsbürgerschaftsG 1985) **suspendiert**. Es gibt seit 1945 nur eine **einheitliche und ungeteilte Staatsbürgerschaft**. Diese Beseitigung einer echten Landesbürgerschaft beeinträchtigte nach Auffassung des VfGH den bundesstaatlichen Charakter Österreichs nicht und stellte daher keine Gesamtänderung der Verfassung iS des Art 44 Abs 3 B-VG dar (VfSlg 2455/1952).

Art III Abs 2 der B-VGNov 1988/685 behält die Unterteilung der Staatsbürgerschaft in eine Bundes- und Landesbürgerschaft im ursprünglichen Sinn des Art 6 B-VG einer künftigen bundesverfassungsrechtlichen Regelung vor. Es ist dies eine Programmbestimmung ohne normativen Gehalt, die bewirken soll, daß die Wiederherstellung einer primären Landesbürgerschaft und einer davon abgeleiteten Bundesbürgerschaft nicht aus der verfassungspolitischen Diskussion verschwindet.[1]

Angemerkt sei an dieser Stelle, daß das Staatsbürgerschaftsrecht **Bundessache in Gesetzgebung, Landessache in Vollziehung** ist (Art 11 Abs 1 Z 1 B-VG).

---

[1] Die Einrichtung einer Landesbürgerschaft im ursprünglichen Sinn ist nach wie vor ein Punkt des Forderungskataloges der Bundesländer.

## 2.4. Staatssprache

Staatssprache der Republik ist die **deutsche Sprache** (Art 8 B-VG). Es ist dies die Sprache, derer sich alle staatlichen Organe sowohl im Verkehr untereinander als auch im amtlichen Verkehr mit anderen Menschen zu bedienen haben.

Art 8 B-VG selbst erlaubt bundesgesetzlich zu regelnde Ausnahmen für sprachliche Minderheiten. Art 66 Abs 4 des Staatsvertrages von St.Germain sowie Art 7 des Staatsvertrages 1955 **verpflichten** Österreich zu solchen Ausnahmeregelungen. Siehe insbes Art 7 Z 2 und 3 des Staatsvertrages 1955:

– Z 2: Anspruch auf Elementarunterricht in slowenischer oder kroatischer Sprache und auf eine verhältnismäßige Anzahl von höheren Schulen;
– Z 3: Amtssprache neben dem Deutschen sowie Aufschriften topographischer Natur.

Dazu ergingen folgende Ausführungsgesetze: das **MinderheitenschulG für Kärnten** sowie das **Volksgruppengesetz** (mit weiteren Durchführungsverordnungen).

## 2.5. Staatssymbole

Siehe Art 8a B-VG sowie das WappenG BGBl 1984/159.

Die Bundeshymne wurde mit einem Ministerratsbeschluß vom 22.10.1946 festgelegt.
Der Nationalfeiertag (26.10.) wurde durch Bundesgesetz vom 28.6.1967, BGBl Nr 263, festgelegt.

Die Staatssymbole der Länder sind landesrechtlich normiert.

# 3. Bundesverfassungsrecht und Landesverfassungsrecht

**Lit:** *Koja,* Das Verfassungsrecht der österreichischen Bundesländer[2] (1988); Peter *Pernthaler,* Der österreichische Bundesstaat im Spannungsfeld von Föderalismus und formalem Rechtspositivismus, ÖZÖR 1969, 361

Zur Eigenschaft der Länder als Gliedstaaten gehört die Befugnis, sich selbst eine Verfassung zu geben. Neben dem Bundesverfassungsrecht (das nach der Kelsenschen Theorie inhaltlich teils Gesamtverfassungsrecht, teils Verfassungsrecht des Bundes im engeren Sinne ist) gehören daher zum österreichischen Verfassungsrecht die **Landesverfassungen**.

Die Bundesverfassung regelt allerdings – über den begrifflichen Kern einer Gesamtverfassung hinaus – in einem sehr intensiven Maß die Grundzüge der Landesverfassungen (Viertes Hauptstück des B-VG: „Gesetzgebung und Vollziehung der Länder"; ferner: BVG vom 30.7.1925, BGBl 1925/289, betreffend Grundsätze für die Einrichtung und Geschäftsführung der Ämter der Landesregierungen außer Wien). Die Landesverfassungen dürfen die Bundesverfassung „nicht berühren", dh ihr nicht widersprechen (Art 99 Abs 1 B-VG). Innerhalb des Bundesverfassungsrechts besitzen die Länder aber eine (**relative**) **Verfassungsautonomie**.

Die ältere Lehre und Judikatur bezeichneten die Landesverfassungsgesetze als „**Ausführungsgesetze**" zur Bundesverfassung. Dies würde bedeuten, daß die Länder nur die in der Bundesverfassung erkennbaren Grundsätze näher ausgestalten dürften. Dem entsprach auch der verkümmerte Inhalt des Landesverfassungsrechts. „Verfassungsautonomie" bedeutet dagegen die Möglichkeit, den bundesverfassungsgesetzlich ungeregelten Raum schöpferisch-eigenständig auszugestalten. (Praktisches Problem zB: sind Landesrechnungshöfe zulässig?[2]) Die Länder selbst haben diese Autonomie auf der Basis wichtiger theoretischer Vorarbeiten *(Koja, Pernthaler)* erst in jüngster Zeit entdeckt (siehe oben II.6.).

In formaler Hinsicht gleicht das Landesverfassungsrecht dem Bundesverfassungsrecht:
- Erfordernis der Zweidrittelmehrheit im Landtag bei Anwesenheit der Hälfte der Mitglieder (Art 99 Abs 2 B-VG),
- ausdrückliche Kennzeichnung (landesverfassungsgesetzlich normiert),
- neben den Verfassungsurkunden gibt es auch besondere Landesverfassungsgesetze und Verfassungsbestimmungen.

# 4. Die Kompetenzverteilung

**Lit:** *Pernthaler,* Raumordnung und Verfassung Bd 1 (1975), Bd 3 (1990); Neuordnung der Kompetenzverteilung in Österreich, hrsg vom Bundeskanzleramt-Verfassungsdienst (1991)

Die Verteilung der Staatsfunktionen bildet den Kern jeder Bundesstaatsverfassung. Sie erfolgt in Österreich im wesentlichen in den Art 10 bis 15 B-VG; dazu kommen aber Kompetenzregelungen in anderen Bestimmungen des B-VG (zB Art 17, 82, 115 Abs 2), in anderen Bundesverfassungsgesetzen und in Verfassungsbestimmungen einfacher Bundesgesetze.[3]

## 4.1. Die Kompetenz-Kompetenz

Darunter versteht man die **Kompetenz zur Verteilung der Kompetenzen**. Sie steht prinzipiell dem **Bundesverfassungsgesetzgeber** zu, der dabei – nach der Bundesstaatstheorie Kelsens – Organ der Gesamtverfassung ist.

Es gibt auch Fälle einer **Kompetenz-Kompetenz des einfachen Bundesgesetzgebers**, so vor allem im Finanzverfassungsrecht (siehe unten V.4.4.), zu nennen sind ferner die Zuständigkeit des Bundes zur Erklärung von Straßen-

---

2 Siehe unten V.7.2.4.5.
3 Zu nennen sind hier insbes die teils befristeten Verfassungsbestimmungen in den Wirtschaftslenkungsgesetzen (zB Art I MarktordnungsG, Art I LandwirtschaftsG, Art I PreisG usw).

zügen zu Bundesstraßen (Art 10 Abs 1 Z 9 B-VG), § 2 Abs 2 DatenschutzG[4] und die Fälle der **Bedarfsgesetzgebung** (siehe dazu unten V.4.3.2.).

## 4.2. Kompetenz zur Gesetzgebung und Vollziehung

Das B-VG verteilt zwischen Bund und Ländern Kompetenzen zur **Gesetzgebung** und Kompetenzen zur **Vollziehung**. Der Begriff Vollziehung erstreckt sich jedoch nur auf die **Hoheitsverwaltung**, er erfaßt dagegen nicht:
  a. Die **Gerichtsbarkeit**: diese ist ausschließlich Bundessache (Art 82 B-VG; es ist dies ein Erbe der konstitutionellen Monarchie); den Ansatz einer Landesgerichtsbarkeit bilden die seit 1988 eingerichteten Unabhängigen Verwaltungssenate (UVS). Ihr Ausbau zu einer echten Gerichtsbarkeit ist eine häufig gestellte Forderung.
  b. Die „**Privatwirtschaftsverwaltung**": darunter versteht man ein Handeln der Verwaltungsorgane in einer Rechtsform des Privatrechts. Es kommt nach österreichischem Recht lediglich auf dieses formale Merkmal an; „Privatwirtschaftsverwaltung" (besser: „privatrechtliche Verwaltung") ist daher nicht auf typisch „privatwirtschaftliche" Tätigkeiten (zB: Betrieb von Unternehmen) beschränkt, sondern umfaßt auch typische Aufgaben des Staates (Beispiel: Gewährung von Hilfeleistung an Opfer von Verbrechen). **Diese privatrechtliche Verwaltung ist nicht an die Kompetenzverteilung gebunden** (Art 17 B-VG). Dies bedeutet, daß sowohl der Bund als auch die Länder auf allen Gebieten in privatrechtlicher Form tätig werden können, ohne durch die Kompetenzverteilung beschränkt zu sein (Beispiele: Förderung von gewerblichen Betrieben durch die Länder, obwohl „Angelegenheiten des Gewerbes" Bundessache sind; Subventionierung von Krankenanstalten durch den Bund, obwohl Krankenanstalten in die Landesvollziehung fallen; Betrieb von Bundessportheimen). Gleichzeitig wird Art 17 B-VG als Kompetenzgrundlage für die gesetzliche Regelung „transkompetenter" Privatwirtschaftsverwaltung verstanden. Solche Gesetze dürfen allerdings nur an Verwaltungsorgane adressiert werden und keine subjektiven Rechte Dritter einräumen („Selbstbindungsgesetze" – näheres in den Lehrbüchern des Allgemeinen Verwaltungsrechts).[5]

---

4 „Die Vollziehung solcher Bundesgesetze steht dem Bund zu. Soweit solche Daten von einem Land, im Auftrag eines Landes, von oder im Auftrag von juristischen Personen, die durch Gesetz eingerichtet sind und deren Einrichtung hinsichtlich der Vollziehung in die Zuständigkeit der Länder fällt, ermittelt, verarbeitet oder übermittelt werden, sind diese Bundesgesetze von den Ländern zu vollziehen, soweit nicht durch Bundesgesetz die Datenschutzkommission, der Datenschutzrat oder Gerichte mit der Vollziehung betraut werden".

5 Weitere **verfassungsrechtliche Aspekte der privatrechtlichen Verwaltung:**
  a) Die Frage der Geltung des **Legalitätsprinzips:** siehe unten VII.1.1.
  b) Das „**Rechtsschutzdefizit**" der privatrechtlichen Verwaltung: die spezifischen Institutionen einer richterlichen Prüfung der Verwaltung – Verwaltungsgerichtsbarkeit einschließlich der "Sonderverwaltungsgerichtsbarkeit" des VfGH – erstrecken sich nur auf die

c. Dem Bund ist es möglich, durch **völkerrechtliche** Verträge jede Angelegenheit zu regeln, ohne durch die Kompetenzverteilung beschränkt zu sein. (Zur Durchführung völkerrechtlicher Verträge siehe unten IX.3.3.)

## 4.3. Typen der Kompetenzverteilung

### 4.3.1. Allgemeine Kompetenzverteilung

Das B-VG kennt 4 **Haupttypen**:
Gesetzgebung und Vollziehung Bundessache (Art 10 B-VG);
Gesetzgebung Bundessache, Vollziehung Landessache (Art 11 B-VG);
Grundsatzgesetzgebung Bundessache, Ausführungsgesetzgebung und Vollziehung Landessache (Art 12 B-VG);
Gesetzgebung und Vollziehung Landessache (Art 15 B-VG).

#### *4.3.1.1. Die Zuständigkeit des Bundes zur Gesetzgebung und Vollziehung*

Der Katalog der dem Bund in Gesetzgebung und Vollziehung übertragenen Kompetenzen (Art 10 Abs 1-B-VG) ist weitaus am umfangreichsten und bewirkt in Verbindung mit den Art 11 und 12 B-VG, daß vor allem in der Gesetzgebung das Schwergewicht ganz eindeutig beim Bund liegt (**zentralistischer** Gehalt des österreichischen Bundesstaates).

#### *4.3.1.2. Die Zuständigkeit des Bundes zur Gesetzgebung, des Landes zur Vollziehung*

a. **Beispiele:** Staatsbürgerschaftsrecht, Straßenpolizei, Umweltverträglichkeitsprüfung für Vorhaben, bei denen mit erheblichen Auswirkungen auf die Umwelt zu rechnen ist (ausgenommen Bundesstraßen und Eisenbahnlinien: hier besteht nach Art 10 Abs 1 Z 9 B-VG eine Gesetzgebungs- und Vollziehungskompetenz des Bundes).

b. Die Erlassung von Verordnungen – eine Aufgabe der „Vollziehung" – steht prinzipiell dem Bund zu (Art 11 Abs 3 B-VG).

#### *4.3.1.3. Die Zuständigkeit des Bundes zur Grundsatzgesetzgebung*

a. **Beispiele:** Armenwesen, Heil-und Pflegeanstalten, Bodenreform, Teile des Elektrizitätswesens.

---

waltung – siehe dazu die Lehrbücher des Allgemeinen Verwaltungsrechts. Bedeutsam ist in diesem Zusammenhang die Kompetenz der VA - siehe unten VII.4.2.
c) Die – im Prinzip zu bejahende, im Detail aber strittige – Frage der Bindung an die **Grundrechte** („Fiskalgeltung" der Grundrechte).
d) Zur **„Auftragsverwaltung"** siehe unten V.5.3.
e) Zur Zuordnung der von den **Gemeinden** besorgten privatrechtlichen Verwaltungsaufgaben zum eigenen Wirkungsbereich siehe unten VI.7.6.2.3.

b. Grundsatzgesetze und Grundsatzbestimmungen in Bundesgesetzen sind als solche **ausdrücklich zu bezeichnen** (Art 12 Abs 4 B-VG). Das Fehlen einer solchen Bezeichnung macht eine Grundsatzbestimmung verfassungswidrig.

c. Grundsatzgesetze sollten dem Ausführungsgesetzgeber einen gewissen **Spielraum** lassen. Der VfGH toleriert aber auch äußerst detaillierte Grundsatzgesetze (Problem der „Überdetermination"). Grundsatzgesetze sind aber ohne Ausführungsgesetze nicht unmittelbar anwendbar (**keine „Durchgriffswirkung"** auch bei fehlender oder lückenhafter Ausführung!).

d. Das Bundesgrundsatzgesetz muß (bei Neuerlassung eines Grundsatzgesetzes) und kann (bei Novellierung eines Grundsatzgesetzes) eine **Frist** für die Erlassung eines Ausführungsgesetzes setzen (Art 15 Abs 6 B-VG). Diese Frist darf ohne Zustimmung des BR nicht kürzer als sechs Monate und nicht länger als ein Jahr sein. Dabei sind folgende Fälle zu unterscheiden:

aa. Bei **erstmaliger Erlassung** eines Grundsatzgesetzes ist **stets eine Frist** zu setzen.

aaa. Hat das Land die Angelegenheit **bisher frei geregelt**, so führt eine Nichtanpassung innerhalb dieser Frist zur **Invalidation**[6] des Landesgesetzes.

bbb. Hat das Land die Angelegenheit **bisher nicht geregelt**, so bewirkt das ungenützte Verstreichen der Frist eine (vorübergehende) **Devolution**[7] an den Bund.

bb. **Novellierung** eines bestehenden Grundsatzgesetzes unter **Fristsetzung**:

aaa. Ein Landesausführungsgesetz war bislang noch nicht erlassen: nach Ablauf der Frist tritt vorübergehende **Devolution** ein.

bbb. Der Landesgesetzgeber paßt innerhalb der Frist sein Ausführungsgesetz nicht an die geänderten Grundsätze an: das Landesgesetz wird verfassungswidrig (**Invalidation**).

**Devolution** tritt somit nur in jenen Fällen ein, in denen – bei Neuerlassung oder Novellierung eines Grundsatzgesetzes – eine **landesrechtliche Regelung nicht besteht** (VfSlg 10.176/1984, aM *Mayer*, Zur Devolutionskompetenz nach Art 15 Abs 6 B-VG, ÖJZ 1985, 545 und *Walter/Mayer*, Grundriß des österreichischen Verfassungsrechts[7] [1992] Rz 268). Strittig ist, ob bloß ein **gänzliches** oder auch schon ein **teilweises Fehlen** eines Ausführungsgesetzes zur Devolution führt.

e. Wird ein Bundesgrundsatzgesetz **ohne Fristsetzung geändert,**[8] so werden nicht entsprechende Landesgesetze sogleich verfassungswidrig (**Invalidation**); eine **Devolution** tritt **nicht** ein.

f. Macht der Bundesgrundsatzgesetzgeber von seiner Kompetenz keinen Gebrauch, **kann das Land diese Materie frei regeln**. Ein später erlassenes Bundesgesetz muß in diesem Fall eine Frist setzen (siehe zuvor d.).

---

6 Das Landesgesetz wird verfassungswidrig, bleibt aber bis zur Aufhebung gültig.

7 Die Zuständigkeit zur Erlassung des Ausführungsgesetzes geht auf den Bund über. Sobald das Land das Ausführungsgesetz erlassen hat, tritt das Ausführungsgesetz des Bundes außer Kraft.

8 In der Praxis nicht üblich!

### 4.3.1.4. Die Generalklausel zugunsten der Länder

Es entspricht der bundesstaatlichen Idee, daß die Kompetenzen der Länder nicht taxativ aufgezählt werden, sondern durch eine Generalklausel erfaßt werden (Art 15 Abs 1 B-VG: Fiktion einer ursprünglichen vollen Staatlichkeit der Länder). Daraus ergibt sich die **föderalistische Auslegungsmaxime**, daß im Zweifel die Kompetenz des Landes anzunehmen ist. Tatsächlich sind aber die dem Bund ausdrücklich übertragenen Angelegenheiten so zahlreich, daß den Ländern nur sehr bescheidene Gesetzgebungskompetenzen „verblieben" sind (zB Baurecht, einschließlich gewisser Angelegenheiten der Raumordnung[9]; Dienstrecht der Landesbediensteten, Gemeinderecht, Jagd und Fischerei, Grundverkehrsrecht, Naturschutz, Sport). Es gibt auch Beispiele einer ausdrücklichen Nennung einer Landeskompetenz im B-VG (zB: Art 15 Abs 3, Abs 9, Abs 10 B-VG).

Die Länder dürfen im Rahmen ihrer Gesetzgebungskompetenz auch die erforderlichen Bestimmungen auf dem Gebiet des Zivilrechts und des Strafrechts erlassen (Art 15 Abs 9 B-VG; lex Starzynski). Solche Regelungen müssen aber nach einer eher rigiden Judikatur mit einer in die Landeskompetenz fallenden Hauptmaterie in einem **unerläßlichen Zusammenhang** stehen.

### 4.3.2. Sonderfälle

Neben diesen Haupttypen gibt es folgende **Sondertypen**:

- **Paktierte Gesetzgebung**: Art 15 Abs 4 B-VG (Vollziehung des Straßenverkehrsrechts und Schiffahrtspolizeirechts durch Bundespolizeibehörden); Volksbildungswesen (siehe unten V.4.5.).
- **Gesetzgebung Landessache, Vollziehung Bundessache**: Art 15 Abs 5 B-VG (Vollziehung des Baurechts betreffend bundeseigene Gebäude); Art 60 Abs 1 3. Satz B-VG (Wahlpflicht bei der Bundespräsidentenwahl); Art 15 Abs 9 B-VG („lex Starzynski").
- **Bedarfsgesetzgebung**: Art 10 Abs 1 Z 15 B-VG („Kriegsfolgentatbestand"[10]); Art 11 Abs 2 B-VG (Verwaltungsverfahren); Art 11 Abs 5 B-VG (Festlegung einheitlicher Emmissionsgrenzwerte für Luftschadstoffe); Art 11 Abs 1 Z 7 und Abs 6 B-VG (Bürgerbeteiligungsverfahren; Genehmigung von umweltbelastenden Vorhaben).
- **Delegierte** Gesetzgebung: Art 10 Abs 2 B-VG.
- **Devolution**: in bestimmten Fällen geht die Zuständigkeit zur Gesetzgebung und/oder Vollziehung vom Land auf den Bund über: **endgültig** in den Fällen des Art 11 Abs 8 B-VG (Unabhängiger Umweltsenat), Art 12 Abs 3, 15 Abs 7 (zuständiger BM) und 16 Abs 3 (Kündigung von Länderstaatsverträgen) B-VG, bloß **vorläufig** in den Fällen des Art 15 Abs 6 (Ausführungsgesetzgebung des Landes[11]) und 16 Abs 4 und 6 B-VG (Durchführung von Staatsverträgen und Rechtsakten im Rahmen der europäischen Integration[12]).

---

9 Zur Raumordnung als "Querschnittsmaterie" siehe unten V.4.6.1.
10 Mit dem Wiener Staatsvertrag vom 15.5.1955 sind die Voraussetzungen für die Anwendung dieses Kompetenztatbestandes weggefallen. Die ursprünglich darauf gestützten Wirtschaftslenkungsgesetze beruhen heute auf besonderen Verfassungsbestimmungen (siehe oben V.4., FN 3).
11 Siehe oben V.4.3.1.3.d.
12 Siehe unten IX.3.3. und 6.3.

## 4.4. Die Kompetenzverteilung auf dem Gebiet der Finanzen

**Lit:** *Doralt/Ruppe*, Grundriß des österreichischen Steuerrechts II (1988)

Die Kompetenzen auf dem Gebiet der Finanzen, insbes der Abgaben[13], sind in einem besonderen BVG – dem **Finanz-Verfassungsgesetz 1948** (F-VG) – geregelt. Dieses nennt allerdings nur bestimmte **abstrakte Abgabentypen** nach dem Kriterium der **Ertragshoheit** (dh der **Verfügungskompetenz** über den Abgabenertrag):

- **ausschließliche** Bundes-, Landes- oder Gemeindeabgaben, sowie
- **geteilte** Abgaben mit den Unterformen,
  - **gemeinschaftliche** Abgaben (der Ertrag ist zwischen Bund/Land/Gemeinde geteilt),
  - **Zuschlagsabgaben** (bestehend aus einer Stammabgabe des Bundes bzw Landes und Zuschlagsabgaben der Länder und/oder Gemeinden),
- **Abgaben von demselben Besteuerungsgegenstand**.

An diese **abstrakten Steuertypen** sind die Gesetzgebungs- und Vollziehungskompetenzen geknüpft: in die **Gesetzgebungskompetenz des Bundes** fallen die ausschließlichen Bundesabgaben, die gemeinschaftlichen Bundesabgaben (einschließlich ihrer Verteilung), bei Zuschlagsabgaben und Abgaben von demselben Besteuerungsgegenstand die für den Bund erhobenen Abgaben (§ 7 Abs 1 F-VG); die Regelung der übrigen Abgaben fällt in die Kompetenz des **Landesgesetzgebers** (§ 8 Abs 1 F-VG).

Die Einreihung der konkreten Steuern (zB: Einkommenssteuer) in eine dieser Typen ist Sache der einfachen **Bundesgesetzgebung**. Der einfache Bundesgesetzgeber besitzt somit die **Kompetenz-Kompetenz** (zentralistischer Gehalt der Finanzverfassung).

Dies erfolgt in dem – regelmäßig befristeten – **Finanzausgleichsgesetz** (zuletzt FAG 1993, BGBl 1993/30). Die wichtigsten Abgaben sind dort zu ausschließlichen Bundesabgaben (zB: Körperschaftssteuer, Zölle) oder zu gemeinschaftlichen Bundesabgaben (zB: Einkommensteuer, Umsatzsteuer) erklärt, so daß dem Bund die Gesetzgebungs- und Vollziehungskompetenz bezüglich dieser Abgaben zukommt. Ferner ist dort die Aufteilung der Ertragsanteile gemeinschaftlicher Bundesabgaben geregelt. Diese Aufteilung erfolgt bei den einzelnen Abgaben nach verschiedenen Gesichtspunkten wie Bevölkerungszahl, Steueraufkommen ua. Bei den Gemeinden wird die Bevölkerungszahl mit einem nach Gemeindegröße gestaffelten Faktor multipliziert, der größere Gemeinden überproportional begünstigt (**abgestufter Bevölkerungsschlüssel**).

---

[13] Zur Begrifflichkeit: Abgaben sind primäre Geldleistungen, deren Ertrag einer **Gebietskörperschaft** zufließt und die durch **Hoheitsakt** vorzuschreiben und einzuheben sind. Sie gliedern sich in Steuern und Gebühren (Beiträge). **Steuern** sind ohne eine entsprechende "Gegenleistung" zu erbringen (unwesentlich ist Art und Zweck ihrer Verwendung); eine **Zweckwidmung** ist aber zulässig. **Gebühren** sind im Zusammenhang mit einer Gegenleistung zu erbringen; für sie gilt das **Äquivalenzprinzip** (dh eine Gebühr darf ein angemessenes Verhältnis zur Leistung nicht übersteigen, sie darf also nicht höher sein als die Kosten, die durch die Schaffung, Erhaltung und den Betrieb der Einrichtung entstehen).

Der Bundesgesetzgeber ist bei der Verteilung der Besteuerungsrechte nicht völlig frei, sondern hat sich an der Verteilung der Lasten der öffentlichen Verwaltung zu orientieren und auf die Leistungsfähigkeit der beteiligten Gebietskörperschaften Rücksicht zu nehmen (§ 4 F-VG). Der VfGH (Slg 10.633/1985) hat daraus durchaus justiziable Kriterien abgeleitet.

Neben den im FAG genannten Landesabgaben (zB: Grundsteuer, Jagd- und Fischereiabgaben) besitzen die **Länder** ein **Steuerfindungsrecht**: sie dürfen Abgaben, die im FAG nicht genannt sind, „erfinden" (zB „U-Bahn-Steuer" in Wien). Bei der Fülle der im FAG ausdrücklich genannten Abgaben ist aber der Spielraum der Länder gering. Tatsächlich decken die Länder nur wenige Prozente ihrer Ausgaben mit eigenen (sei es mit im FAG zugewiesenen, sei es mit „erfundenen") Steuern. Der überwiegende Teil des Landesbudgets stammt aus Ertragsanteilen an gemeinschaftlichen Bundesabgaben und sonstigen Finanzzuweisungen des Bundes.

Der Bundesgesetzgeber kann die Gemeinden ermächtigen, bestimmte Abgaben aufgrund eines Beschlusses der Gemeindevertretung zu erheben (§ 7 Abs 5 F-VG, **freies Beschlußrecht der Gemeinden**[14]). Auch der Landesgesetzgeber kann die Gemeinden zu solchen Beschlüssen ermächtigen, er hat diese Beschlüsse allerdings näher gesetzlich zu determinieren (§ 8 Abs 5 F-VG).

Das F-VG bezieht sich nur auf „**öffentliche** Abgaben", das sind: Steuern, Gebühren und Beiträge. Keine öffentlichen Abgaben sind zB privatrechtliche Entgelte, Geldstrafen, Geldleistungen, die nicht unmittelbar an Gebietskörperschaften erbracht werden (zB: Sozialversicherungsbeiträge, Kammerumlagen), öffentlich-rechtliche Lasten, die nicht in Geld bestehen (Hand- und Zugdienste, Dienstnehmereinstellungspflichten), sowie sekundäre Geldleistungen als Ersatz für die nicht erfüllte primäre Leistung, sofern ein Wahlrecht besteht (zB bei Dienstnehmereinstellungspflichten).

Das F-VG regelt auch die Zuständigkeit zur Regelung der Kostentragung (**Kostentragungskompetenz: § 2 F-VG**): eine Gebietskörperschaft hat jenen Aufwand zu tragen, der sich aus der Besorgung ihrer Aufgaben ergibt. Abweichende gesetzliche Regelungen sind aber möglich (zB § 1 FAG bezüglich der mittelbaren Bundesverwaltung).

Die Aufgaben einer Gebietskörperschaft sind in den Fällen der mittelbaren Verwaltung – siehe zu diesem Begriff unten V.5.3. und 5.4. – schwierig abzugrenzen. In Betracht kommen **organisatorische** und **funktionale Gesichtspunkte** (organisatorisch: die Kosten sind von der Gebietskörperschaft, die die Aufgabe durchführt – zB das Land in der mittelbaren Bundesverwaltung, die Gemeinde im übertragenen Wirkungsbereich – zu tragen; funktional: die Kosten sind von jener Gebietskörperschaft zu tragen, für welche eine andere Gebietskörperschaft die Aufgabe durchführt). Die Judikatur ist nicht eindeutig, bevorzugt aber neuerdings den organisatorischen Gesichtspunkt (VfSlg 9507/1982). Für die mittelbare Bundesverwaltung sieht allerdings § 1 FAG explizit vor, daß die Länder den Amts- und Sachaufwand zu tragen haben.

---

14 Eine gesetzesvertretende Verordnungsermächtigung!

## 4.5. Die Kompetenzen auf dem Gebiet der Schule

So wie das Finanzwesen ist auch das Schulwesen kompetenzrechtlich besonders geregelt, und zwar in den Art 14 (seit 1962) und 14a (seit 1975) B-VG – dies deshalb, weil diese Frage zwischen den Parteien besonders strittig war und 1920/25 keiner Einigung zugeführt werden konnte.

In den Art 14 und 14a B-VG finden sich die Haupttypen der Kompetenzverteilung in einer besonders komplizierten Verschachtelung wieder. Bemerkenswert ist aber, daß Art 14 B-VG – entgegen der allgemeinen Kompetenzverteilung – eine **Generalklausel zugunsten des Bundes** enthält.

Offen ist noch die Kompetenzverteilung auf dem Gebiet des Volksbildungswesens: die Änderung bestehender Gesetze bedarf paktierter Bundes- und Landesgesetze (Art VIII Abs 1 SchulNov 1962 BGBl 1962/215).

## 4.6. Strukturmerkmale und Auslegungsregeln der Kompetenzverteilung

Lit: *Funk,* Die grundlegenden Ordnungsprobleme im System der bundesstaatlichen Kompetenzverteilung, JBl 1976, 449; *Pernthaler,* Kompetenzverteilung in der Krise (1989)

Die Judikatur hat für die Kompetenzverteilung einige besondere Auslegungsregeln entwickelt. Sie tragen der extremen Zersplitterung der Kompetenzverteilung, aus der sich potentiell viele Überschneidungen ergeben könnten, Rechnung (Beispiel: Forstwesen ist Bundessache, Jagdwesen Landessache; in welche Kompetenz fällt eine Regelung über die Verwendung von Gift zur Schädlingsbekämpfung im Wald?).

### 4.6.1. Grundsatz der strikten Kompetenztrennung und der Exklusivität

Wichtigster Grundsatz der Kompetenzverteilung ist jener der **strikten Kompetenztrennung** iS einer **Exklusivität der Kompetenzbereiche** des Bundes und der Länder: eine bestimmte Regelung und ihre Vollziehung müssen stets einem einzigen Kompetenztatbestand zugeordnet werden.

Dieser Grundsatz beinhaltet insbes den – prinzipiellen – **Ausschluß konkurrierender** Kompetenzen. Es gibt in Österreich keine allgemeine Konkurrenzzuständigkeit etwa in dem Sinn, daß die Länder eine Regelung dann treffen können, wenn der Bund von seiner Regelungskompetenz keinen Gebrauch macht. Vereinzelte konkurrierende Kompetenzen sind aber ausnahmsweise vorgesehen (siehe die Fälle der Bedarfskompetenz, der Devolution und Delegation sowie der lex Starzynski – oben V.4.3.2.).

Die Kompetenzverteilung bezieht sich im Prinzip auf alle Gegenstände der Gesetzgebung und Vollziehung (**Vollständigkeit der Kompetenzordnung**, die insbes durch die Generalklausel des Art 15 Abs 1 B-VG gewährleistet wird): die Bundesverfassung teilt lediglich die Zuständigkeit zwischen Bund und Ländern auf, ohne bestimmte Regelungen von vornherein auszuschließen; die Kompetenzordnung ist als ganzes lückenlos und ermöglicht prinzipiell eine rechtliche Regelung jedes Sachverhaltes.

Die Zersplitterung der Kompetenzverteilung hat allerdings zur Folge, daß eine vielleicht sachlich wünschenswerte Regelungseinheit auf verschiedene Kompetenzregelungen aufgeteilt werden muß und insofern nicht durch einen einzigen Gesetzgeber (Bund oder Land) getroffen werden kann. Soweit es sich um größere Regelungskomplexe handelt, spricht man von **Querschnittsmaterie** oder **komplexer Materie** (Beispiele: Raumordnung, Umweltschutz, Umfassende Landesverteidigung, Katastrophenbekämpfung).

Zur **Raumordnung** siehe VfSlg 2674/1954:[15] Die planmäßige und vorausschauende Gesamtgestaltung eines bestimmten Gebietes in bezug auf seine Verbauung, insbes für Wohn- und Industriezwecke einerseits und für die Erhaltung von im wesentlichen unbebauten Flächen anderseits („Landesplanung" – „Raumordnung") ist nach Art 15 Abs 1 B-VG in Gesetzgebung und Vollziehung insoweit Landessache, als nicht etwa einzelne dieser planenden Maßnahmen, wie im besonderen solche auf den Gebieten des Eisenbahnwesens, des Bergwesens, des Forstwesens und des Wasserrechts, nach Art 10 bis 12 B-VG der Gesetzgebung oder auch der Vollziehung des Bundes ausdrücklich vorbehalten sind.

In der Praxis kann diese Art der Zuständigkeitsverteilung dazu führen, daß eine bestimmte, sachlich gewünschte Regelung nicht realisierbar ist (sog „**Weder-Noch-Kompetenz**").[16]

### 4.6.2. Kumulationsprinzip und Gesichtspunktetheorie

Das **Kumulationsprinzip** besagt, daß ein bestimmter Gegenstand (ein bestimmter Lebenssachverhalt) unter verschiedenen „Gesichtspunkten", die unterschiedlichen Kompetenztatbeständen zuzuordnen sind, geregelt werden kann (zB: Betrieb eines Camping-Platzes unter dem Gesichtspunkt des Gewerbes [Art 10 Abs 1 Z 8 B-VG] und des Naturschutzes [Art 15 Abs 1 B-VG]; Prostitution unter dem Gesichtspunkt der Sittlichkeitspolizei [Schutz von Nachbarn und Kindern] durch den Landesgesetzgeber, unter dem Gesichtspunkt der Gesundheitspolizei durch den Bundesgesetzgeber gemäß Art 10 Abs 1 Z 12 B-VG).

Dies führt vielfach zu einer **Kumulation von Regelungen**: wer zB ein Bauwerk zu gewerblichen Zwecken errichten oder umgestalten will, braucht nicht nur eine baubehördliche, sondern auch eine gewerbebehördliche Bewilligung, unter Umständen auch eine naturschutzrechtliche, wasserrechtliche usw Bewilligung. (Eine Eindämmung solcher Kumulationen ermöglicht Art 11 Abs 1 Z 7 B-VG; siehe die darauf gestützte Regelung des § 3 Abs 2 UmweltverträglichkeitsprüfungsG).

---

15 Siehe auch unten V.7.
16 Siehe zB VfGH 18.12.1992, K II-1/91: Die Einräumung gesetzlicher Vorkaufsrechte zugunsten von Gemeinden zur Verwirklichung konkreter, in die Landeskompetenz fallender Verwaltungszwecke (hier: Altstadterhaltung) fällt weder in die Zuständigkeit des Bundes noch in jene der Länder.

### 4.6.3. Berücksichtigungsprinzip

#### 4.6.3.1. Berücksichtigungsbefugnis

Bundes- und Landesgesetzgeber dürfen in ihren Regelungen auch auf Verwaltungszwecke der jeweils anderen Gebietskörperschaft Rücksicht nehmen. ZB: die Landesgesetze auf dem Gebiet der Raumordnung verpflichten die Gemeinde, bei Erstellung örtlicher Raumpläne Planungen des Bundes (wie Bundesstraßen oder militärische Sperrgebiete) zu beachten; oder: Berücksichtigung unerwünschter Konkurrenzierung im Rahmen des Ausländergrundverkehrsrechts.

Die Bcfugnis, die Interessen und Zwecke der gegenbeteiligten Gebietskörperschaft zu berücksichtigen, darf aber nicht dazu mißbraucht werden, die der anderen Gebietskörperschaft obliegende Regelung selbst vorzunehmen (VfSlg 9543/1982; 10.292/1984; 10.3.1993, B 1074/92).

#### 4.6.3.2. Berücksichtigungsgebot

Von der Berücksichtigungsbefugnis als Ermächtigung zu einem finalen Ausgreifen in fremde Kompetenzbereiche[17] ist das **Berücksichtigungsgebot** zu unterscheiden.

Gesichtspunktetheorie und Berücksichtigungsbefugnis haben in der Praxis zur Folge, daß Bundes- und Landesgesetzgeber nicht nur sich partiell überschneidende, sondern auch einander widersprechende Regelungen erlassen können, ohne daß eine von ihnen als kompetenzwidrig qualifiziert werden kann. So fällt es in die Bundeskompetenz, ein Recht zum freien Betreten des Waldes zu normieren; dagegen ist der Landesgesetzgeber zuständig, aus jagdrechtlicher Sicht eine Sperre von Jagdgebieten – auch im Wald – anzuordnen. Dem Bundes- wie dem Landesgesetzgeber ist es aber verwehrt, Regelungen zu treffen, die sich als **sachlich nicht gerechtfertigte Beeinträchtigungen der Effektivität der Regelungen der gegenbeteiligten Gebietskörperschaft** darstellen. Diese **Rücksichtnahmepflicht** verbietet dem Gesetzgeber der einen Gebietskörperschaft, die vom Gesetzgeber der anderen Gebietskörperschaft wahrgenommenen Interessen zu negieren und dessen gesetzliche Regelung zu unterlaufen. Diese Pflicht verhält ihn dazu, eine zu einem angemessenen Ausgleich führende **Abwägung der eigenen Interessen mit jenen der anderen Gebietskörperschaft** vorzunehmen und nur eine Regelung zu treffen, die zu einem solchen Interessenausgleich führt (VfSlg 10.292/1984).[18]

Auf der Ebene der **Vollziehung** bedeutet das Rücksichtnahmegebot, daß Ermessensbestimmungen und unbestimmte Gesetzesbegriffe nicht in Widerspruch zu „gegenbeteiligten" Regelungen und Vollzugsakten gehandhabt und ausgelegt werden dürfen (vgl etwa VwSlgNF 11.386A).

---

17 *Reimeir,* Rechtsprobleme der Planung von Einkaufszentren (1992) 65.
18 Verfassungswidrig war daher eine Regelung im NÖ Jagdgesetz, die es in überschießender Weise erlaubte, Jagdgebiete zu sperren, ohne auf das bundesgesetzlich (§ 33 ForstG) normierte freie Betretungsrecht des Waldes Bedacht zu nehmen.

### 4.6.4. Versteinerungstheorie

Die wohl **wichtigste Auslegungsregel** in Bezug auf die Tatbestände der Kompetenzartikel ist die „Versteinerungstheorie".

Die Termini der Kompetenzartikel haben die Bedeutung, die ihnen nach dem Stand der Rechtsordnung (insbes der einfachen Gesetze) im Zeitpunkt ihrer Schaffung zugekommen sind (**objektiv-historische** Interpretation) (zB: „Gewerbe" iS des Art 10 Abs 1 Z 8 B-VG sind jene gewerblichen Tätigkeiten, auf die sich 1925 die Gewerbeordnung erstreckte). Auslegungsgrundlage ist die Rechtslage im Zeitpunkt des Inkrafttretens des zu interpretierenden Kompetenztatbestandes (**„Versteinerungszeitpunkt"**, in der Regel der 1.10.1925 – siehe oben II.2.).

Die „Versteinerungstheorie" bedeutet keine Versteinerung der unterverfassungsgesetzlichen Regelung. „Versteinert" ist vielmehr das **abstrakte Begriffsbild des jeweiligen Kompetenztatbestandes**. Die Versteinerungstheorie bezieht sich also auf eine Abstraktionshöhe oberhalb des historisch gegebenen Rechtsmaterials. Diese Abstraktionshöhe wird allerdings vom VfGH pro Tatbestand sehr unterschiedlich angesetzt.

Neue Regelungen sind zulässig, sofern sie sich systematisch der jeweiligen Materie zuordnen lassen. Die Versteinerungstheorie wird insofern austariert durch den „**Grundsatz der intrasystematischen Fortentwicklung**". Wie weit diese reichen kann, zeigt das Beispiel des Rundfunkrechts als systematische Fortentwicklung des Telegraphenrechts von 1925 (VfSlg 2721/1954).

Falsch ist die – vom VfGH gelegentlich praktizierte – Anwendung der Versteinerungstheorie auf Art 15 Abs 1 B-VG. Dies widerspricht dem Sinn einer Generalklausel.

### 4.6.5. Adhäsionsprinzip

Gewisse Regelungen folgen der Hauptmaterie, dh sie sind von einem Sachbereich auch ohne ausdrückliche Nennung inkludiert: so **verwaltungsstrafrechtliche Regelungen** und **Enteignungsregelungen** (Art 10 Abs 1 Z 6 B-VG), ferner das **Verwaltungsverfahren**, soweit nicht der Bundesgesetzgeber von seiner Bedarfskompetenz gemäß Art 11 Abs 2 B-VG Gebrauch macht.

Die hier genannten Fälle sind im B-VG explizit angeordnet. In der Rechtsprechung des VfGH findet sich aber auch die Maxime, daß begleitende Nebenbestimmungen, die isoliert betrachtet einer anderen Materie zuzuordnen wären, der Kompetenz der Hauptregelung folgen (VfSlg 8035/1977 – **implied-powers-Theorie**). Damit wird die Versteinerungstheorie iS einer größeren Flexibilität der Gesetzgebung wieder abgeschwächt.

### 4.6.6. Föderalistische Auslegungsmaxime

Dem Bundesstaat entspricht es, die Kompetenzverteilung des B-VG im Zweifelsfall iS der Generalkompetenz der Länder und die dem Bund übertragenen Kompetenzen daher strikt (nicht extensiv) auszulegen. Das wird auch vom VfGH gelegentlich postuliert, hat in der Praxis aber nur selten Folgen. Der Judikatur zu den Kompetenzartikeln läßt sich weder eine durchgehend föderalistische (= länderfreundliche) noch eine durchgehend zentralistische Tendenz entnehmen.

## 5. Die Mitwirkung der Länder an der Gesetzgebung und Vollziehung des Bundes und vice versa

### 5.1. Der Bundesrat

Neben der Kompetenzverteilung ist nach Ansicht des VfGH eine Mitwirkung der Länder an der Gesetzgebung des Bundes ein Essentiale des verfassungsrechtlichen Begriffes des Bundesstaates. Ihre Beseitigung wäre als Gesamtänderung der Bundesverfassung iS des Art 44 Abs 3 B-VG zu qualifizieren (VfSlg 2455/1952).

Das Instrument dieser Mitwirkung ist der **BR**. Er ist nach Art 24 B-VG ein Organ des Bundes, in dem nach Art 34 B-VG „die Länder ... vertreten" sind.

Bemerkenswert ist, daß das B-VG in Einzelfällen auch eine **unmittelbare Mitwirkung der Länder an der Bundesgesetzgebung** vorsieht (Art 102 Abs 1 letzter Satz B-VG; Art 102 Abs 4 B-VG).

#### 5.1.1. Kompetenzen

##### 5.1.1.1. Mitwirkung an der Bundesgesetzgebung

Wichtigste Kompetenz des BR ist das **suspensive Veto** gegen Gesetzesbeschlüsse des NR. Keine Mitwirkung des BR besteht bei den in Art 42 Abs 5 B-VG genannten Gesetzesbeschlüssen. In einigen Fällen besitzt der BR dagegen sogar ein **Zustimmungsrecht** („absolutes Veto"). Siehe dazu unten VI.4.6.1.1.4.

##### 5.1.1.2. Sonstige Kompetenzen

Der BR besitzt das Recht zur **Gesetzesinitiative** (Art 41 Abs 1 B-VG), von dem er allerdings in der Praxis nur selten Gebrauch macht. Dieses Recht besitzt auch ein Drittel der Mitglieder des BR.

Ein Drittel der Mitglieder kann ferner eine **Volksabstimmung** über eine Teiländerung der Bundesverfassung verlangen (Art 44 Abs 3 B-VG; im Hinblick auf die parteimäßige Zusammensetzung – siehe V.5.1.2. – wurde davon bislang ebensowenig Gebrauch gemacht wie von der parallelen Befugnis eines Drittels der Abgeordneten zum NR: Bundesverfassungsgesetze bedürfen im NR der Zustimmung einer Parteienkoalition, die mindestens zwei Drittel der Abgeordneten umfaßt; die ähnliche parteipolitische Zusammensetzung des BR verhindert, daß ein Drittel seiner Mitglieder von dieser Befugnis Gebrauch macht).

Ein Drittel der Mitglieder des BR kann beim VfGH den **Antrag auf Prüfung der Verfassungsmäßigkeit eines Bundesgesetzes** stellen (Art 140 Abs 1 B-VG).

Der BR besitzt ferner gewisse **Kontrollrechte** gegenüber der BReg (siehe unten VI.4.6.4.).

### 5.1.2. Zusammensetzung

Entgegen den historischen Vorbildern einer „Länderkammer", in denen die Gliedstaaten unabhängig von ihrer Bevölkerungszahl gleich vertreten sind (Senat der USA, Ständerat der Schweiz), sind die Länder im österreichischen BR **proportional nach der Bürgerzahl** vertreten (Art 34 B-VG; das Land mit der größten Bürgerzahl – NÖ – entsendet 12 Mitglieder, die anderen Länder eine ihrer Bevölkerungszahl entsprechende Anzahl, die vom BPräs nach jeder Volkszählung festgesetzt wird;[19] jedem Land gebühren allerdings **mindestens drei Mitglieder**). Damit wird die föderalistische Struktur durch eine dem demokratischen Prinzip entsprechende Regelung modifiziert.

Für die Wahl der Mitglieder des BR gilt der jeweilige **Parteiproporz im Landtag** (Art 35 B-VG).

Die Gewählten genießen die gleiche Rechtsstellung wie Abgeordnete zum NR, insbes sind sie an keine Weisungen des Landtages gebunden (anders als etwa in der BRD: dort setzt sich der BR aus weisungsgebundenen Vertretern der LReg zusammen – eine Regelung, die gelegentlich auch in Österreich von Länderseite gefordert wird).

Diese Eigenschaften der österreichischen Länderkammer bewirken, daß sich der BR **in parteipolitisch ähnlicher Weise wie der NR zusammensetzt.** Tatsächlich wird das Abstimmungsverhalten im BR ausschließlich nach der Zugehörigkeit zu Fraktionen – und nicht etwa zu Ländern – bestimmt. Diese Fraktionen bilden mit jenen des NR gemeinsame „Klubs". In der Realität ist somit der BR ein Organ der Parteien und nicht der Länder.

### 5.1.3. Beschlußerfordernisse

Art 37 Abs 1 B-VG fordert für das Zustandekommen eines Beschlusses im Regelfall die **Anwesenheit von mindestens einem Drittel** der Bundesräte und

---

19 Siehe zuletzt die Entschließung des BPräs BGBl 1993/194. Danach entsenden

| | |
|---|---|
| Niederösterreich | 12 Mitglieder |
| Wien | 11 Mitglieder |
| Oberösterreich | 11 Mitglieder |
| Steiermark | 10 Mitglieder |
| Tirol | 5 Mitglieder |
| Kärnten | 5 Mitglieder |
| Salzburg | 4 Mitglieder |
| Vorarlberg | 3 Mitglieder |
| Burgenland | 3 Mitglieder |

die **unbedingte Mehrheit** der abgegebenen Stimmen. **Qualifizierte Beschlußerfordernisse** (Anwesenheit von mindestens der Hälfte der Mitglieder und eine Mehrheit von wenigstens zwei Dritteln der abgegebenen Stimmen) sind in folgenden Fällen erforderlich:
- Bundesverfassungsrecht, das die Zuständigkeit der Länder beschränkt (Art 44 Abs 2 B-VG);
- Zustimmung zu einem Antrag der BReg auf Auflösung eines Landtages durch den BPräs (Art 100 Abs 1 B-VG); in diesem Fall dürfen die vom betroffenen Landtag gewählten Bundesräte nicht mitstimmen und sind bei der Feststellung des Quorums nicht mitzuzählen;
- Änderung der Geschäftsordnung (Art 37 Abs 2 B-VG).

Eine Zustimmung zur Änderung der Art 34 und 35 B-VG bedarf zusätzlich zu den normalen Beschlußerfordernissen (keine qualifizierte Mehrheit!) auch der Zustimmung der Mehrheit der Vertreter von wenigstens vier Ländern (Art 35 Abs 4 B-VG).

Eine nähere Regelung des Verfahrens enthält die **Geschäftsordnung** (BGBl 1988/361 idF BGBl 1989/191), die sich der BR durch Beschluß gibt. Ihr „kommt die Wirkung eines Bundesgesetzes[20] zu; sie ist durch den Bundeskanzler im Bundesgesetzblatt kundzumachen" (Art 37 Abs 2 B-VG).

## 5.2. Mitwirkung des Bundes an der Landesgesetzgebung

**Lit:** *Jabloner,* Die Mitwirkung der Bundesregierung an der Landesgesetzgebung (1989)

Komplementär zur Mitwirkung der Länder an der Bundesgesetzgebung (durch den BR) gibt es auch eine Mitwirkung des Bundes an der Landesgesetzgebung (Art 98 B-VG): alle Gesetzesbeschlüsse der Landtage sind dem Bundeskanzleramt bekanntzugeben. Die **BReg** hat daraufhin die Möglichkeit, wegen „Gefährdung von Bundesinteressen" binnen 8 Wochen einen – begründeten – **Einspruch** zu erheben. Dieses Einspruchsrecht ist allerdings durch die Novelle BGBl 1983/175 erheblich eingeschränkt worden: ist der Gesetzentwurf bereits vor dem Beschluß des Landtages dem Bund zur Stellungnahme vorgelegen, darf ein Einspruch nur wegen (behaupteter) Verletzung einer Bundeskompetenz erhoben werden.

Vor Ablauf der achtwöchigen Einspruchsfrist darf der Gesetzesbeschluß nur kundgemacht werden, wenn die BReg ausdrücklich zustimmt. Erfolgt innerhalb dieser Frist weder eine ausdrückliche Zustimmung noch ein Einspruch, so darf der Gesetzesbeschluß nach Ablauf der Frist kundgemacht werden.

Im Falle eines Einspruches darf der Gesetzesbeschluß nur nach einem „**Beharrungsbeschluß**" (Quorum: mindestens die Hälfte der Mitglieder des Landtages) kundgemacht werden (Art 98 Abs 2 B-VG).

Auch die BReg besitzt also in der Regel nur ein **suspensives Veto**. Ein **Zustimmungsrecht** besteht bei Gesetzesbeschlüssen

---

20 Dies bedeutet eine "Außenwirkung".

– betreffend die Organisation der Behörden der allgemeinen staatlichen Verwaltung in den Ländern (Art 15 Abs 10 B-VG),
– die eine Mitwirkung von Bundesorganen bei der Vollziehung vorsehen (Art 97 Abs 2 B-VG),
– die einer Gemeinde ein Stadtrecht verleihen (Art 116 Abs 3 B-VG).

Diese Zustimmung wird in den Fällen des Art 97 Abs 2 und des Art 116 Abs 3 B-VG fingiert, wenn sie nicht binnen 8 Wochen ausdrücklich verweigert wird.

Besonderes gilt für **Steuergesetze**: bei einem Einspruch der BReg und einem Beharrungsbeschluß des Landtages entscheidet über die Frage, ob der Einspruch aufrecht bleiben soll, ein **ständiger gemeinsamer Ausschuß** bestehend aus 26 Mitgliedern, die je zur Hälfte vom NR und BR beschickt werden (§ 9 F-VG).

### 5.3. Die mittelbare Bundesverwaltung

Lit: *Weber,* Die mittelbare Bundesverwaltung (1987)

Neben der Mitwirkung der Länder an der Gesetzgebung des Bundes kennt die Bundesverfassung auch eine solche **Mitwirkung der Länder an der Vollziehung des Bundes** in Form der **mittelbaren Bundesverwaltung**. Diese stellt ein praktisch sehr bedeutsames Element des österreichischen Bundesstaates dar.

Unter mittelbarer Verwaltung versteht man allgemein die Besorgung von Verwaltungsaufgaben eines Rechtsträgers durch Organe eines anderen Rechtsträgers. **Mittelbare Bundesverwaltung** bedeutet, daß die Aufgaben, die gemäß Art 10 B-VG dem Bund zur Vollziehung übertragen sind, von Organen (Behörden) der Länder besorgt werden. Diese Landesbehörden sind dabei **funktionell** als Bundesbehörden tätig.

Die mittelbare Bundesverwaltung beruht einerseits auf **föderalistischen** Erwägungen: den Ländern wird damit ein – äußerst wirksamer – Einfluß auf die Vollziehung von Bundesaufgaben eingeräumt. Sie verwirklicht andererseits **verwaltungsreformatorische Ziele**: es wird ein kostspieliger getrennter Verwaltungsapparat („Doppelgleisigkeit der Verwaltung") vermieden und überdies die Koordination der Verwaltungsaufgaben erleichtert.

Dem Typus „Bundesstaat" iS des vergleichenden Verfassungsrechts würde allerdings am nächsten eine Vollziehung von Bundesrecht durch Landesorgane im autonomen Bereich der Länder – vergleichbar dem Kompetenztypus des Art 11 B-VG – entsprechen. Die Unterordnung oberster Verwaltungsorgane der Länder unter die Weisungsgewalt der Mitglieder der BReg in einem quantitativ sehr umfangreichen Bereich nähert Österreich dem Typus des dezentralisierten Einheitsstaates an und ist jedenfalls Kennzeichen der zentralistischen Struktur des österreichischen Bundesstaates. Die vom VfGH (Slg 11.403/1987) getroffene Aussage, die mittelbare Bundesverwaltung sei ein wesentliches Element der bundesstaatlichen Ordnung, was möglicherweise den Schutz des Art 44 Abs 3 B-VG (Gesamtänderung der Bundesverfassung) bedeutet, ist daher sehr problematisch.

Die mittelbare Bundesverwaltung gilt nach Art 102 B-VG als **die Regel**, die Errichtung von eigenen Bundesbehörden („unmittelbare Bundesverwaltung") dagegen als Ausnahme, die – ohne Zustimmung der Länder (Art 102 Abs 4 B-VG) – nur in den im Art 102 Abs 2 B-VG genannten Angelegenheiten zulässig ist.[21] Aber auch in diesen Angelegenheiten **kann** der Bund – konkret:

---

21 Welche Behörde in einer konkreten Angelegenheit zuständig ist, ist durch Gesetz zu bestimmen.

der Bundesgesetzgeber – auf die Errichtung eigener Bundesbehörden verzichten. In der Tat wurde der an sich recht umfangreiche Katalog des Art 102 Abs 2 B-VG von der Bundesgesetzgebung nicht ausgeschöpft.

Träger und zentrales Organ der mittelbaren Bundesverwaltung ist der **LH**. Diese Konzentration bei einem einzelnen Organ des Landes erfolgte in der Absicht, eine wirksame Verantwortlichkeit gegenüber dem Bund sicherzustellen.

Die Bundesgesetzgebung kann unterhalb der Stufe des LH die Zuständigkeit von Bundesbehörden vorsehen (Art 102 Abs 1 2. Satz B-VG), seit 1974 allerdings ohne Zustimmung des Landes[22] nur, wenn es sich um eine im Katalog des Art 102 Abs 2 B-VG erwähnte Angelegenheit handelt (dh um eine Angelegenheit, bei der der Bund auch anstelle des LH Bundesorgane einrichten dürfte). Solche Bundesbehörden sind dem LH unterstellt und an dessen Weisungen gebunden. Weisungen des BM sind über den LH an solche Bundesbehörden weiterzuleiten.

Die LReg kann im Rahmen ihrer Geschäftsordnung beschließen, daß Angelegenheiten der mittelbaren Bundesverwaltung, die sachlich mit Angelegenheiten der Landesverwaltung zusammenhängen, von dem für eine solche Landesangelegenheit zuständigen Mitglied der LReg geführt werden. In diesem Fall sind aber diese Mitglieder der LReg dem LH unterstellt und an dessen Weisungen gebunden. Weisungen des BM sind auch in diesem Fall an den LH zu richten und von diesem an ein solches Mitglied der LReg weiterzuleiten (Art 103 Abs 2 B-VG).

Dem LH kommt auch eine subsidiäre Zuständigkeit in der unmittelbaren Bundesverwaltung zu, wenn nämlich die obersten Organe des Bundes wegen höherer Gewalt nicht in der Lage sind, erforderliche unaufschiebbare Maßnahmen zu setzen (Art 102 Abs 6 B-VG).

Der LH ist an die **Weisungen des zuständigen BM** gebunden und für die Durchführung im Landesbereich **verantwortlich** (Art 103 Abs 1 B-VG). Die Verantwortlichkeit kann von der BReg durch Anklage beim VfGH geltend gemacht werden (Art 142 Abs 2 lit d B-VG).

Der **Instanzenzug** (dh das Recht, gegen Bescheide Berufung zu erheben) endet in der mittelbaren Bundesverwaltung prinzipiell beim LH. Nur wenn dieser selbst erste Instanz ist oder aber wenn dies „ausnahmsweise auf Grund der Bedeutung der Angelegenheit" gesetzlich angeordnet ist, geht der Instanzenzug bis zum zuständigen BM (Art 103 Abs 4 B-VG). Dieser Grundsatz eines **zweigliedrigen Instanzenzuges** ist aber einfachgesetzlich abänderbar, in Richtung dreigliedriger Instanzenzug bei „Bedeutung der Angelegenheit", aber auch in Richtung einer nur einzigen Instanz auf allen drei Ebenen.

Trotz der engen rechtlichen Gebundenheit gewährt die mittelbare Bundesverwaltung den Ländern einen erheblichen Einfluß auf Verwaltungsaufgaben, die an sich in die Bundeskompetenz fallen. Die Konzentration beim LH trägt zu der bedeutenden Rolle der Landeshauptleute im politischen System bei. Zu beachten ist auch, daß die mittelbare Bundesverwaltung nicht der Kontrolle des Landtages unterliegt. Damit werden die allgemeinen Tendenzen eines Gewichtsverlustes der Legislative gegenüber der Exekutive auf Landesebene zusätzlich verstärkt. Eine parlamentarische Kontrolle der mittelbaren Bundesverwaltung kann nur durch den NR oder BR über den zuständigen BM ausgeübt werden, ist also in hohem Maß mediatisiert.

---

22 Welches Organ des Landes diese Zustimmung zu erteilen hat, wäre landesverfassungsgesetzlich zu bestimmen.

Eine von dem in Art 102 B-VG festgelegten generellen Typus der mittelbaren Bundesverwaltung abweichende Variante einer mittelbaren Verwaltung des Bundes durch Organe des Landes besteht in der **Sicherheitsverwaltung.** Nach Art 78a Abs 1 B-VG ist oberste Sicherheitsbehörde der BM für Inneres. Ihm sind die **Sicherheitsdirektionen** unterstellt. Das sind Bundesbehörden, deren Leiter (Sicherheitsdirektor) jedoch vom BM für Inneres im Einvernehmen mit dem LH zu bestellen sind (Art 78b Abs 2 B-VG). Den Sicherheitsdirektionen wiederum sind die **Bundespolizeibehörden**[23] (das sind Bundesbehörden) und außerhalb ihres örtlichen (durch eine gesetzesvertretende Verordnung der BReg gemäß Art 78c B-VG festzulegenden) Wirkungsbereiches die **Bezirksverwaltungsbehörden** (also Landesbehörden!) unterstellt.

Die Regeln über die mittelbare Bundesverwaltung erstrecken sich nur auf die Hoheitsverwaltung. Für die **privatrechtliche Verwaltung** („Privatwirtschaftsverwaltung") sieht aber Art 104 Abs 2 B-VG vor, daß solche Agenden vom zuständigen BM an den LH und die ihm unterstellten Landesorgane übertragen werden **können** („Auftragsverwaltung").

## 5.4. Mittelbare Landesverwaltung

Neben der Besorgung von Aufgaben der Bundesverwaltung durch Landesbehörden kennt die Bundesverfassung auch einzelne Fälle, in denen Agenden der Landesverwaltung durch Bundesorgane geführt werden.

**Landesgesetze** sehen in nicht seltenen Fällen die Mitwirkung von Bundesorganen an ihrer Vollziehung vor. Solche Landesgesetze bedürfen der **Zustimmung der BReg** (Art 97 Abs 2 B-VG). Ein häufiges Beispiel ist die Mitwirkung von Organen der Bundesgendarmerie oder Bundespolizeibehörden – dies deshalb, weil den Ländern die Errichtung eigener Wachkörper verboten ist (Art 102 Abs 5 B-VG). Auch die Bemessung und Einhebung von Landesabgaben wird häufig den Abgabenbehörden des Bundes übertragen.

Durch **paktierte Bundes- und Landesgesetze** können den Bundespolizeibehörden Aufgaben der Straßenpolizei und der Schiffahrtspolizei (soweit sie in die Vollziehungskompetenz des Landes fallen) übertragen werden. (Art 15 Abs 4 B-VG; das System des Art 97 Abs 2 B-VG wäre hier deshalb nicht anwendbar, weil die Gesetzgebung hier Bundessache ist: Art 11 B-VG.)

Einen Sonderfall bildet die **lex Starzynski** (Art 15 Abs 9 B-VG): die aufgrund dieser Bestimmung erlassenen landesgesetzlichen Regelungen straf- und zivilrechtlicher Art werden regelmäßig durch Gerichte vollzogen; Gerichte sind aber ausnahmslos Bundesbehörden (Art 82 B-VG).

Zwingend sehen eine Mitwirkung von Bundesorganen vor: Art 14 Abs 4 lit a B-VG und Art 15 Abs 3 B-VG. Einer Zustimmung der BReg bedarf es in diesen Fällen nicht.

---

23 In Wien ist die Bundespolizeidirektion zugleich Sicherheitsdirektion (Art 78b Abs 1 B-VG).

## 6. Aufsichtsrechte des Bundes

Die Bundesverfassung kennt, wie schon erwähnt, **keine allgemeine Bundesaufsicht**. Dem Grundsatz der rechtlichen Parität von Bund und Ländern entsprechend sieht sie vielmehr für Konflikte zwischen Bund und Ländern eine gerichtliche Austragung vor dem VfGH vor. In einzelnen Fällen ergibt sich aber durchaus ein Über- und Unterordnungsverhältnis zwischen Bund und Ländern oder zwischen bestimmten Bundes- und Landesorganen. Beschränkt auf diese Fälle sieht das B-VG auch eine Reihe **konkreter Aufsichtsbefugnisse des Bundes** vor:

a) Dem Bund steht das Recht zu, die – in den autonomen Wirkungsbereich des Landes fallende – **Vollziehung der Bundesgesetze in den Angelegenheiten der Art 11 und 12 B-VG zu überwachen** (Art 15 Abs 8 B-VG, vgl auch Art 14a Abs 6 B-VG). Der zuständige BM kann in diesen Angelegenheiten eine Beschwerde gegen Bescheide der Landesbehörden beim VwGH einbringen, wenn die Parteien den Bescheid im Instanzenzug nicht mehr anfechten können („**Amtsbeschwerde**": Art 131 B-VG).

b) Ein **Überwachungs- und Weisungsrecht** hat der Bund
  – auf dem Gebiet des **Schulwesens** in den Bereichen, in denen die Vollziehung Landessache, die Gesetzgebung bzw Grundsatzgesetzgebung Bundessache ist (Art 14 Abs 8 B-VG; vgl dazu auch oben a);
  – in den Angelegenheiten der **örtlichen Sicherheitspolizei**, die Landessache in Gesetzgebung und Vollziehung ist und überdies zum eigenen Wirkungsbereich der Gemeinde gehört (Art 15 Abs 2 B-VG);
  – bei Maßnahmen, die im selbständigen Wirkungsbereich der Länder zur **Durchführung von Staatsverträgen** erforderlich sind (Art 16 Abs 5 B-VG); dagegen kommt dem Bund hinsichtlich der zur Durchführung von **Rechtsakten im Rahmen der europäischen Integration** erforderlichen Maßnahmen der Länder dieses Recht **nicht** zu.

c) Detaillierte Auskunftsrechte stehen dem Bund bezüglich einer in die Vollziehungskompetenz des Landes fallenden **Umweltverträglichkeitsprüfung** und **Bürgerbeteiligung** zu (Art 11 Abs 9 B-VG). Ein Instrument einer Bundesaufsicht ist auch der UUS (siehe dazu unten VII.3.4.).

d) **Vereinbarungen der Länder untereinander** („Gliedstaatsverträge") sind der BReg zur Kenntnis zu bringen (Art 15a Abs 2 B-VG).

e) Besonders intensive Aufsichtsrechte stehen dem Bund in Bezug auf die **Staatsvertragsschlußkompetenz der Länder** zu (Art 16 Abs 2 und 3 B-VG, siehe unten IX.3.2.).

f) Besondere Aufsichtsrechte hat der Bund auch auf dem Gebiet der **Finanzen**: der Bund kann Bedingungen an die Gewährung von finanziellen Mitteln (Bedarfszuweisungen und zweckgebundene Zuschüsse an die Länder und Gemeinden) knüpfen und deren Einhaltung überwachen (§ 13 F-VG). Gleiches gilt für Darlehen, die der Bund den Ländern aufgrund besonderer Bundesgesetze gewährt (§ 15 F-VG). Weiters ist das Bundesministerium für Finanzen berechtigt, sich die Voranschläge und Rechnungsabschlüsse der Länder und Gemeinden vorlegen zu lassen und Auskünfte über deren Finanzwirtschaft einzuholen. Anleihen und Darlehen der Gebietskörperschaften in Form von Teilschuldverschreibungen oder in ausländischer Währung bzw bei unmittelbarer Verpflichtung gegenüber Ausländern bedürfen der Zustimmung des BM für Finanzen (§ 14 F-VG).

Ansätze einer Bundesaufsicht finden sich auch in der Gebarungskontrolle durch den RH (siehe unten V.7.2.4.).

g) Der BPräs kann einen **Landtag auflösen**. Es bedarf dazu eines Antrages der BReg und einer Zustimmung des BR bei Anwesenheit der Hälfte der Mitglieder (Mehrheit von zwei Dritteln, ohne die Vertreter des Landes, dessen Landtag aufgelöst werden soll; Art 100 B-VG). Die Auflösung darf nur einmal aus dem gleichen Anlaß erfolgen. Weitere sachliche

Beschränkungen normiert das B-VG nicht, doch garantieren diese verfahrensrechtlichen Beschränkungen, daß dieser Eingriff nur aus schwerwiegenden Gründen erfolgt. In der Praxis wurde davon noch nicht Gebrauch gemacht.

## 7. Der kooperative Bundesstaat

In der älteren Bundesstaatstheorie wurde vor allem die Selbständigkeit der Gliedstaaten gegenüber dem Gesamtstaat und dementsprechend die **Trennung** betont. In der neueren Bundesstaatstheorie wird dagegen die in jedem Bundesstaat notwendige Zusammenarbeit und wechselseitige Rücksichtnahme in den Vordergrund gerückt. Das dafür geprägte Stichwort lautet: **kooperativer Bundesstaat**.

In Österreich ist als Folge der zersplitterten Kompetenzaufteilung das Bedürfnis nach Kooperation zwischen den Gebietskörperschaften besonders groß. Dies kommt in dem berühmten Erkenntnis des VfGH Slg 2674/1954 zur Kompetenzverteilung auf dem Gebiet der Raumordnung[24] zum Ausdruck:

„Raumordnung" ist, verfassungsrechtlich betrachtet, ein komplexer Begriff, der alle Tätigkeiten umfaßt, die auf den einzelnen Verwaltungsgebieten der vorsorgenden Planung einer möglichst zweckentsprechenden räumlichen Verteilung von Anlagen und Einrichtungen dienen. Die Zuständigkeit zu dieser raumordnenden Tätigkeit ergibt sich als Ausfluß der Zuständigkeit zur Regelung der betreffenden Verwaltungsmaterie überhaupt. Es können daher sowohl der Bund als auch die Länder raumordnende Tätigkeiten entfalten, jede dieser Autoritäten jedoch immer nur auf Gebieten, die nach der Kompetenzverteilung der Bundesverfassung in ihre Zuständigkeit fallen. Daß sich hierbei in einem Bundesstaat, der sowohl dem Oberstaat als auch den Gliedstaaten Befugnisse hinsichtlich des gleichen, weil eben nur einmal vorhandenen Raumes einräumt, Schwierigkeiten und Reibungen ergeben können, ist in der Natur des Bundesstaates begründet.

Ein Teil der Kooperation zwischen Bund und Ländern spielt sich in informeller, rechtlich nicht institutionalisierter Weise ab. Von Bedeutung sind hier die regelmäßigen **Landeshauptleutekonferenzen** (unter Beteiligung des Bundeskanzlers) und **Landesamtsdirektorenkonferenzen** (unter Beteiligung von Beamten des Bundes). Ein anderes Beispiel ist die „Österreichische Raumordnungskonferenz" (ÖROK).

Neben diesen hochentwickelten und differenzierten Methoden einer rechtlich ungeregelten Kooperation gibt es aber auch **verfassungsrechtliche Formen der Kooperation**. Die vielfältigen Formen der wechselseitigen Beteiligung an Gesetzgebung und Vollziehung wurden bereits eingehend erwähnt (siehe zuvor V.5.). Vor allem die „**mittelbare Bundesverwaltung**" verklammert Bund und Länder in enger Weise und stellt ein wichtiges Instrument der Koordination von Verwaltungsaufgaben des Bundes und der Länder dar. Folgende Institute und Einrichtungen sind hier noch ergänzend anzufügen.

---

24 Siehe auch oben V.4.6.1.

## 7.1. Bund-Länder-Verträge und Verträge der Länder untereinander

**Lit:** *Öhlinger,* Verträge im Bundesstaat (1978); *Öhlinger,* Die Anwendung des Völkerrechts auf Verträge im Bundesstaat (1982)

Art 15a B-VG kennt einen eigenen – öffentlich-rechtlichen – Typus des Vertrages zwischen den Gebietskörperschaften.

**Abschlußberechtigt** ist auf Seite des Bundes, je nach dem Vertragsinhalt, die BReg oder der zuständige BM. Hat der Vertrag jedoch einen gesetzändernden oder gesetzesergänzenden Inhalt – was dann der Fall ist, wenn der Vertragsinhalt nicht eine dem Legalitätsprinzip gemäße Grundlage in einem bestehenden Bundesgesetz hat und in diesem Sinn bestehende Bundesgesetze lediglich „näher ausführt" – so bedarf der Vertrag der Genehmigung durch den NR unter Mitwirkung des BR. Diese Genehmigung erfolgt mit einfacher Mehrheit; hat jedoch der Vertrag einen verfassungsändernden oder -ergänzenden Gehalt, so bedarf die Genehmigung der für Bundesverfassungsgesetze erforderlichen Mehrheit. Die Abschlußbefugnis auf Seite der Länder ist landesverfassungsgesetzlich zu regeln.

Das Vertragsabschlußverfahren ist somit den völkerrechtlichen Verträgen („Staatsverträgen") angeglichen. Anders als durch Staatsverträge kann jedoch durch solche „Gliedstaatsverträge" nicht **unmittelbar anwendbares Bundes- und Landesrecht** erzeugt werden (so VfSlg 9581/1982 und 9886/1983).

Bei **Rechtsstreitigkeiten** aus einem solchen Vertrag entscheidet der VfGH
  a) nach **Art 137 B-VG**, soweit es sich um vermögensrechtliche Ansprüche handelt;
  b) nach **Art 138a B-VG**, wenn es um die Feststellung geht
   – ob ein Vertrag vorliegt (dh ob er gültig zustandegekommen ist; das ist zB dann nicht der Fall, wenn ein gesetzändernder Vertrag auf Seiten des Bundes nicht vom NR genehmigt wurde);
   – ob die aus einem solchen Vertrag resultierenden Verpflichtungen erfüllt sind. (Solche Verpflichtungen bestehen regelmäßig in der Erlassung von Gesetzen oder Verwaltungsakten und können daher nicht direkt eingeklagt bzw exekutiert werden; dies ist der Sinn der Beschränkung auf eine Feststellungsklage.)

Die Zuständigkeit des VfGH muß bei Verträgen der Länder untereinander in dem Vertrag selbst ausdrücklich vorgesehen werden (Art 138a Abs 2 B-VG).

Einzelne Verfassungsregelungen sehen den Abschluß einer Bund-Länder-Vereinbarung zwingend vor:

  a. Art II der B-VGNov 1983/175: „Immissionsgrenzwerte" sind durch eine Vereinbarung zwischen Bund und Ländern (Art 15a B-VG) festzulegen. Erst aufgrund einer solchen Vereinbarung kann der Bund ein Gesetz nach Art 10 Abs 1 Z 12 B-VG (idF dieser Novelle) erlassen.
  b. Art II der B-VGNov 1992/276: Landesgesetze betreffend den Verkehr mit bebauten oder zur Bebauung bestimmten Grundstücken[25] können erst nach Inkrafttreten einer Vereinbarung zwischen Bund und Ländern über die Festlegung von bundesweit einheitlichen

---

25 Zur Landeskompetenz siehe Art 10 Abs 1 Z 6 B-VG.

zivilrechtlichen Bestimmungen erlassen werden.[26] Bestehende Landesgesetze über den Verkehr mit land- und forstwirtschaftlichen Grundstücken sowie über den Ausländergrundverkehr sind dieser Vereinbarung binnen 2 Jahren nach deren Inkrafttreten anzupassen.

## 7.2. Gemeinsame Organe

Eine Eigenheit des österreichischen Bundesstaates sind „gemeinsame Organe". Darunter versteht man Institutionen, die nicht eigentlich Organe des Bundes im engeren Sinn sind, sondern funktional sowohl als Organe des Bundes als auch der Länder tätig sind. Sie sind als Organe des Gesamtstaates iS *Kelsens* zu verstehen, die in der – freilich nur theoretisch vollziehbaren – Unterscheidung zwischen Gesamtverfassung und Verfassung des Bundes der **Gesamtverfassung** zugehören.

Als ein „gemeinsames Organ" kann der **BPräs** in einzelnen seiner Funktionen begriffen werden (zB: Vertretung der Republik nach außen, Auflösung eines Landtages). Zum BPräs siehe unten VI.6.

Solche gemeinsame Institutionen sind vor allem die Organe der Kontrolle der öffentlichen Gewalt:
– Unabhängige Verwaltungssenate in den Ländern
– Verwaltungsgerichtshof
– Verfassungsgerichtshof
– Rechnungshof.

### 7.2.1. Die Unabhängigen Verwaltungssenate in den Ländern

Durch die B-VGNov BGBl 1988/685 wurde die verfassungsrechtliche Grundlage für die Einrichtung Unabhängiger Verwaltungssenate in den Ländern geschaffen (Art 129, 129a und b B-VG). In jedem Bundesland ist eine solche Behörde für den Sprengel des jeweiligen Landes zu errichten. Die Mitglieder dieser **unabhängigen und weisungsfreien kollegialen Verwaltungsbehörden** werden von der LReg für mindestens sechs Jahre ernannt. Wenigstens ein Viertel der Mitglieder soll „aus Berufsstellungen im Bund" entnommen werden (Art 129b Abs 1 B-VG[27]). Die Organisation dieser Behörden sowie das Dienstrecht ihrer Mitglieder sind durch Landesgesetz zu regeln, das Verfahren aber durch Bundesgesetz (Art 129b Abs 6 B-VG).

Die UVS sind **Landesbehörden**, aber sowohl für die Bundes- als auch für die Landesverwaltung als **Berufungsinstanz** tätig, und zwar in Verfahren wegen Verwaltungsübertretungen (ausgenommen Finanzstrafsachen des Bundes), bei Beschwerden wegen Ausübung unmittelbarer verwaltungsbehördlicher Befehls- und Zwangsgewalt und in gesetzlich normierten sonstigen Angelegenheiten (Art 129a B-VG).

Näheres siehe unten VII.3.3.

---

26 Eine solche Vereinbarung ist mittlerweile getroffen worden: siehe BGBl 1993/260.
27 Vgl die Bestimmung des Art 134 Abs 3 letzter Halbsatz B-VG, der Art 129b Abs 1 letzter Satz B-VG nachgebildet ist.

### 7.2.2. Der Verwaltungsgerichtshof

Es gibt in Österreich, abweichend vom Typus des Bundesstaates, nur ein einziges Verwaltungsgericht: den **Verwaltungsgerichtshof** in Wien. Dieser ist in gleichem Maße für die rechtliche Kontrolle der Hoheitsverwaltung **sowohl des Bundes als auch der Länder** zuständig. Er ist somit funktional für den Bund wie für die Länder tätig.

**Organisatorisch** ist er freilich als **Bundesorgan** zu qualifizieren: die Mitglieder werden vom BPräs auf Vorschlag der BReg ernannt und sind Bundesbedienstete. Der Einfluß der Länder wird lediglich durch die Empfehlung gewahrt, daß wenigstens ein Viertel der Mitglieder „aus Berufsstellungen in den Ländern, womöglich aus dem Verwaltungsdienst der Länder" entnommen werden soll (Art 134 Abs 3 B-VG).

Die Konzentration der Verwaltungsgerichtsbarkeit bei einem einzigen Gericht bewirkt eine unifizierende Tendenz im Verwaltungsrecht. Es wird damit nicht nur eine gleichmäßige Anwendung des Bundesrechts in den Ländern gesichert. Es wird dadurch auch das Landesrecht nach einheitlichen Gesichtspunkten ausgelegt und auf diese Weise harmonisiert. Die weitreichende Ähnlichkeit des Landesrechts ist eine Folge auch der einheitlichen Verwaltungsgerichtsbarkeit.

Näheres siehe unten VII.3.1.

### 7.2.3. Der Verfassungsgerichtshof

Ähnliches gilt für den VfGH. Er ist ua zur Kontrolle der Gesetzgebung und gewisser Verwaltungsakte sowohl des Bundes als auch der Länder zuständig. Als Richter über Kompetenzstreitigkeiten zwischen Bund und Ländern (Art 138 B-VG) kommt ihm darüber hinaus erhöhte Bedeutung für die bundesstaatliche Struktur zu. Der Einfluß der Länder auf die Zusammensetzung ist jedoch auf das Vorschlagsrecht des BR bezüglich dreier Mitglieder und eines Ersatzmitgliedes beschränkt.

Näheres siehe unten VIII.

### 7.2.4. Der Rechnungshof

**Lit:** *Hengstschläger,* Der Rechnungshof (1982); *Korinek* (Hg), Die Kontrolle wirtschaftlicher Unternehmungen durch den Rechnungshof (1986)

#### *7.2.4.1. Der Rechnungshof als Organ des Bundes und der Länder*

Die Aufgabe des RH ist die **Kontrolle der Gebarung** des Bundes, der Länder, der Gemeinden und anderer durch das Gesetz bestimmter Rechtsträger, und zwar nach den Gesichtspunkten (**Prüfungskriterien**)

– der ziffernmäßigen Richtigkeit,
– der Übereinstimmung mit bestehenden Vorschriften,
– der Sparsamkeit, Wirtschaftlichkeit und Zweckmäßigkeit (Art 126b Abs 5, 127 Abs 1, 127a Abs 1 B-VG).

Soweit der RH die Gebarung des Bundes prüft, ist er **Organ des NR**, bei Prüfung der Gebarung der Länder ist er **Organ des jeweiligen Landtages** (Art 122 Abs 1 zweiter Satz B-VG).

**Organisatorisch** ist aber auch der RH ein **Bundesorgan** (und als solches unmittelbar dem NR unterstellt: Art 122 Abs 1 erster Satz B-VG). Der Präsident und der Vizepräsident werden vom NR auf Vorschlag seines Hauptausschusses für eine Funktionsperiode von zwölf Jahren (Wiederwahl unzulässig) **gewählt** und können vom NR **abgewählt** werden (Art 122 Abs 4 und Art 123 Abs 2 B-VG). **Politisch** sind sie somit **nur dem NR verantwortlich**. Dagegen kann die **rechtliche Verantwortlichkeit** sowohl vom NR als auch vom Landtag durch „Ministeranklage" beim VfGH geltend gemacht werden (Art 142 Abs 2 lit b und c B-VG), je nachdem, ob der RH für den NR oder den Landtag tätig ist (Art 123 Abs 1 B-VG). Die **Beamten** des RH werden vom BPräs auf Vorschlag und unter Gegenzeichnung des Präsidenten des RH, die Hilfskräfte und – aufgrund einer Ermächtigung des BPräs – auch gewisse Beamtenkategorien vom Präsidenten des RH selbst ernannt (Art 125 B-VG). Sie stehen in einem Dienstverhältnis zum Bund.

Im System der „Gewaltenteilung" (siehe unten VII.1.2.) ist der RH ein **parlamentarisches Kontrollorgan**, kein Organ der Vollziehung (Problem: Amtshaftung und Organhaftung iS des Art 23 B-VG?). Art 122 Abs 2 B-VG besagt ausdrücklich, daß der RH „von der Bundesregierung und den Landesregierungen unabhängig und nur den Bestimmungen des Gesetzes unterworfen" ist. Dies schließt wohl auch „Weisungen" seitens des NR oder eines Landtages aus.

### 7.2.4.2. Prüfungsgegenstand

Der RH prüft aus dem Bereich des Bundes (Art 126b B-VG):
- Die gesamte **Staatswirtschaft**, das ist (§ 1 RHG):
  - die gesamte Ausgaben- und Einnahmengebarung des Bundes,
  - die gesamte Schuldengebarung des Bundes,
  - die Gebarung mit dem beweglichen und unbeweglichen Bundesvermögen.
- **Stiftungen, Anstalten und Fonds** mit eigener Rechtspersönlichkeit, wenn sie von Organen des Bundes oder von Personen verwaltet werden, die von Organen des Bundes bestellt sind (zB PSK).
- **Unternehmungen**
  - die der Bund allein oder gemeinsam mit anderen der Kontrolle der RH unterliegenden Rechtsträgern (zB Land, Gemeinde) betreibt (zB ÖBB),
  - an denen der Bund allein oder mit anderen der Kontrolle des RH unterliegenden Rechtsträgern mit mindestens 50% des Stamm[28]-, Grund[29]- oder Eigenkapitals **beteiligt** ist (zB ÖIAG, CA, ATW),
  - die der Bund in ähnlichem Sinn wirtschaftlich oder organisatorisch **beherrscht**,
  - Tochterunternehmen, die die gleichen Voraussetzungen erfüllen (zB VÖEST).
- Die Gebarung **öffentlich-rechtlicher Körperschaften** (zB Kammern) mit Mitteln des Bundes.
- Die **Träger der Sozialversicherung** (Art 126c B-VG).
- Die Gebarung des ORF (§ 31a RFG).

---

28 Stammkapital ist nach § 6 GmbHG der Nennbetrag, der aus den Stammeinlagen der einzelnen Gesellschafter besteht.

29 Grundkapital ist nach AktienG der in Aktien zerlegte Nennbetrag.

In gleicher Weise ist die Prüfungskompetenz des RH auf der Ebene der **Länder** (Art 127 B-VG) und der **Gemeinden** (Art 127a B-VG) abgegrenzt. Bei Gemeinden mit weniger als 20.000 Einwohnern findet allerdings eine Prüfung nur auf begründetes Ersuchen der zuständigen LReg statt.

### *7.2.4.3. Prüfungsinitiative*

Der RH ist zur Ausübung seiner Kompetenz nicht bloß berechtigt, sondern auch verpflichtet. Er bestimmt grundsätzlich selbst, in welchen Zeitabschnitten er die Prüfung der Gebarung der einzelnen Rechtsträger und Organe vornimmt. Bestimmte Organe haben aber das Recht, eine besondere Prüfung zu verlangen, nämlich auf Bundesebene (Art 126b B-VG):
– der NR,
– mindestens 20 Abgeordnete zum NR (§ 99 Abs 2 GeONR),
– die BReg,
– einzelner BM;

auf Landesebene (Art 127 Abs 7 und 127a Abs 7 B-VG):
– der Landtag,
– landesverfassungsgesetzlich bestimmte Anzahl von Landtagsabgeordneten, die ein Drittel nicht übersteigen darf,
– die LReg.

### *7.2.4.4. Bekanntgabe des Prüfungsergebnisses und Berichtspflicht*

a. Für die Ebene des **Bundes** sehen das B-VG und das RHG vor:

– das Ergebnis der Prüfung ist der überprüften Stelle, die dazu binnen drei Monaten Stellung zu nehmen hat, sowie dem zuständigen BM mitzuteilen (§ 5 RHG);
– der RH hat jährlich dem NR bis zum 31. Dezember einen Bericht zu erstatten (Jahrestätigkeitsbericht). Dieser Bericht ist jedoch nicht vor der Beratung im NR zu veröffentlichen (Art 126d B-VG);
– der RH kann außerdem jederzeit dem NR über einzelne Wahrnehmungen berichten (Art 126d B-VG);
– jeder Bericht an den NR ist gleichzeitig dem Bundeskanzler mitzuteilen und ist nach Vorlage an den NR zu veröffentlichen (Art 126d B-VG);
– der RH hat bei Unternehmungen und Einrichtungen, die seiner Kontrolle unterliegen und für die eine Berichterstattungspflicht an den NR besteht, jedes zweite Jahr die durchschnittlichen Einkommen einschließlich aller Sozial- und Sachleistungen sowie zusätzliche Leistungen für Pensionen von Mitgliedern des Vorstandes und des Aufsichtsrates sowie aller Beschäftigten durch Einholung von Auskünften bei diesen Unternehmungen zu erheben und darüber dem NR zu berichten (Art 121 Abs 4 B-VG).

b. Ebene des **Landes**:

– das Ergebnis der Prüfung ist der LReg mitzuteilen. Sie hat dazu Stellung zu nehmen und binnen drei Monaten die aufgrund der Prüfungsergebnisse getroffenen Maßnahmen dem RH mitzuteilen (Art 127 Abs 5 B-VG);
– der RH erstattet jährlich – spätestens bis 31. Dezember – dem Landtag Bericht (Art 127 Abs 6 B-VG);

– der Prüfungsbericht an den Landtag ist auch der LReg und der BReg bekanntzugeben und nach Vorlage an den Landtag zu veröffentlichen (Art 127 Abs 6 B-VG);
– der RH kann über einzelne Wahrnehmungen jederzeit an den Landtag berichten.

c. Ebene der **Gemeinde**: (Art 127a Abs 5 und 6 B-VG)

– der RH hat das Prüfungsergebnis dem Bürgermeister bekanntzugeben. Dieser hat hiezu Stellung zu nehmen und die aufgrund des Prüfungsergebnisses getroffenen Maßnahmen innerhalb von drei Monaten dem RH mitzuteilen;
– das Prüfungsergebnis samt einer allenfalls abgegebenen Äußerung des Bürgermeisters ist der LReg und der BReg mitzuteilen;
– der RH hat jährlich – spätestens bis 31. Dezember – dem Gemeinderat Bericht zu erstatten. Der Bericht ist auch der LReg und der BReg mitzuteilen und nach Vorlage an den Gemeinderat zu veröffentlichen.

Damit finden sich hier deutliche Ansätze einer **Bundesaufsicht** über die Gebarung der Länder und Gemeinden (siehe oben V.6.f.).

#### *7.2.4.5. Landesrechnungshöfe*

Anders als der VwGH und der VfGH besitzt der RH **kein Monopol der Gebarungskontrolle**. Vielmehr können die Länder ähnliche Kontrollinstitutionen als Hilfsorgane des Landtages zur Kontrolle der Gebarung des Landes und der Gemeinden sowie der von diesen abhängigen Institutionen und Unternehmungen einrichten (Landeskontrollamt und Landesrechnungshof). („Landeskontrollämter" sind aber in manchen Ländern – zB Wien – als Verwaltungsdienststellen eingerichtet.)

#### 7.2.5. Die Volksanwaltschaft

Die jüngste Kontrolleinrichtung – die Volksanwaltschaft – ist nach dem B-VG selbst nur zur **Kontrolle der Bundesverwaltung** eingerichtet (Art 148a B-VG) (Bundesverwaltung ist hier im **funktionalen Sinn** zu verstehen und erfaßt zB auch die mittelbare Bundesverwaltung). Die Bundesverfassung überläßt es aber den Landesverfassungen, die VA auch für den Bereich der Verwaltung des Landes zuständig zu machen (Art 148i B-VG). Davon haben alle Länder, ausgenommen Tirol und Vorarlberg, Gebrauch gemacht. Tirol und Vorarlberg haben **eigene gleichartige Einrichtungen** geschaffen.

Zur VA siehe näher unten VII.4.

# VI. Die demokratische Republik

# 1. Der Demokratiebegriff der Bundesverfassung

**Lit:** *Kelsen,* Vom Wesen und Wert der Demokratie[2] (1929)

„Demokratie" ist ein vieldeutiger Begriff. Die verschiedenen Theorien und Interpretationen der Demokratie sind Thema der allgemeinen Staatslehre. Hier geht es um die Interpretation des **Demokratiekonzeptes der österreichischen Bundesverfassung.** Ähnlich wie der verfassungsrechtliche Bundesstaatsbegriff kann auch dieses Demokratiekonzept nicht isoliert aus der Proklamation des Art 1 B-VG, sondern erst aus dem Gesamtaufbau der Bundesverfassung erschlossen werden.

## 1.1. Repräsentative Demokratie

Art 1 B-VG selbst enthält einen bedeutsamen Grundgedanken der Demokratie: die Identität von Herrschern und Beherrschten oder die Herrschaft des Volkes: das Recht der demokratischen Republik geht vom Volk aus.

„Herrschaft des Volkes" läßt sich allerdings in einem modernen Flächenstaat nicht unvermittelt realisieren. In keinem Staat der Welt herrscht oder regiert das Volk unmittelbar, sondern liegen die staatlichen Entscheidungsbefugnisse in den Händen von Funktionären. Von einer Demokratie läßt sich dennoch sprechen, wenn sich diese Befugnisse in mehr oder minder vermittelnden Stufen auf das Volk zurückführen lassen.

Das Demokratiekonzept der Bundesverfassung beruht im wesentlichen auf zwei Vermittlungsstufen:
– der **Wahl** von Volksvertretungen (Parlamenten),
– einer spezifischen Abhängigkeit aller übrigen staatlichen Organe von den Parlamenten.

Zentrales Organ dieser Demokratiekonzeption sind somit die – direkt gewählten – Volksvertretungen (NR, Landtage). Österreich ist daher eine **repräsentative** oder **parlamentarische** Demokratie.

Nur in eingeschränktem Maß finden sich auch Elemente der **direkten** (unmittelbaren) **Demokratie** (bezüglich der Gesetzgebung siehe unten VI.4.6.1.3.). In diesem Zusammenhang ist auch die Laienbeteiligung an der Gerichtsbarkeit (Art 91 B-VG) sowie die Volkswahl des BPräs (siehe unten VI.6.) zu nennen.

Der repräsentative Charakter der österreichischen Demokratie kommt auch in der Verfassungsbestimmung des Art 8 des Wiener Staatsvertrages zum Ausdruck. Österreich verpflichtet sich dort **völkerrechtlich** dazu,
„eine demokratische, auf geheime Wahlen gründete Regierung (zu) haben und ...
allen Staatsbürgern ein freies, gleiches und allgemeines Wahlrecht sowie das Recht (zu verbürgen), ohne Unterschied von Rasse, Geschlecht, Sprache, Religion oder politischer Meinung zu einem öffentlichen Amte gewählt zu werden".
Hier werden im übrigen Züge eines „westlichen" Verständnisses der Demokratie (Garantie eines freien Parteienwettbewerbes) angesprochen, das auch als Absage an eine „Volksdemokratie" verstanden werden kann *(A. J. Merkl).*

## 1.2. Rechtsstaatliche Demokratie

### 1.2.1. Legalitätsprinzip

Art 1 B-VG besagt – in einer bemerkenswerten Abwandlung der klassischen Formel „Alle (Staats-)Gewalt geht vom Volke aus" –, daß das **Recht** (der Republik) vom Volke ausgeht. Diese Formulierung geht auf *Hans Kelsen* zurück und beruht auf seiner (wissenschaftstheoretisch begründeten) Auffassung, daß Staat und Recht begrifflich identisch seien. Der Rechtsstaatsbegriff dieser Theorie ist daher ein rein formaler, der im Grunde auf jeden Staat zutreffen würde. Zumindestens in einer subjektiv-historischen Auslegung läßt sich somit aus dem Wortlaut des Art 1 B-VG nicht ein inhaltliches Konzept einer rechtsstaatlichen Demokratie herauslesen.

Ein solches Konzept einer rechtsstaatlichen Demokratie ergibt sich jedoch aus dem Gesamtaufbau des B-VG.

Im Demokratieverständnis *Kelsens* selbst sind 2 Elemente wesentlich, die es erlauben, ein Repräsentativsystem als demokratisch zu qualifizieren:
– die Wahl einer Volksvertretung (Parlament),
– die Abhängigkeit der übrigen Organe vom Parlament.

Diese Abhängigkeit wird gesichert:
– bezüglich der Verwaltung durch die parlamentarische Verantwortlichkeit der obersten Organe und der Weisungsgebundenheit aller anderen Organe gegenüber den obersten Organen (**parlamentarisches Regierungssystem** – siehe unten VI.5.1.),
– bezüglich aller Organe der Vollziehung (Verwaltung und Gerichtsbarkeit) durch die inhaltliche Bindung an das Gesetz als Beschlußform der Volksvertretungen (**Legalitätsprinzip** – siehe unten VI.5.2.).

Es ist somit ein Sinn des Legalitätsprinzips, die Herrschaft der Volksvertretungen über die übrigen Staatsorgane zu sichern (neben dem weiteren Sinn, das Handeln der Staatsorgane für den Bürger vorhersehbar und berechenbar zu machen – dazu unten VII.1.1.). Das Legalitätsprinzip ist mit dieser seiner demokratischen Komponente Teil des Demokratieprinzips der Bundesverfassung. Seine weitere Ausgestaltung (siehe unten VII.) bewirkt aber zugleich eine enge rechtliche Bindung nicht nur der Organe der Vollziehung, sondern auch der Volksvertretungen selbst: ihre „Herrschaftsausübung" wird an die Gesetzesform gebunden und dadurch rechtlich durch die verfassungsrechtlichen Regeln über die Gesetzgebung und darüber hinaus durch die richterliche Kontrolle der Gesetze (in Form der Verfassungsgerichtsbarkeit) beschränkt.

In diesem Sinne ist die Demokratie iS des Art 1 B-VG eine **rechtsstaatliche** Demokratie.

### 1.2.2. Demokratie und Grundrechte

Ein Grundgedanke der Demokratie ist die **Freiheit**. Auch die Mehrheitsregel ist letztlich an der Idee der Freiheit orientiert: sie minimiert Beschränkungen der

Freiheit insofern, als sie zwar nicht in Übereinstimmung mit dem Willen aller, aber eben der Mehrheit zu erfolgen haben. (Eine Zustimmung aller oder selbst einer qualifizierten Mehrheit kann bewirken, daß eine Minderheit der Mehrheit ihren Willen soweit aufzwingen kann, als sie eine von der Mehrheit gewollte Änderung blockiert: „Unter diesem Gesichtspunkte bedeutet allerdings das Prinzip der absoluten [und nicht das der qualifizierten] Majorität die relativ größte Annäherung an die Idee der Freiheit", *Kelsen*, aaO, 9; siehe auch oben I.4.).

Demokratie ist damit auch mit dem Gedanken verwandt, bestimmte Bereiche individueller Freiheit der staatlichen Regulierung überhaupt zu entziehen oder jedenfalls nur unter bestimmter Einschränkung zugänglich zu machen. Es ist dies die Idee der **Grundrechte**. Nur dort, wo auch der Mehrheit Eingriffe in individuelle Lebensbereiche entzogen sind, hat auch die Demokratie eine Chance realer Verwirklichung. Das Demokratiekonzept des B-VG ist insofern **nicht das einer totalitären Demokratie**.

Darüber hinaus setzt die Verwirklichung der Idee der Demokratie ganz bestimmte Freiheiten voraus. Zu einer Demokratie – gerade auch in dem vom Wiener Staatsvertrag angesprochenen Sinn – gehört die Chance des Wechsels der (gewählten) Mehrheit („Konkurrenzdemokratie"). Damit Wahlen diesen ihren Sinn erfüllen können, müssen gewisse zusätzliche Bedingungen erfüllt sein, wie: Meinungsfreiheit, Pressefreiheit, Vereinsfreiheit, Versammlungsfreiheit. Nur unter diesen Zusatzvoraussetzungen sind auch Wahlen wirklich „frei". Die Verfassung garantiert diese Freiheiten als **Grundrechte** (verfassungsgesetzlich gewährleistete Rechte) und sichert sie als solche gegenüber Eingriffen der jeweiligen Mehrheit ab. (Diese Bedeutung der Grundrechte wird im Vergleich mit Staaten deutlich, in denen diese Zusatzbedingungen nicht gegeben sind und zwar Wahlen stattfinden, die aber politisch folgenlos bleiben.)

Schließlich ist mit der Idee der Demokratie auch eng der Gedanke der **Gleichheit** verknüpft, der ebenfalls in einem gewissen Sinn verfassungsrechtlich gewährleistet ist (Art 7 B-VG). Für den Zustand der Demokratie ist wesentlich, in welchem Sinn der Gedanke der Gleichheit mit dem der individuellen Freiheit und dem Schutz von Minderheiten ausbalanciert ist. Auch das ist eine von den verfassungsgesetzlich gewährleisteten Grundrechten mitbestimmte Frage und insofern eine Frage des Verfassungsrechts.

Unter all diesen Aspekten gehören die Grundrechte zu dem im Art 1 B-VG postulierten demokratischen Prinzip. Auch in diesem Sinn ist das Demokratiekonzept der Bundesverfassung jenes einer rechtsstaatlichen Demokratie.

## 1.3. Demokratische Republik

Im engsten Sinn ist Republik ein Staat, der nicht Monarchie ist (siehe dazu unten VI.6.). Die Umwandlung Österreichs in eine Monarchie wäre – auch bei uneingeschränkter Beibehaltung der Demokratie – eine Gesamtänderung iS des Art 44 Abs 3 B-VG. Dies bringt das Bekenntnis des Art 1 B-VG zur demokratischen **Republik** klar zum Ausdruck.

Der Begriff der Republik beinhaltet aber über die Absage eines letztlich nur sakral legitimierten Staatsoberhauptes iS einer Monarchie hinaus eine Absage an jede sakral-religiös legitimierte Staatsform. Daher umfaßt das republikanische Prinzip der Bundesverfassung auch die **Trennung von Staat und Kirche** oder – wie es *Inge Gampl* formuliert[1] – die Prinzipien der **Säkularität** und **religiösen Neutraliät des Staates**. Sie sind Elemente des republikanischen Grundprinzips der Bundesverfassung.

## 2. Die politischen Parteien

Eine repräsentative Demokratie kann praktisch nur funktionieren, wenn die Bürger über die Möglichkeit verfügen, sich zu Parteien zusammenzuschließen. Die politischen Parteien schaffen jene gesellschaftliche Infrastruktur, die eine Voraussetzung für ein Funktionieren des parlamentarischen Systems bildet. Erst im Zusammenschluß zu Parteien gewinnen die einzelnen Abgeordneten eine effektive Handlungsfähigkeit gegenüber Regierung und Verwaltung. Parteien reduzieren ferner die Vielfalt politischer Probleme auf für den einzelnen Bürger überschaubare Alternativen. Parteien sind also eine Bedingung dafür, daß ein parlamentarisches System effektiv funktioniert. (Selbstverständliche Voraussetzung ist es, daß Parteien frei gebildet werden können.) Auf der anderen Seite steht die Tendenz der Parteien, sich zu Machtzentren außerhalb der verfassungsgesetzlich vorgesehenen Entscheidungsträger zu entwickeln und diese durch extrakonstitutionelle Entscheidungsstrukturen zu überlagern. Verfassungsrechtlich vorgesehene „checks and balances" (zB: die relative Gewaltenteilung zwischen Legislative und Exekutive) sowie Verantwortlichkeiten und Kontrolleinrichtungen (freies Mandat, parlamentarische Kontrollinstrumente) können dadurch unterlaufen werden.

Ein verfassungsrechtliches Parteienrecht hat daher eine doppelte Aufgabe:

– es hat einerseits die freie Parteienkonkurrenz zu sichern,
– andererseits die Überlagerung konstitutioneller Entscheidungsprozesse durch unkontrollierte Parteistrukturen zu begrenzen.

Trotz der faktischen Rolle der Parteien im politischen Prozeß wurden diese im Verfassungsrecht lange ignoriert oder nur marginal berücksichtigt. Erst 1975 wurde das **Parteiengesetz** erlassen, das überhaupt erst eine eindeutige Rechtsgrundlage der politischen Parteien schuf. Anlaß war das Problem der **Parteienfinanzierung**.

Die Verfassungsbestimmung des Art I § 1 ParteienG BGBl 1975/404 garantiert die Freiheit der Bildung und der Tätigkeit politischer Parteien. Vor dem Parteiengesetz stützten die SPÖ, ÖVP und KPÖ ihre rechtliche Stellung auf die Unabhängigkeitserklärung, spätere Parteien mußten sich nach dem Vereinsgesetz (und damit unter starker behördlicher Aufsicht) bilden.

### a. Gründung

Für die Gründung politischer Parteien verlangt Art I § 1 Abs 4 ParteienG lediglich, daß **Satzungen** beschlossen werden, die
– in einer periodischen Druckschrift zu **veröffentlichen**
– und beim Bundesministerium für Inneres zu **hinterlegen** sind.

---

1 *Gampl*, Staatskirchenrecht (1989) 2.

Als Mindestanforderung für die Satzung wird verlangt, daß aus ihr ersichtlich sind:
- die Organe der Partei,
- welche Organe nach außen vertretungsbefugt sind,
- die Rechte und Pflichten der Mitglieder (allerdings besagt das ParteienG nichts über den Inhalt dieser Rechte und Pflichten – es enthält insbes keine Regelungen über „**innerparteiliche Demokratie**").
- Außerdem muß aus der Satzung die Zielsetzung einer „Mitwirkung an der politischen Willensbildung" (zB Beteiligung an Wahlen) hervorgehen, da diese gemäß § 1 Abs 2 ParteienG zum verfassungsrechtlichen Begriff der politischen Partei gehört.

Das ParteienG sieht jedoch keine Zuständigkeit und kein Verfahren vor, in dem eine Partei, die diese Anforderung an eine Satzung nicht erfüllt, untersagt und allenfalls auf den Weg einer Vereinsbildung nach dem VereinsG verwiesen werden kann. Die Hinterlegung einer Satzung darf daher nach der (sehr problematischen) Auffassung des VfGH (VfSlg 9648/1983) auch bei Unvollständigkeit nicht verweigert werden. Erfüllt die Satzung die gesetzlichen Erfordernisse nicht, so erlangt die politische Gruppierung allerdings nicht die Rechtspersönlichkeit als politische Partei. Dies gilt auch dann, wenn die Hinterlegung der Satzung als Wiederbetätigung iS des § 3 VerbotsG zu qualifizieren ist (VfSlg 11.258/1987 – siehe oben IV.2.1.). Dies ist von Gerichten und Verwaltungsbehörden im Rahmen bei ihnen anhängiger Verfahren incidenter zu prüfen.

Mit Hinterlegung der Satzung erlangt die Partei **Rechtspersönlichkeit**. Nach dem OGH sind Parteien **Körperschaften des Privatrechts** (SZ 51/154 = JBl 1981, 212). Sie werden allerdings im Steuerrecht wie Körperschaften des öffentlichen Rechts privilegiert (siehe Art VI AbgabenänderungsG 1975 BGBl 1975/636), wogegen nach Ansicht des VfGH (Slg 9731/1983) keine Bedenken bestehen.

Im Juni 1993 waren nach dem ParteienG mehr als 400 politische Parteien registriert.

### b. Tätigkeit

Die Tätigkeit politischer Parteien darf durch keine besonderen – dh nur für Parteien geltende – Regelungen beschränkt werden. Da die Rechtspersönlichkeit der politischen Parteien unmittelbar auf dem ParteienG beruht, bedarf es auch keiner Konstituierung als Verein.

### c. Verfassungswidrige Parteien?

§ 1 Abs 3 ParteienG erklärt die Gründung politischer Parteien als frei, „sofern bundesverfassungsgesetzlich nichts anderes bestimmt ist". Dies ist als Verweis auf §§ 3 ff des im Verfassungsrang stehenden Verbotsgesetzes sowie die Verfassungsbestimmungen der Art 9 und 10 des Wiener Staatsvertrages (Verbot faschistischer und nationalsozialistischer Organisationen) zu verstehen. Andere Parteienverbote bestehen nicht.

### d. Parteienfinanzierung

Anlaß der Erlassung des Parteiengesetzes war die Frage der staatlichen Parteienfinanzierung, die eine – bis dahin strittige – Klärung der Rechtsfähigkeit politischer Parteien voraussetzte.

Art II § 2 Abs 1 ParteienG gewährt den Parteien für Zwecke ihrer Öffentlichkeitsarbeit einen Anspruch auf Förderungsmittel des Bundes: den im NR vertretenen Parteien stehen demnach **jährliche** Zuwendungen zu (eine Partei, die im NR über mindestens 5 Abgeordnete verfügt, erhält 3 Millionen Schilling als Grundbetrag; die verbleibenden Mittel sind auf die im NR vertretenen politischen Parteien nach den für sie bei der letzten NR-Wahl abgegebenen Stimmen proportional zu verteilen – § 2 Abs 2 lit a und b ParteienG). Nicht im NR vertretene Parteien, die aber mehr als ein Prozent der gültigen Stimmen erhalten haben, haben **im Wahljahr** einen proportionalen Anspruch auf Förderungsmittel. Nach § 2a ParteienG hat jede politische Partei, die nach der NR-Wahl im NR vertreten ist, einen Anspruch auf einen Wahlwerbungskosten-Beitrag, wenn sie spätestens 8 Wochen vor dem Wahltag einen solchen Antrag an das Bundeskanzleramt gestellt hat. An den Erhalt von Zuwendungen knüpft sich aber die **Verpflichtung**, über die widmungsgemäße Verwendung der Zuwendungen genaue **Aufzeichnungen** zu führen (§ 4 ParteienG). Diese sind jährlich von zwei beeideten Wirtschaftsprüfern zu überprüfen; das Prüfungsergebnis ist in der Wiener Zeitung kundzumachen. Darüber hinaus hat jede politische Partei, die Zuwendungen nach dem ParteienG erhält, jährlich einen **Rechenschaftsbericht** über ihre Einnahmen und Ausgaben zu erstellen. Dieser muß von zwei nicht durch Kanzleigemeinschaft verbundenen Wirtschaftsprüfern überprüft und unterzeichnet werden. Dabei sieht das Gesetz eine Reihe von Einnahmen- und Ausgabenarten vor, die gesondert auszuweisen sind. In einer Anlage zum Rechenschaftsbericht, der **Spendenliste**, sind Spenden über 100.000.-S, die im Berichtsjahr entweder an die Partei bzw an eine ihrer Gliederungen geleistet wurden, unter Angabe der jeweiligen Gesamtsummen der Spenden auszuweisen. Alle Spenden, die nicht von Körperschaften öffentlichen Rechts, von auf freiwilliger Mitgliedschaft beruhenden Berufs- und Wirtschaftsverbänden, von Anstaltungen, Stiftungen oder Fonds stammen, sind unter Angabe der Beträge sowie des Namens und der Anschrift der Spender in eine gesonderte Liste (**Spenderliste**) aufzunehmen, die spätestens bis zum 30. September des folgenden Jahres dem Präsidenten des RH zu übermitteln ist. Die nicht fristgerechte oder verspätete Übermittlung hat der Rechnungshofpräsident dem Bundeskanzler mitzuteilen (§ 4 Abs 8 ParteienG).

Der Rechenschaftsbericht samt Spendenliste ist bis zum 30. September des folgenden Jahres im Amtsblatt zur Wiener Zeitung zu veröffentlichen. Veröffentlicht oder übermittelt eine Partei nicht fristgerecht, so hat der Bundeskanzler fällige Zuwendungen bis zur ordnungsgemäßen Veröffentlichung oder Übermittlung einzubehalten (§ 4 Abs 10 ParteienG).

### e. Wahlparteien und Fraktionen

Von der politischen Partei iS des Parteiengesetzes ist die **Wahlpartei** (Art 26 Abs 6 B-VG: „wahlwerbende Parteien") begrifflich zu unterscheiden: die Kandidatur bei Wahlen setzt nicht unbedingt eine Bildung als Partei nach dem ParteienG voraus. Eine Wahlpartei – dh eine Wählergruppe, die sich unter einem bestimmen Namen an einer Wahl beteiligt – hat als solche eine – im wesentlichen auf die Wahl und ihre verfassungsgerichtliche Kontrolle – **beschränkte Rechtsfähigkeit** (VfSlg 3193/1957).

Abgeordnete der gleichen wahlwerbenden Partei bilden einen **Klub** (Art 30 Abs 5 B-VG) (Mindestzahl im NR: 5, im Wiener Gemeinderat beispielsweise 3).

## 3. Die Verbände

Lit: *Gerlich/Grande/Müller*, Sozialpartnerschaft in der Krise – Leistungen und Grenzen des Neokorporatismus in Österrreich (1985)

Neben den politischen Parteien bilden die **Verbände** wesentliche Handlungsträger des politischen Prozesses. Daraus ergeben sich ähnliche Spannungen wie zwischen „Verfassungswirklichkeit" und Verfassungsrecht.

In rechtlicher Hinsicht sind zwei Arten von Verbänden zu unterscheiden:

– **gesetzliche berufliche Interessenvertretungen (Kammern)**: sie sind Körperschaften des öffentlichen Rechts mit Zwangsmitgliedschaft und Träger der Selbstverwaltung (siehe unten V.7.6.).
– **Vereine** iS des Vereinsgesetzes (zB: ÖGB, Vereinigung österreichischer Industrieller).
– Eine eigenartige Verquickung stellt die Präsidentenkonferenz der Landwirtschaftskammern Österreichs dar: ein Verein, in dem die (Präsidenten der) Landwirtschaftskammern zusammengeschlossen sind. Dies hat kompetenzrechtliche Gründe: die Kompetenzverteilung schließt eine gesamtösterreichische Kammer der Landwirtschaft aus (Art 10 Abs 1 Z 8 und Art 11 Abs 1 Z 2 B-VG). Ähnlich ist der Österreichische Landarbeitertag konstruiert.

Die **verfassungsrechtliche Grundlage** der Kammern findet sich in den Kompetenzartikeln (Art 10 Abs 1 Z 8 und 11, Art 11 Abs 1 Z 2 B-VG), jene der als Vereine organisierten Verbände in der Verfassungsgarantie der Vereinsfreiheit (Art 12 StGG, Art 11 MRK).

Für das politische System der 2. Republik ist die **Sozialpartnerschaft** (Wirtschaftspartnerschaft) charakteristisch: eine Kooperation zwischen den großen Verbänden, wobei nicht das Mehrheitsprinzip, sondern die Einstimmigkeitsregel gilt. Charakteristisch ist ferner eine enge Verquickung – über die politischen Parteien – mit den staatlichen Organen. Das Ergebnis von „Sozialpartnerverhandlungen" wird von Parlament und Regierung oft nur mehr formal nachvollzogen. Damit sind in Österreich die großen Interessengruppen in besonders intensiver Weise an staatlichen Entscheidungsprozessen beteiligt (Neokorporatismus).[2]

Die Sozialpartnerschaft ist in enger Verbindung mit der „Großen Koalition" entstanden, hat aber zunächst auch die Zeit der Einparteienregierungen (1966-1983) unberührt überstanden. Erst in jüngster Zeit ist die Sozialpartnerschaft stärkerer Kritik ausgesetzt (vgl etwa die Diskussion über die „Zwangsmitgliedschaft").

Der Versuch einer rechtlichen Institutionalisierung im Wirtschaftsdirektorium der BReg wurde vom VfGH (Slg 2323/1952) als verfassungswidrig erkannt (Begründung: die Bindung von BM ist mit ihrer Stellung als oberste Organe der Verwaltung unvereinbar). Es folgte die auf freiwilliger Basis ohne gesetzliche Grundlage errichtete **Paritätische Kommission für Preis- und Lohnfragen**. Ihre „Empfehlungen" sind rechtlich unverbindlich.

Dazu kommt die – gesetzlich vorgesehene – Mitwirkung der Verbände in zahlreichen Beiräten, Kommissionen etc (zB: Preiskommission nach dem Preisgesetz, hier haben überdies die Verbände auch ein Antragsrecht).

Praktisch bedeutsam ist auch das gesetzlich vorgesehene **Begutachtungsrecht** der Verbände im Gesetzgebungsverfahren (siehe unten V.4.6.1.2.2.).

---

[2] Im Gegensatz zum Ständestaat – siehe *Grande/Müller*, Sozialpartnerschaftliche Krisensteuerung oder Krise der Sozialpartnerschaft? in: Sozialpartnerschaft in der Krise, 20 ff.

## 4. Die Volksvertretungen

**Lit:** *Schambeck* (Hg), Österreichs Parlamentarismus. Werden und System (1986)

Das B-VG sieht **allgemeine Vertretungskörper** in allen Gebietskörperschaften vor:
– Nationalrat,
– Landtag,
– Gemeinderat.

Lediglich der NR und die Landtage sind **gesetzgebende** Körperschaften und als solche **Parlamente** in einem echten Sinn. Der Gemeinderat ist juristisch ein Verwaltungsorgan. Im folgenden wird, sofern nicht anderes gesagt ist, nur von den Parlamenten gesprochen.

### 4.1. Wahl

**Lit:** *Fischer/Berger/Stein*, Nationalrats-Wahlordnung 1992 (1993)

Die spezifische demokratische Qualität der Parlamente beruht auf ihrer Wahl durch das Volk. Sie sind daher „unmittelbar demokratisch legitimiert". Alle anderen Staatsorgane, ausgenommen der BPräs, leiten ihre Legitimation von den Parlamenten ab.

#### 4.1.1. Die Grundsätze des Wahlrechts

Das B-VG normiert Grundsätze des Wahlrechts, die für NR, Landtage und Gemeinderäte gleicherweise gelten (Art 26, 95 und 117 B-VG). Sie werden ergänzt durch Verfassungsbestimmungen des Wiener Staatsvertrages (Art 8) und der Europäischen Menschenrechtskonvention (Art 3 des 1. Zusatzprotokolls).

##### 4.1.1.1. Allgemeines Wahlrecht

Das Recht zu wählen (**aktives Wahlrecht**) und gewählt zu werden (**passives Wahlrecht**) steht allen Bürgern zu, die das **Wahlalter erreicht** haben, ohne daß die Wahlberechtigung von Voraussetzungen abhängig gemacht wird, die nicht jeder Bürger im wahlfähigen Alter erfüllen kann. Verboten wäre es daher, bestimmte Bevölkerungsgruppen wie Geistliche, Angehörige des Bundesheeres, Beamte, Frauen etc vom Wahlrecht auszuschließen. Das Wahlrecht für Frauen wurde 1919 eingeführt.

**Aktiv wahlberechtigt** zum NR sind alle Staatsbürger, die vor dem 1. Jänner des Jahres der Wahl das 18. Lebensjahr vollendet haben und vom Wahlrecht nicht ausgeschlossen sind. Die **Ausschließung** vom Wahlrecht darf nur Folge einer **gerichtlichen** Verurteilung sein (Art 26 Abs 5 B-VG). Die Nationalratswahlordnung (§ 22 Nationalratswahlordnung 1992 – NRWO) präzisiert diesen Wahlausschließungsgrund so:

rechtskräftige Verurteilung wegen einer mit Vorsatz begangenen strafbaren Handlung zu einer mehr als einjährigen Freiheitsstrafe (befristet auf sechs Monate nach Verbüßung).[3]

**Passiv wahlberechtigt** zum NR sind alle Staatsbürger, die am „Stichtag" die österreichische Staatsbürgerschaft besitzen, vor dem 1. Jänner des Jahres der Wahl das 19. Lebensjahr vollendet haben und vom Wahlrecht nicht ausgeschlossen sind.

Die **Landtagswahlordnungen** sowie die Wahlordnungen zum Gemeinderat dürfen die Bedingungen des aktiven und passiven Wahlrechts nicht enger ziehen als die **Bundesverfassung** für Wahlen zum NR (Art 95 Abs 2, Art 117 Abs 2 B-VG).

### 4.1.1.2. Gleiches Wahlrecht

Die Gleichheit des Wahlrechts bedeutet, daß alle gültigen Stimmen gleich gezählt werden und keinerlei Umstände, wie Familienstand, höhere Bildung, höhere Steuerleistung etc, für eine höhere Wertung der Stimmen herangezogen werden dürfen (**gleicher Zählwert**). Dieser Grundsatz erschöpft sich aber nach der Judikatur des VfGH im Abstimmungsverfahren und verlangt **keinen gleichen Erfolgswert** der Stimmen.

Der „Erfolgswert" der Stimmen (Zahl der für ein Mandat erforderlichen Stimmen) betrug bei der Nationalratswahl

|      | 1956   | 1970   | 1983      | 1990   |
|------|--------|--------|-----------|--------|
| SPÖ: | 25 315 | 27 432 | 25 285    | 25 160 |
| ÖVP: | 24 390 | 26 295 | 25 891    | 25 143 |
| FPÖ: | 47 292 | 42 238 | 20 144 (!)| 23 717 |
| KPÖ: | 64 176 | –      | –         | –      |
| GAL: | –      | –      | –         | 22 508.|

Solche Verzerrungen ergeben sich aus dem „Bürgerzahlprinzip" und der Gestaltung des Ermittlungsverfahrens. Sie führten bei zwei Nationalratswahlen (1953 und 1959) dazu, daß die SPÖ stimmenstärkste, die ÖVP dagegen mandatsstärkste Partei war. Sie sind allerdings bereits durch die (einfachgesetzliche) Wahlrechtsänderung 1970 stark vermindert worden.

### 4.1.1.3. Unmittelbares Wahlrecht

Unmittelbares Wahlrecht bedeutet den **Ausschluß eines Wahlmännersystems** und verlangt, daß von den Wählern die zu Wählenden selbst bezeichnet werden.

Mit diesem Grundsatz ist es vereinbar, daß auf einem Stimmzettel nur Parteibezeichnungen (SPÖ, ...) aufscheinen, wenn aufgrund dieser Bezeichnungen die Bewerber feststehen. Eine Einflußnahme des Wählers auf die Parteiliste – nach der geltenden NRWO mittels Vorzugsstimme – ist verfassungsrechtlich nach diesem Grundsatz nicht geboten. Die Frage,

---

[3] Geisteskranke sind seit der Aufhebung des § 24 NRWO durch den VfGH (Slg 11.489/1987) nicht mehr ausgeschlossen.

inweiweit die Wähler auf die Zusammensetzung der Parteilisten Einfluß nehmen können sollen – Stichwort Persönlichkeitswahlrecht – ist kein verfassungsrechtliches Problem, wohl aber ein aktuelles verfassungspolitisches Anliegen, dem die NRWO durch kleinere Wahlkreise und erweiterte Möglichkeiten von Vorzugsstimmen Rechnung zu tragen versucht.

### *4.1.1.4. Persönliches Wahlrecht*

Die Abstimmung hat durch persönliche Stimmabgabe zu erfolgen (**keine Wahl durch Stellvertreter**). Dies schließt die physische Präsenz vor der Wahlkommission ein. Blinde, schwer sehbehinderte und gebrechliche Personen dürfen sich aber von einer Begleitperson führen und sich von dieser bei der Wahlhandlung helfen lassen (§ 66 NRWO).

Nach Art 26 Abs 6 B-VG muß ferner die **Stimmabgabe im Ausland** nicht vor einer Wahlbehörde erfolgen. Vgl dazu § 60 NRWO 1992: Wähler, die sich am Wahltag im Ausland aufhalten, können dort ihr Wahlrecht derart ausüben, daß sie eine Wahlkarte rechtzeitig – sie muß spätestens am achten Tag nach dem Wahltag, 12 Uhr, einlangen – an die zuständige Landeswahlbehörde übermitteln. Die Wahlkarte bedarf der Bestätigung durch eine einem österreichischen Notar vergleichbare Person bzw nach dem Recht des Aufenthaltsstaates zur amtlichen Beglaubigung berechtigte Einrichtung oder durch den Leiter einer österreichischen Vertretungsbehörde. Weiters kann die Bestätigung durch zwei volljährige Zeugen mit österreichischer Staatsbürgerschaft erfolgen, sofern sie über gültige Reisepässe verfügen. Aus der Bestätigung hat die Identität des Wählers sowie Ort und Zeitpunkt, in welchem er das Wahlkuvert verschlossen in die Wahlkarte zurückgelegt hat, hervorzugehen.[4]

### *4.1.1.5. Geheimes Wahlrecht*

„Geheim" ist ein Wahlrecht dann, wenn der Wähler seine Stimme derart abzugeben vermag, daß niemand, weder die Behörde noch sonst jemand, erkennen kann, wen er gewählt hat. Die geheime Wahl soll den Wähler nicht bloß vor unerwünschter Einflußnahme auf seine Willensbildung im Zuge des Wahlvorgangs bewahren, sie soll ihm auch die Sorge und Furcht nehmen, daß er wegen seiner Stimmabgabe in bestimmter Richtung Vorwürfen und Nachteilen welcher Art immer ausgesetzt sei.

---

4 Eine solche Bestimmung kann vom NR nur in Anwesenheit von mindestens der Hälfte der Mitglieder mit einer Mehrheit von zwei Dritteln der abgegebenen Stimmen beschlossen werden (vgl unten VI.4.6.1.1.3.d.). Es handelt sich dabei aber nicht um eine bundes**verfassungs**gesetzliche Regelung. Art 26 Abs 6 B-VG ermächtigt nur zu einer Abweichung vom strengen Grundsatz des persönlichen Wahlrechts iS einer physischen Präsenz vor der Wahlkommission, nicht aber auch vom darüber hinausreichenden Gehalt des Grundsatzes des persönlichen Wahlrechts (keine Wahl durch Stellvertreter) und von den Grundsätzen des geheimen und des freien Wahlrechts. Im Lichte dieser Grundsätze ist § 60 NRWO verfassungsrechtlich bedenklich: insbes bei einer Stimmabgabe vor zwei Zeugen (§ 60 Abs 4 NRWO) ist nicht gesetzlich hinreichend gesichert, daß der Wahlakt geheim, unbeeinflußt und nicht stellvertretend durch einen Dritten erfolgt. Vgl dazu *Strejcek,* Zur Neuregelung der Stimmabgabe im Ausland (§ 60 NRWO 1992) (im Druck).

Der Grundsatz des geheimen Wahlrechts verlangt daher **wirksame Vorkehrungen zur Geheimhaltung des Wahlverhaltens** des einzelnen Wählers. Unter diesem Gesichtspunkt ist daher nach Auffassung des VfGH (10.412/ 1985) eine **„Briefwahl"** problematisch, weil sie den Wähler während des Wahlaktes so auf sich selbst stellt, daß er der Einflußnahme durch außenstehende Dritte zugunsten eines bestimmten Wahlverhaltens nur selbst begegnen kann. Fraglich ist, ob im Lichte dieser Judikatur § 60 NRWO – siehe zuvor VI.4.1.1.4. -verfassungskonform ist.

Die NRWO sichert diesen Grundsatz durch die Bestimmungen, daß
- Wahlsprengel mit weniger als 30 Wählern nur ausnahmsweise gebildet werden dürfen (§ 53 Abs 3),
- die Abgabe der Stimme in einer Wahlzelle zu erfolgen hat (bei bettlägerigen Pfleglingen in Heil– und Pflegeanstalten kann sich die Sprengelwahlbehörde auch in die Liegeräume begeben, doch ist durch Aufstellen von Wandschirmen die Geheimhaltung der Wahl zu sichern – §§ 54, 57, 68, 72 Abs 3),
- undurchsichtige Wahlkuverts zu verwenden sind (§ 64 Abs 1).

### 4.1.1.6. Freies Wahlrecht

Dieser in Art 8 des Wiener Staatsvertrages und im 1. Zusatzprotokoll zur MRK verankerte Grundsatz umfaßt:

#### a. die Freiheit der Wahlwerbung

Die Wahlwerbung darf nicht sinnwidrig beschränkt werden.
**Bei finanziellen Unterstützungen durch die öffentliche Hand** dürfen nicht einzelne wahlwerbende Parteien gegenüber anderen begünstigt werden. Dies schließt aber eine Finanzierung der Parteien nach ihrer verhältnismäßigen Stärke im Vertretungskörper nicht aus.

Zur Freiheit der Wahlwerbung gehört auch die **Freiheit der Bildung von Wahlparteien.** Ihre Wahlwerbung darf von der **Unterstützung** einer gewissen Anzahl Wahlberechtigter abhängig gemacht werden, um unechte, nicht ernsthafte Wahlwerbungen von vornherein auszuschließen. Doch darf diese Unterstützung nicht in einem Ausmaß gefordert werden, das eine ernsthafte Wahlwerbung verhindert. Das ist jedenfalls dann der Fall, wenn mehr unterstützende Unterschriften verlangt werden als bei einer durchschnittlichen Wahlbeteiligung Stimmen für ein Mandat erforderlich sind.

#### b. die Freiheit der Abstimmung

Das Abstimmungsverfahren hat so organisiert zu sein, daß die Entscheidung des Wählers weder faktisch noch rechtlich beeinflußt wird. Der Sicherung dieses Grundsatzes dienen auch die §§ 261 – 268 StGB.

### 4.1.1.7. Wahlpflicht

Die Ermächtigung des Landesgesetzgebers, **Wahlpflicht** für Nationalratswahlen anzuordnen, ist durch die B-VGNov 1992/470, **entfallen.** Sie besteht weiterhin für die Bundespräsidentenwahl (Art 60 Abs 1 B-VG und § 23 BundespräsidentenwahlG 1971) sowie für Landtags– und Gemeinderatswahlen in jenen Ländern, in denen sie durch **Landesgesetz** angeordnet wird (Art 95 Abs 1 B-VG).

### 4.1.1.8. Die Grundsätze der Verhältniswahl

Das Verhältniswahlrecht ist im Gegensatz zum **Mehrheitswahlrecht** zu verstehen und verlangt, daß die Mandate auf die wahlwerbenden Gruppen **im Verhältnis der für sie abgegebenen Stimmen aufgeteilt** werden.

Das Grundproblem eines Verhältniswahlsystems liegt in der gleichmäßigen Aufteilung der abgegebenen Stimmen bei einer feststehenden Anzahl von Mandaten. Dafür wurden international über 200 verschiedene mathematische Verfahren entwickelt, von denen in Österreich drei Anerkennung gefunden haben:

a) **Hare'sches System**

Die Zahl der abgegebenen Stimmen wird durch die Zahl der zu vergebenden Mandate geteilt. Die so errechnete Zahl ist die **Wahlzahl**. Jede Partei erhält so viele Mandate, als die Wahlzahl in der für sie abgegebenen Stimmenzahl enthalten ist.

Problem: nicht alle Mandate lassen sich auf diese Weise vergeben (Restmandate und Reststimmen).

b) **Hagenbach-Bischoff'sches Verfahren**

Die Zahl der abgegebenen Stimmen wird durch die **um 1 vermehrte** Zahl der zu vergebenden Mandate geteilt. Die Wahlzahl wird dadurch verkleinert und die Zahl der Restmandate und Reststimmen vermindert, aber nicht völlig eliminiert.

c) **D'Hondt'sches Verfahren**

Die auf die Parteien entfallenden Stimmen werden der Größe nach nebeneinander geschrieben. Jede dieser Zahl wird durch zwei, durch drei, vier usw geteilt und diese Zahlen untereinander geschrieben.

Wahlzahl ist bei drei zu vergebenden Mandaten die drittgrößte Zahl, bei vier zu vergebenden Mandaten die viertgrößte Zahl in dieser Tabelle usw.

**Vorteil**: keine Restmandate, möglicherweise haben aber mehrere Parteien Anspruch auf das letzte zu vergebende Mandat.

**Nachteil**: Begünstigung großer gegenüber kleinen Parteien.

Das B-VG fordert kein reines Verhältniswahlsystem, Art 26 Abs 1 B-VG spricht vielmehr von den „Grundsätzen der Verhältniswahl"; es sieht selbst Modifikationen vor:

a) **Bürgerzahlprinzip**

Die Mandate sind auf die Wahlkreise im Verhältnis der Anzahl der Staatsbürger (nicht: der Wahlberechtigten) aufzuteilen (Begünstigung kinderreicher Wahlkreise).

b) **Einteilung in Wahlkreise**

Sowohl für die Nationalratswahlen als auch für die Landtagswahlen ist das Wahlgebiet in Wahlkreise zu teilen (*Renner* 1919: eine Konzession an das frühere Mehrheitswahlsystem mit kleinen Wahlkreisen). Dadurch wird die Verhältnismäßigkeit zwangsläufig abgeschwächt, und zwar je kleiner die Wahlkreise sind, desto mehr.

c) Im übrigen liegt die Ausgestaltung des Verhältniswahlsystems beim einfachen Gesetzgeber, der dabei auch Vorkehrungen gegen eine Parteienzersplitterung im Vertretungskörper (Eliminierung von Splitterparteien und Begünstigung großer Parteien) treffen darf. (Falsch ist allerdings die Judikatur, daß dies zum „Wesen des Verhältniswahlsystems" gehört[5], vielmehr wird dadurch die Proportionalität noch weiter eingeschränkt.) Die NRWO sieht in diesem Sinn das Erfordernis eines „Grundmandates"[6] oder 4 % der abgegebenen gültigen Stimmen im gesamten Bundesgebiet als Voraussetzung für die Beteiligung im zweiten und dritten Ermittlungsverfahren vor.

### 4.1.2. Das Verfahren der Nationalratswahlen

#### *4.1.2.1. Verteilung der Mandate auf die Wahlkreise*

§ 1 NRWO setzt die Zahl der Mitglieder des NR mit 183 fest.

Das Bundesgebiet wird in **9 Landeswahlkreise** geteilt: jedes Bundesland bildet einen Landeswahlkreis (§ 2 Abs 1 NRWO).

Die Stimmbezirke der Landeswahlkreise werden in einem oder mehreren **Regionalwahlkreisen** zusammengefaßt. Gemäß § 3 Abs 2 NRWO gibt es 43 solche Regionalwahlkreise.

Die Zahl der Mandate wird auf die Landeswahlkreise nach dem Hare'schen System aufgeteilt: (§ 4 Abs 3 NRWO):

Bürgerzahl des Landeswahlkreises + Auslandsösterreicher, die am Zähltag in der Wählerevidenz im Bereich des Landeswahlkreises eingetragen waren, geteilt durch Verhältniszahl (= Bürgerzahl + Auslandsösterreicher, die am Zähltag in der Wählerevidenz eingetragen waren, geteilt durch 183) = Mandate des Landeswahlkreises.

„Restmandate" werden nach der Reihenfolge der Dezimalreste verteilt. Liegen beim letzten zu vergebenden Mandat mehrere gleichgroße Dezimalreste vor, entscheidet das Los (§ 4 Abs 4 NRWO).

---

5 Nach der Rechtsprechung des VfGH (zB Slg 9912/1984) sind für ein Verhältniswahlrecht 2 Kriterien maßgebend:
  1. Träger des Rechts auf verhältnismäßige Vertretung ist nicht das Individium, sondern die politische Partei;
  2. die Idee der Proportionalität ist darauf gerichtet, zwar womöglich allen politischen Parteien eine verhältnismäßige Vertretung zu gewähren, jedoch mit Ausschluß jener kleinen Gruppen, welche die Mindestzahl von Stimmen, die sog Wahlzahl, nicht erreichen über die eine Partei verfügen muß, um wenigstens einen Abgeordneten zu erhalten.
  Beides ist als Aussage über einen theoretischen Begriff der Verhältniswahl falsch und beruht auf einer verengten Sicht des in Österreich seit 1918 Bekannten.
6 Ein Mandat in einem der Regionalwahlkreise, dh im ersten Ermittlungsverfahren.

Die dem jeweiligen Landeswahlkreis zugewiesenen Nationalratsmandate werden nach dem selben Verfahren auf die **Regionalwahlkreise** innerhalb der Landeswahlkreise verteilt (§ 4 Abs 5 NRWO).

#### 4.1.2.2. Ausschreibung der Wahl

Die BReg hat die Wahl so anzuordnen, daß der neugewählte NR
- am Tag nach Ablauf des vierten Jahres der Gesetzgebungsperiode,
- bei Auflösung durch den BPräs spätestens am 100. Tag nach der Auflösung

zusammentreten kann. Keine Regelung besteht für den Fall der Selbstauflösung, weil aus politischen Gründen hier offenbar kein Bedarf für eine Fristsetzung besteht.

In der Ausschreibung (durch Verordnung im BGBl) ist der **Wahltag** und der **Stichtag** festzusetzen. Nach dem Stichtag bestimmen sich die Voraussetzungen des Wahlrechts sowie der Lauf der Fristen. Der Wahltag ist von der BReg im Einvernehmen mit dem Hauptausschuß des NR festzulegen.

#### 4.1.2.3. Wahlbehörden

Die Durchführung der Wahlen obliegt Wahlbehörden, die sich aus **Vertretern der wahlwerbenden Parteien** zusammensetzen. Der **Bundeswahlbehörde** (beim BM für Inneres) gehören außerdem zwei Richter an.

#### 4.1.2.4. Erfassung der Wahlberechtigten

Das **Wählerevidenzgesetz** sieht eine ständige Wählerevidenz vor, die von den **Gemeinden** (im übertragenen Wirkungsbereich) zu führen ist. Einzutragen sind alle Staatsbürger, die vor dem 1. Jänner des Jahres der Eintragung das 18. Lebensjahr vollendet haben, vom Wahlrecht zum NR nicht ausgeschlossen sind und in der Gemeinde ihren ordentlichen Wohnsitz haben. Im Ausland lebende Staatsbürger, die das 18. Lebensjahr vollendet haben und vom Wahlrecht zum NR nicht ausgeschlossen sind, werden auf Antrag für die Dauer ihres Auslandsaufenthaltes in die Wählerevidenz der Gemeinde eingetragen, in der sie den letzten ordentlichen Wohnsitz im Inland hatten; in Ermangelung eines solchen, in die Wählerevidenz der Gemeinde, in der zumindest ein Elternteil seinen ordentlichen Wohnsitz im Inland hat oder zuletzt hatte.

In die Wählerevidenz kann jedermann **Einsicht** nehmen und jeder Staatsbürger kann **Einspruch**
- gegen die Aufnahme eines angeblich Wahl- oder Stimmberechtigten
- oder gegen die Streichung eines angeblich Nichtwahlberechtigten

erheben. Über den Einspruch entscheidet die Gemeindewahlbehörde (Wien: Bezirkswahlbehörde), dagegen ist eine Berufung zulässig, über die die Bezirkswahlbehörde (Wien: Landeswahlbehörde) entscheidet.

Vor jeder Nationalratswahl sind von den Gemeinden aufgrund der Wählerevidenz **Wählerverzeichnisse** anzulegen. Diese sind durch 10 Tage aufzulegen. Die Auflegung des Wählerverzeichnisses ist vom Bürgermeister ortsüblich kundzumachen. Es besteht die Möglichkeit eines **Einspruches** wie zuvor dargestellt.

### 4.1.2.5. Wahlvorschläge

Eine wahlwerbende Partei hat für das erste und zweite Ermittlungsverfahren spätestens am 30. Tag vor dem Wahltag der Landeswahlbehörde einen **Landeswahlvorschlag** und, spätestens am 16. Tag vor dem Wahltag der Bundeswahlbehörde einen **Bundeswahlvorschlag** (für das dritte Ermittlungsverfahren) vorzulegen.

Der Landeswahlvorschlag muß von wenigstens drei Mitgliedern des NR oder von (je nach Landeswahlkreis) 100, 200, 400 oder 500 im Landeswahlkreis Wahlberechtigten **unterschrieben** sein.

### 4.1.2.6. Abstimmungsverfahren

Das Abstimmungsverfahren wird im ganzen Bundesgebiet gleichzeitig durchgeführt. Der Wahltag hat ein Sonntag oder anderer öffentlicher Ruhetag zu sein. In Fällen, in denen Anfang, Fortsetzung oder Beendigung der Wahlhandlung verhindert wird, kann die betreffende Wahlhandlung auf den nächsten Tag verlängert oder verschoben werden (Art 26 Abs 3 B-VG).

Jeder Wähler übt sein Wahlrecht an dem Ort (Gemeinde, Wahlsprengel) aus, an dem er in das Wählerverzeichnis eingetragen ist. Wähler, die sich am Wahltag voraussichtlich an einem anderen Ort aufhalten, haben Anspruch auf Ausstellung einer **Wahlkarte**.

Das Wahlrecht wird mit einem **amtlichen Stimmzettel** ausgeübt. Dieser enthält die Listennummer und Bezeichnung der wahlwerbenden Parteien sowie Platz zur Eintragung **eines** Kandidaten der gewählten Partei (**Vorzugsstimmrecht**).

### 4.1.2.7. Erstes Ermittlungsverfahren

Dieses findet im **Regionalwahlkreis** statt.

Die Gesamtsumme der im Landeswahlkreis abgegebenen gültigen Stimmen wird durch die in diesem zu vergebenden Mandate geteilt und so die **Wahlzahl** ermittelt. Jede Partei erhält im Regionalwahlkreis so viele Mandate, wie die (auf die nächsthöhere ganze Zahl ergänzte) Wahlzahl in ihrer Parteisumme enthalten ist. (Die Zuteilung der Mandate im Regionalwahlkreis erfolgt nach der Wahlzahl im **Landes**wahlkreis!)

Von der Verteilung der Mandate an die wahlwerbenden Parteien ist die **Zuweisung der Mandate an die Regionalbewerber der Regionalparteilisten** zu unterscheiden. Die Landeswahlbehörde ermittelt die Gesamtsumme der Vorzugsstimmen, die auf jeden der auf dem Stimmzettel angeführten Regionalbewerber der gewählten Parteiliste in den Regionalwahlkreisen des Landeswahlkreises entfallen sind. Die Mandate werden der Reihe nach jenen Bewerbern zugewiesen, die Vorzugsstimmen im Ausmaß von zumindestens 1/6 der gültigen Parteistimmen im Regionalwahlkreis oder im Ausmaß der Hälfte der Wahlzahl erhalten haben. Die Reihenfolge beginnt mit der Höchstzahl der Vorzugsstimmen; haben Bewerber auf die Zuweisung einen gleichen Anspruch, ist der Reihungsvermerk auf der Regionalparteiliste maßgebend.

Mandate, die nicht aufgrund von Vorzugsstimmen vergeben werden, sind den Bewerbern in der Reihenfolge zuzuweisen, in der sie auf der Liste angeführt sind.

### 4.1.2.8. Zweites Ermittlungsverfahren

Hier nehmen Parteien teil, die im ersten Ermittlungsverfahren

a) zumindestens in einem Regionalwahlkreis ein Mandat („**Grundmandat**") oder

b) im gesamten Bundesgebiet mindestens **4 % der abgegebenen gültigen Stimmen** erzielt haben.

Jede Partei erhält so viele Mandate von den im Landeswahlkreis zu vergebenden, wie die Wahlzahl in ihrer Parteisumme im Landeswahlkreis enthalten ist, abzüglich der allenfalls im ersten Verfahren erzielten Mandate (§ 101 NRWO).

Die Mandate, die gemäß § 101 ermittelt werden, werden den Bewerbern der Landesparteilisten zugewiesen. Zunächst ist die Gesamtsumme der Vorzugsstimmen zu ermitteln, die auf jeden Bewerber der gewählten Landesparteilisten im Landeswahlkreis entfallen sind. Dann werden die Mandate zunächst der Reihe nach jenen Bewerbern zugewiesen, die mindestens so viele **Vorzugsstimmen** haben, **wie die Wahlzahl** beträgt; die Reihenfolge der Zuweisung beginnt mit der Höchstzahl der Vorzugsstimmen, der jeweils die nächstniedrige folgt. Besteht ein gleicher Anspruch, so ist die Reihung auf der Parteiliste maßgebend. Mandate einer Partei, die aufgrund der Vorzugsstimmen nicht vergeben werden können, sind an die Bewerber nach der Reihung auf der Landesparteiliste zu vergeben.

### 4.1.2.9. Drittes Ermittlungsverfahren

„**Bundesweiter Proportionalausgleich**", der nicht ein bloßes Reststimmenverfahren darstellt.

Wahlwerbenden Parteien, die einen Landeswahlvorschlag eingebracht haben, steht ein Anspruch auf Zuweisung von Mandaten in diesem Verfahren nur zu, wenn sie

a. einen Bundeswahlvorschlag eingebracht haben und

b. gemäß § 107 Abs 2 NRWO nicht ausgeschlossen sind. Das wäre der Fall, wenn ihnen im ganzen Bundesgebiet kein Mandat in einem Regionalwahlkreis und weniger als 4 % der abgegebenen gültigen Stimmen zugefallen sind.

Die Bundeswahlbehörde stellt zunächst die Parteisummen für das ganze Bundesgebiet fest. Auf die Parteien werden alle 183 Mandate abzüglich der im ersten und zweiten Verfahren jenen Parteien, die keinen Bundeswahlvorschlag eingebracht haben, zugefallenen Mandate mittels der Wahlzahl verteilt. Die Berechnung der Wahlzahl erfolgt nach dem d'Hondt'schen Verfahren.

Unterschreitet die für eine Partei ermittelte Gesamtmandatszahl die Summe der dieser Partei im ersten und zweiten Ermittlungsverfahren zugefallenen Mandate, so ist so vorzugehen, als hätte diese Partei keinen Bundeswahlvorschlag eingebracht und der Ermittlungsvorgang ist zu wiederholen. Übersteigt die Gesamtmandatszahl diese Summe, so erhält sie so viele weitere Mandate zugewiesen, wie dieser Differenz entspricht.

Die so zugeteilten Mandate werden den Bewerbern der Parteien in der Reihenfolge des Bundeswahlvorschlages zugewiesen.

Kandidaten, die auf mehreren Listen gewählt wurden, müssen sich für einen Wahlkreis entscheiden, andernfalls entscheidet die Bundeswahlbehörde (§ 109 NRWO).

Nicht gewählte Bewerber, ebenso Bewerber, die eine Wahl nicht annehmen oder ihr Mandat später zurücklegen, bleiben auf der Parteiliste (Regional-, Landes-, Bundesparteiliste), solange sie nicht ausdrücklich ihre Streichung beantragen. Sie rücken auf frei werdende Mandate nach. Verzichten sie auf die Annahme eines frei werdenden Mandates bleiben sie dennoch auf ihrem Platz auf der Liste.

### 4.1.3. Wahlen zu den Landtagen

Art 95 B-VG sieht für die Wahlen zum Landtag **gleichartige Prinzipien** wie für die Nationalratswahl – gleiches, unmittelbares, geheimes und persönliches Verhältniswahlrecht aller Landesbürger – vor. Die Bedingungen des aktiven und passiven Wahlrechts dürfen von einer Landtagswahlordnung nicht enger gezogen werden als sie die Bundesverfassung für die Wahlen zum NR (betrifft insbes Wahlalter und Ausschließungsgründe) vorsieht.

Auch bei Landtagswahlen sind **Wahlkreise** (mindestens 2) zu bilden, auf die die Mandate entsprechend der Bürgerzahl aufzuteilen sind. Die Zahl der Mandate setzt der Landesverfassungsgesetzgeber fest (sie liegt derzeit zwischen 36 und 100). Auch bei Landtagswahlen finden – nach den näheren Bestimmungen einer Landtagswahlordnung – regelmäßig zwei Ermittlungsverfahren statt (bundesverfassungsrechtlich nicht zwingend!), wobei im ersten Ermittlungsverfahren die Mandate in der Mehrzahl der Wahlkreise nach dem Hagenbach-Bischoff'schen Verfahren, Restmandate regelmäßig in einem einzigen „Wahlkreisverband" nach dem d'Hondt'schen Verfahren aufgeteilt werden. Für die Teilnahme im zweiten Ermittlungsverfahren sieht zB die Wiener Gemeindewahlordnung neben dem „Grundmandat" alternativ eine „**Fünf-Prozent-Klausel**" vor.

### 4.1.4. Kontrolle der Rechtmäßigkeit der Wahl

Sie erfolgt durch den VfGH im Verfahren nach Art 141 B-VG.

Anfechtungsberechtigt sind

– Wählergruppen, die rechtzeitig Wahlvorschläge vorgelegt haben,
– ein einzelner Wahlwerber, dem die Wählbarkeit aberkannt wurde.

Sofern die behauptete **Rechtswidrigkeit** des Wahlverfahrens **bewiesen** wurde und auf das Wahlergebnis **von Einfluß** war, kann der VfGH das ganze Wahlverfahren oder die betroffenen Teile aufheben, die Wahl einer Person für nichtig erklären oder aussprechen, daß die Wahl bestimmter Personen nichtig geworden ist.

Wird als Folge die teilweise oder gänzliche **Wiederholung der Wahl** des NR oder eines Landtages erforderlich, so verlieren die betroffenen Abgeordneten ihr Mandat erst bei Übernahme dieses Mandats durch die neugewählten Mitglieder. Die Arbeitsfähigkeit des NR oder Landtages wird damit über die Rechtmäßigkeit ihrer Zusammensetzung gestellt. Die Wiederholungswahl muß allerdings binnen 100 Tagen erfolgen (Art 141 Abs 2 B-VG).

Aktives und passives Wahlrecht sind außerdem verfassungsgesetzlich gewährleistete Rechte iS des Art 144 B-VG.

## 4.2. Gesetzgebungsperiode, Tagungen, Sitzungen

### 4.2.1. Gesetzgebungsperiode

Der NR wird auf eine bestimmte Zeit gewählt, die **Gesetzgebungsperiode** heißt und prinzipiell vier Jahre beträgt (siehe unten VI.4.3.1.). Sie endet mit dem Tag, an dem der neue NR zusammentritt (kann also unter Umständen länger als vier Jahre dauern); im Fall der Auflösung durch den BPräs oder als Folge des negativen Ergebnisses einer Volksabstimmung über die Absetzung des BPräs endet die Gesetzgebungsperiode sofort.

Zwischen den Gesetzgebungsperioden gilt der Grundsatz der **Diskontinuität**: alle nicht erledigten Anträge, Vorlagen etc „verfallen" und müssen in der nächsten Gesetzgebungsperiode neu eingebracht werden.

### 4.2.2. Tagung

Innerhalb der Gesetzgebungsperiode muß der NR in jedem Jahr eine **ordentliche Tagung** abhalten (zwischen 15. September und 15. Juli: Art 28 Abs 1 B-VG); die Einberufung erfolgt durch den **BPräs** (Vorschlag gemäß Art 67 Abs 1 B-VG).

Der BPräs kann den NR zu einer **außerordentlichen Tagung** einberufen (Art 28 Abs 2 B-VG; Vorschlag gemäß Art 67 Abs 1 B-VG). Er ist dazu verpflichtet, wenn dies die BReg verlangt. Ebenso können der BR oder mindestens ein Drittel der Mitglieder des NR die Einberufung einer außerordentlichen Tagung verlangen (wobei es keines Vorschlags der BReg bedarf).

Die Tagungen werden vom BPräs aufgrund eines Beschlusses des NR **für beendet erklärt** (Art 28 Abs 3 B-VG).

Zwischen den Tagungen herrscht **Kontinuität** (Art 28 Abs 4 B-VG).

#### 4.2.3. Sitzungen

Die Sitzungen innerhalb einer Tagung werden vom Präsidenten des NR einberufen. Die BReg oder ein Fünftel der Mitglieder des NR (§ 46 Abs 5 GeONR) kann dies verlangen (Art 28 Abs 5 B-VG).

### 4.3. Die Auflösung des Parlaments

#### 4.3.1. Die Auflösung des Nationalrates

Nach der Bundesverfassung gibt es vier Fälle der Auflösung des NR.

a. **Zeitablauf**

Die **Gesetzgebungsperiode** des NR beträgt prinzipiell vier Jahre (Art 27 B-VG). Diese Frist wird vom Tag des ersten Zusammentritts an gerechnet. In der Zeit zwischen Wahl und erstem Zusammentritt ist noch der seinerzeit gewählte NR im Amt (uU auch, wenn der Zeitraum von vier Jahren dabei überschritten wird).

Die BReg hat (im Einvernehmen mit dem NR) den Wahltag so anzusetzen, daß der neugewählte NR am Tag nach Ablauf der Gesetzgebungsperiode zusammentreten kann. Der BPräs hat auf Vorschlag der BReg den neugewählten NR innerhalb von 30 Tagen nach der Wahl zu seiner ersten Sitzung einzuberufen.

b. **Selbstauflösung**

Der NR kann seine Auflösung in Form eines Gesetzes selbst beschließen (Art 29 Abs 2 B-VG). Dieses Gesetz unterliegt nicht dem Einspruchsrecht des BR (Art 42 Abs 5 B-VG). Auch in diesem Fall dauert die Gesetzgebungsperiode bis zum Zusammentritt des neugewählten NR.

c. **Auflösung durch den Bundespräsidenten**

Der BPräs kann – auf Vorschlag der BReg (Art 67 Abs 1 B-VG) – den NR auflösen. Art 29 Abs 1 B-VG normiert keine inhaltlichen Beschränkungen; er darf dies jedoch nur einmal aus dem gleichen Anlaß.

Mit der Auflösung durch den BPräs verliert der NR sofort alle seine Funktionen (es existiert kein NR mehr). Lediglich der ständige Unterausschuß des Hauptausschusses bleibt „im Amt" (Art 55 Abs 2 B-VG; ihm obliegt die „Mitwirkung an der Vollziehung", die sonst dem NR oder dem Hauptausschuß zusteht). Gleichfalls im Amt bleiben nach § 6 GeONR die Präsidenten.

Die BReg ist verpflichtet, die Neuwahl so anzuordnen, daß der neugewählte NR spätestens am 100. Tag nach der Auflösung zusammentreten kann.

d. **Auflösung bei Ablehnung einer Absetzung des Bundespräsidenten durch eine Volksabstimmung**

Wird in einer Volksabstimmung die Absetzung des BPräs abgelehnt, so
– gilt dies als Neuwahl des BPräs
– und hat ex lege die Auflösung des NR mit den gleichen Rechtswirkungen wie eine Auflösung durch den BPräs zur Folge (Art 60 Abs 6 B-VG).

### 4.3.2. Bundesrat

Der BR besteht ohne Unterbrechung und erneuert sich ständig **partiell** bei einer Neuwahl durch einen neugewählten Landtag (Art 35 Abs 1 B-VG).

### 4.3.3. Landtag

Ein Landtag kann vom **BPräs** auf Antrag der BReg mit Zustimmung des BR aufgelöst werden (siehe oben V.5.1.3.).

Im übrigen sind die Fälle und Formen der Auflösung eines Landtages landesverfassungsgesetzlich zu regeln. Die Landesverfassungen sehen regelmäßig die Selbstauflösung durch Landesgesetz oder Landtagsbeschluß vor.

## 4.4. Die Rechtsstellung der Abgeordneten

Das B-VG normiert die rechtliche Stellung der Mitglieder des NR, des BR und der Landtage im wesentlichen gleichartig.

### 4.4.1. Beginn und Ende der Rechtsstellung der Abgeordneten zum Nationalrat

a. Die Mitgliedschaft im neugewählten NR **beginnt** am Tag des Zusammentritts des NR, bei Berufung als Ersatzmann mit der Verlautbarung durch die Wahlbehörde.

b. Die Mitgliedschaft **endet** in folgenden Fällen:

- Bei **Auflösung** des NR durch Zeitablauf oder Beschluß des NR verlieren die nicht wiedergewählten Abgeordneten diese ihre Stellung mit dem Tag des Zusammentritts des neugewählten NR (Art 57 Abs 6 B-VG).
- Bei **Auflösung durch den BPräs**, ausgenommen die (3) Präsidenten und die Mitglieder des Ständigen Unterausschusses (§ 6 GeONR).
- Nach Erklärung der Ungültigkeit einer Wahl durch den VfGH (Art 141 Abs 1 lit a B-VG; § 70 VfGG). Jene Personen, deren Wahl durch das Erkenntnis aufgehoben oder nichtig erklärt wird, verlieren ihr Mandat mit dem auf die Zustellung des Erkenntnisses an den Präsidenten des NR folgenden Tag (§ 2 Abs 5 GeONR). Wird jedoch bei Stattgebung einer Wahlanfechtung die gänzliche oder teilweise Wiederholung einer Wahl erforderlich, so verlieren die betroffenen Mitglieder ihr Mandat erst im Zeitpunkt der Übernahme des Mandats durch die Neugewählten (Art 141 Abs 2 B-VG; § 2 Abs 7 GeONR; § 70 Abs 5 VfGG).
- Durch **Erklärung des Mandatsverlustes** durch den **VfGH** (bei Verlust der Wählbarkeit nach erfolgter Wahl, wenn der Abgeordnete die Angelobung nicht ordnungsgemäß leistet oder 30 Tage den Sitzungen ohne triftigen Grund fernbleibt, jeweils auf Antrag des NR – Art 141 Abs 1 lit c B-VG, § 2 GeONR; bei bestehender Unvereinbarkeit auf Antrag des Unvereinbarkeitsausschusses – § 10 Abs 1 UnvG, § 2 Abs 1 Z 4 und Abs 4 GeONR).
- Durch **Verzicht**.
- Durch Neu- oder Wiedereintritt eines gewählten Bewerbers, der wegen Übernahme eines Regierungsamtes auf sein Mandat verzichtete (Art 56 Abs 2 bis 4 B-VG; siehe VI.4.4.2.)

#### 4.4.2. Mandat auf Zeit

In den Siebzigerjahren hat sich die Praxis eingebürgert, daß Mitglieder des NR oder BR **bei Übernahme eines Regierungsamtes** (BM oder Staatssekretär) **auf ihr Mandat verzichten**. Nach Beendigung der Regierungstätigkeit können sie jedoch (seit der B-VGNov 1992/470, Art 56 Abs 2 bis 4 B-VG) ihr Mandat wieder ausüben; der an ihre Stelle nachgerückte Ersatzmann übt dieses Mandat **nur vertretungsweise** aus und scheidet aus dem NR bzw BR aus („Mandat auf Zeit"), sofern der aus dem Regierungsamt Ausscheidende nicht auf die Wiederausübung seines Mandats verzichtet. Gleiches gilt, wenn ein Regierungsmitglied ein ihm aufgrund des Wahlergebnisses zustehendes Mandat gar nicht übernommen hat. Der vertretungsweise in den NR (BR) Einrückende kann auf einen festen Platz vorrücken, wenn sich ein später Nachrückender zur vertretungsweisen Übernahme bereit erklärt.

Die Länder sind ermächtigt, ähnliche Regelungen im Verhältnis von LReg und Landtag bzw BR zu treffen. Keine solche Regelung besteht für die Fälle, daß ein Landtagsabgeordneter Mitglied der BReg bzw Staatssekretär oder ein Abgeordneter zum NR Mitglied einer LReg wird.

#### 4.4.3. Das freie Mandat

**Lit:** *Koja,* Das freie Mandat des Abgeordneten (1971)

Nach Art 56 Abs 1 B-VG sind die Mitglieder des NR und des BR „bei Ausübung dieses Berufes **an keinen Auftrag gebunden**". Für die Mitglieder des Landtages wird dies bundesverfassungsrechtlich aus dem Prinzip der parlamentarischen Demokratie abgeleitet und ist dies jedenfalls in der Mehrzahl der Landesverfassungen normiert.

Historisch richtet sich dieser Grundsatz des freien Mandates gegen Bindungen gegenüber den **Wählern**: die Abgeordneten sollen ohne Bindungen an Aufträge der Wähler ihre Entscheidungen in freier Diskussion und unter Bedachtnahme auf die Interessen des Gesamtvolkes ermitteln. Damit konstituiert das freie Mandat eine **repräsentative** Demokratie in einem engeren Sinn (als Unterfall der mittelbaren Demokratie und Gegentypus zum **Rätesystem**).

In der Gegenwart ergeben sich Probleme aus der Bindung an **politische Parteien**. Ohne eine gewisse Parteiorganisation und einer Vorformung parlamentarischer Entscheidungen wäre die parlamentarische Arbeit heute kaum überschaubar. Eine auf Freiwilligkeit beruhende Klubdisziplin ist daher verfassungskonform, ein echter Fraktionszwang dagegen verfassungswidrig. Verfassungswidrig ist es auch, „Blankoverzichtserklärungen" (dh undatierte Erklärungen von Abgeordneten, die bei Übernahme des Mandates der Partei übergeben werden – eine an sich verbreitete Praxis) gegen den Willen des Abgeordneten zu datieren und der Wahlbehörde vorzulegen (etwa weil der Abgeordnete nicht mehr auf der Linie der Partei liegt). Das freie Mandat garantiert, daß der Abgeordnete selbst bei Austritt aus seiner Partei – über deren Liste er ins Parlament gelangte – sein Mandat nicht verliert (VfSlg 3426/1958, 3560/1959). Die aktuelle Bedeutung des freien Mandats besteht somit darin, daß sie die Freiwilligkeit der Klubdisziplin und damit die innerparteiliche Demokratie sichert.

### 4.4.4. Rede- und Abstimmungsfreiheit (berufliche Immunität)

Unter dem Titel „Immunität" faßt die Lehre zwei unterschiedliche Institute zusammen, die zweckmäßiger streng getrennt werden sollten: die Rede- und Abstimmungsfreiheit iS des Art 57 Abs 1 B-VG und die Verfolgungsfreiheit (dazu unten VI.4.4.5.).
Abgeordnete dürfen
- wegen Abstimmungen in ihrem Vertretungskörper niemals
- wegen der in ihrem Beruf gemachten mündlichen oder schriftlichen Äußerungen

nur von ihrem Vertretungskörper zur Verantwortung gezogen werden. Letzteres geschieht durch einen „Ruf zur Sache" (bei Abschweifungen) oder einen „Ruf zur Ordnung" (bei Anstandsverletzungen oder Beleidigungen) von Seiten des die Verhandlung leitenden Organs.

Wegen Abstimmungen oder Äußerungen im jeweiligen Vertretungskörper besteht somit weder eine strafrechtliche noch zivilrechtliche noch verwaltungsbehördliche Verantwortlichkeit.

### 4.4.5. Verfolgungsfreiheit (außerberufliche Immunität)

**Lit:** *Kopetzki,* Grenzen der außerberuflichen Immunität der Abgeordneten, ÖZÖR 1986, 101

Außerberufliche Immunität bedeutet, daß die behördliche Verfolgung von Abgeordneten wegen einer **strafbaren** Handlung nicht oder nur unter gewissen Einschränkungen zulässig ist.

Das Institut der außerberuflichen Immunität der Abgeordneten läßt sich bis auf die Verfassungen der Französischen Revolution zurückführen. Sein ursprünglicher Sinn lag darin, das Parlament gegenüber Funktionsbeeinträchtigungen durch Träger anderer Staatsgewalten, insbes der Exekutive (Regierung) zu schützen. Insofern galt die außerberufliche Immunität in erster Linie als Kompetenz des Parlaments, nicht als (verzichtbares) subjektives Recht des einzelnen Abgeordneten. Diese Bedeutung ist mit der zunehmenden Verschmelzung von Legislative und Exekutive im parlamentarischen Regierungssystem weitgehend hinfällig geworden. Der aktuelle Sinn der außerberuflichen Immunität wird im Schutz der politischen Tätigkeit des einzelnen Abgeordneten gesehen.

Die außerberufliche Immunität hat in der B-VGNov BGBl 1979/134 eine grundlegende Neuordnung erfahren (Art 57 B-VG). Danach ist zu differenzieren:
- einerseits zwischen strafbaren Handlungen, die **mit der politischen Tätigkeit des betreffenden Abgeordneten in einem Zusammenhang stehen,** und strafbaren Handlungen, bei denen dieser Zusammenhang **nicht** besteht;

– andererseits zwischen **Verhaftung und Hausdurchsuchung** sowie zwischen **sonstigen behördlichen Verfolgungsmaßnahmen.**

a. **Verhaftungen** und **Hausdurchsuchungen** dürfen stets nur mit **Zustimmung des Vertretungskörpers** erfolgen. Ausgenommen ist die **Ergreifung auf frischer Tat** bei Verübung eines Verbrechens. Die Verhaftung ist dem Vertretungskörper sofort bekanntzugeben. Dieser kann verlangen, daß die Haft sofort aufgehoben wird oder aber die Verfolgung überhaupt zu unterlassen ist.

Dies entspricht dem ursprünglichen Sinn der Immunität, stets eine ordnungsgemäße Zusammensetzung des Parlaments zu sichern.

b. **Sonstige behördliche Verfolgungshandlungen** sind **ohne Zustimmung des Vertretungskörpers** zulässig, wenn die strafbare Handlung **offensichtlich in keinem Zusammenhang mit der politischen Tätigkeit des Abgeordneten** steht. Ob ein solcher Zusammenhang vorliegt, hat die Behörde selbst zu beurteilen. Ihre Entscheidung kann aber vom betreffenden Abgeordneten oder einem Drittel der Mitglieder des „Immunitätsausschusses" des jeweiligen Vertretungskörpers bestritten werden. In diesem Fall hat die Behörde eine Entscheidung des jeweiligen Vertretungskörpers einzuholen („Auslieferungsbegehren"); vorerst hat jede Verfolgungshandlung zu unterbleiben. Steht die strafbare Handlung mit der politischen Tätigkeit möglicherweise („nicht offensichtlich nicht") in Zusammenhang, bedarf jede behördliche Verfolgung einer Zustimmung des Vertretungskörpers.

Wird ein „Auslieferungsbegehren" gestellt, weil eine Zustimmung erforderlich ist, so kann die Verfolgung fortgeführt werden, wenn der Vertretungskörper zustimmt oder binnen 8 Wochen keine Entscheidung trifft.

Einer **Zustimmung des Vertretungskörpers** bedürfen somit
– Verhaftungen wegen einer strafbaren Handlung,
– Hausdurchsuchungen,
– sonstige Verfolgungshandlungen wegen strafbarer Handlungen, wenn diese mit der politischen Tätigkeit des Abgeordneten in einem Zusammenhang stehen.

Unter „**behördlicher Verfolgung**" ist jede unmittelbar gegen den Abgeordneten als mutmaßlichen Täter gerichtete Maßnahme einer Behörde zu verstehen, die darauf abzielt, Tat und Täter zu klären und den Täter einer Bestrafung zuzuführen (zB auch die Vernehmung eines Abgeordneten als Zeuge, wenn dieser wegen des Verdachtes der Beteiligung an der strafbaren Handlung eigentlich als Beschuldigter zu vernehmen wäre [OGH, JBl 1984, 682]). Strittig ist, ob auch Maßnahmen des Vollstreckungszwanges (zB § 5 VVG) vom Schutz der außerberuflichen Immunität umfaßt sind.

**Strafbare Handlungen** umfassen gerichtlich strafbare Handlungen, Verwaltungsdelikte und Disziplinarvergehen.

Strittig ist, ob die außerberufliche Immunität ein **prozessuales Verfolgungshindernis** oder einen Strafausschließungsgrund bildet. Die hL und Rechtsprechung deutet sie lediglich als prozessuales Verfolgungshindernis. Dies bedeutet, daß sie mit Wegfall der Rechtsstellung als

Abgeordneter endet, so daß Verfolgung sodann möglich ist. Eine **Verjährungsfrist** läuft während der Zeit, in der nicht verfolgt werden darf, nicht (§ 58 Abs 3 Z 1 StGB). Diese Deutung als prozessuales Verfolgungshindernis widerspricht aber dem heutigen Sinn der Immunität: Schutz des einzelnen Abgeordneten bei Ausübung seiner politischen Tätigkeit.

Von der „persönlichen" Immunität der Abgeordneten ist die **sachliche Immunität** zu unterscheiden. Danach bleiben wahrheitsgetreue Berichte über die Verhandlungen in öffentlichen Sitzungen von NR (Art 33 B-VG), BR (Art 37 B-VG) und den Landtagen (Art 96 B-VG) von jeder Verantwortung frei: es besteht wegen Verbreitung solcher Berichte weder eine strafrechtliche noch eine zivilrechtliche oder verwaltungsrechtliche Verantwortung.

### 4.4.6. Inkompatibilität

a. Mit der Mitgliedschaft im NR und im BR sind bestimmte andere **Funktionen** nicht vereinbar, nämlich:

- die Mitgliedschaft im jeweils anderen Vertretungskörper (Art 59 B-VG),
- BPräs (Art 61 B-VG),
- Präsident und Vizepräsident des RH (Art 122 Abs 5 B-VG),
- Präsident, Vizepräsident und Mitglied des OGH, des VwGH und des VfGH. Präsidenten und Vizepräsidenten dieser Gerichtshöfe dürfen auch nicht in den letzten 4 Jahren dem NR oder BR angehört haben (Art 92, 134 und 147 B-VG).

Für Mitglieder der Landtage gilt gleichartiges.
**Keine Unvereinbarkeit besteht zwischen öffentlichem Amt und Mandat.**

Öffentlichen Bediensteten, die Mitglieder des NR oder BR sind, oder sich um ein Mandat im NR bewerben, ist die für die Bewerbung oder die Ausübung des Mandates erforderliche freie Zeit zu gewähren. Ihre Dienstbezüge sind um 25 % zu kürzen (Art 59a Abs 1 B-VG). Für den Fall, daß solche Bedienstete an ihrem bisherigen Arbeitsplatz nicht eingesetzt werden können,[7] ist ihnen eine zumutbare gleichwertige Tätigkeit zuzuweisen (Art 59a Abs 2 B-VG). Ist die Fortsetzung der Tätigkeit im öffentlichen Dienst aus besonderen Gründen überhaupt nicht möglich, so ist der öffentliche Bedienstete außer Dienst zu stellen und sein Gehalt auf die Höhe der Pension zu reduzieren. Ähnliche Regelungen enthalten die Landesverfassungen für Bewerber bzw Inhaber von Landtagsmandaten. Mit dieser Neuregelung aus 1983 (BGBl 1983/611) wurde ein oft kritisiertes „Beamtenprivileg" (volle Dienstfreistellung bei Weiterlaufen der vollen Bezüge), das zugleich die „Verbeamtung" der Parlamente förderte,[8]

---

7 § 17 Abs 2 BDG 1979 präzisiert dies – für Bundesbedienstete – in folgender Weise: eine Weiterbeschäftigung am bisherigen Arbeitsplatz ist nicht möglich, weil
  1. auf Grund der besonderen Gegebenheiten die Tätigkeit auf dem bisherigen Arbeitsplatz neben der Ausübung des Mandates nur unter erheblicher Beeinträchtigung des Dienstbetriebes möglich wäre;
  2. ein weiterer Verbleib auf dem Arbeitsplatz wiederholte und schwerwiegende Interessenskonflikte zwischen den Dienstpflichten des Beamten und der freien Ausübung seines Mandates erwarten läßt oder
  3. seine Tätigkeit als Mitglied eines Organs der Gesetzgebung und der Umfang seiner politischen Funktionen mit der Tätigkeit auf seinem Arbeitsplatz unvereinbar ist.

8 In der XVIII. GP waren 69 der 183 Abgeordneten zum NR öffentliche Bedienstete; der Anteil dieser Berufsgruppe an der Zahl der Wahlberechtigten beträgt dagegen nur rund 10 %.

reduziert, aber nicht wirklich befriedigend gelöst. Für Bundesbedienstete, die als Gemeindefunktionäre tätig sind (Bürgermeister, Bezirksvorsteher, Mitglieder eines Gemeindevorstandes, Gemeinderates oder einer Bezirksvertretung), sieht eine am 1.1.1993 in Kraft getretene Novelle zum BDG 1979 (§ 78a) eine begrenzte Dienstfreistellung (bis 10 Stunden pro Woche) vor; die betreffende Gemeinde muß dem Bund dafür Ersatz leisten.

Keine Unvereinbarkeit besteht zwischen **Mandat und Regierungsamt**. Die Mitglieder der BReg können, müssen aber nicht dem NR angehören. Sie müssen aber zum NR wählbar sein (Art 70 Abs 2 B-VG). Gleiches gilt für Mitglieder der LReg (Art 101 B-VG). Die Vereinbarkeit von Regierungsamt und Mandat ist ein Kennzeichen des **parlamentarischen Regierungssystems** (siehe sogleich unten VI.5.1.).

### b. Exkurs: Das Unvereinbarkeitsgesetz

Neben der Inkompatibilität zwischen öffentlichen Funktionen existiert eine durch das Unvereinbarkeitsgesetz 1925 (1983 wiederverlautbart) geregelte Unvereinbarkeit bestimmter öffentlicher Ämter mit gewissen **privatwirtschaftlichen Tätigkeiten**, das durch eine Novelle 1980 wesentliche Verschärfungen erfahren hat. Dieses Gesetz bezieht sich gemäß § 1 auf:

– die obersten Organe der Vollziehung gemäß Art 19 Abs 1 B-VG,
– Bürgermeister, ihre Stellvertreter und die Mitglieder des Stadtsenates in den Städten mit eigenem Statut,
– Mitglieder des NR, des BR und der Landtage.

aa. Mitglieder der BReg, Staatssekretäre sowie Mitglieder der LReg dürfen überhaupt **keinen Beruf mit Erwerbsabsicht** ausüben. (Ausnahmen kann der „Unvereinbarkeitsausschuß" des NR bzw Landtages genehmigen.) An die in ihrem Eigentum stehenden Unternehmen oder an Unternehmen, an denen sie zusammen mit dem Ehegatten über 25 % beteiligt sind, dürfen keine **Aufträge** vom Bund bzw Land oder von einem Unternehmen vergeben werden, das wegen einer Beteiligung des Bundes bzw Landes der Kontrolle des RH unterliegt. Dies gilt sinngemäß auch für freie Berufe. Ausnahmen genehmigt der jeweilige Unvereinbarkeitsausschuß, sofern durch geeignete Vorkehrungen die unbedenkliche Amtsführung sichergestellt ist (Verfassungsbestimmungen der §§ 2 und 3 UnvereinbarkeitsG).[9]

bb. Oberste Organe der Vollziehung, ferner die Bürgermeister, ihre Stellvertreter und die Mitglieder des Stadtsenates in den Städten mit eigenem Statut dürfen während ihrer Amtstätigkeit **keine leitenden Stellungen** in einer AG oder GesmbH des Bankwesens, des Handels, der Industrie oder des Verkehrs, einer Sparkasse (ausgenommen Gemeindesparkassen) oder Versicherungsanstalt auf Gegenseitigkeit (mit Ausnahme einer Landesversicherungsanstalt) einnehmen. **Ausgenommen** sind Unternehmen, an denen der Bund, das Land oder die Gemeinde beteiligt sind, und die BReg bzw LReg bzw der Stadtsenat erklärt, daß diese Betätigung im **Interesse** der jeweiligen Gebietskörperschaft liegt. Außerdem bedarf eine solche Erklärung der nachträglichen Genehmigung des NR (bei BM und Staatssekretären) bzw des jeweiligen Landtages (bei Mitgliedern der LReg) bzw der Zustimmung der Gemeindevertretung.

**Abgeordnete** (Mitglieder des NR, des BR oder eines Landtages) dürfen diese Stellungen nur mit Zustimmung des jeweiligen Vertretungskörpers (Unvereinbarkeitsausschusses) bekleiden.

---

9 Siehe ferner § 11 BundesbahnG 1992: „Mitglieder des Nationalrates, des Bundesrates, eines Landtages, der Bundesregierung, einer Landesregierung oder Angestellte einer politischen Partei dürfen nicht Mitglieder des Vorstandes oder des Aufsichtsrates sein".

cc. Als **Sanktion** bei einer Berufsausübung trotz „Nichtgenehmigung" sowie bei Mißbrauch der Stellung in gewinnsüchtiger Absicht sieht das Unvereinbarkeitsgesetz den Antrag des allgemeinen Vertretungskörpers an den VfGH auf **Aberkennung des Mandates** bzw **Verlust des Amtes** vor (§§ 9 und 10).

### 4.4.7. Bezüge

Die Geldentschädigungen der Abgeordneten waren ursprünglich reine Aufwandsentschädigungen (Ursprung der lange bestehenden Steuerfreiheit!). Heute richten sich die Bezüge der Mitglieder des NR und des BR – wie auch die Bezüge des BPräs, der Mitglieder der BReg und der Staatssekretäre, der Mitglieder des VfGH, des Präsidenten und Vizepräsidenten des RH, der Mitglieder der VA und der LH – nach den Bezügen eines Bundesbeamten der allgemeinen Verwaltung, Dienstklasse IX, Gehaltsstufen 1–6 (Sektionschefgehalt). Ein Mitglied des NR erhält 100 % des Gehalts der Gehaltsstufe 1, ein Mitglied des BR 50 % dieses Bezuges als Anfangsgehalt, wobei alle zwei Jahre **eine Vorrückung** in die jeweils nächste Gehaltsstufe der Dienstklasse IX (bzw des Prozentsatzes) stattfindet. Die Präsidenten des NR, der Präsident des BR sowie die Vizepräsidenten erhalten eine **Amtszulage** von 90 % ihres Bezuges, Klubobmänner eine Amtszulage von 66 % ihres Bezuges. Dazu kommen **Entfernungszulagen** sowie ein Anspruch auf unentgeltliche Beförderung auf gewissen öffentlichen Verkehrsmitteln. Bei Ausscheiden aus dem Amt gebührt eine „Abfertigung" nach der Dauer ihrer Amtstätigkeit. Nach einer „ruhegenußfähigen" Zeit von 10 Jahren erhalten Abgeordnete ab dem 55. Lebensjahr einen **Ruhebezug** (BezügeG BGBl 1972/273 idgF).[10]

Siehe ferner das BVG über die Begrenzung von Bezügen oberster Organe:[11]

Art I: Gesetzliche Regelungen, die vorsehen, daß

> Bezüge, einschließlich Diensteinkommen, sowie Ruhe- und Versorgungsbezüge, an Personen, die bezügerechtlichen Regelungen des Bundes oder der Länder unterliegen, im Falle des Zusammentreffens mit anderen Zuwendungen von Gebietskörperschaften oder von Einrichtungen, die der Kontrolle des Rechnungshofes unterliegen, nur bis zu einem Höchstmaß geleistet werden, sind zulässig.

Zu dem lange strittigen Problem der „Doppelbezüge" von Beamten siehe zuvor VI.4.4.6.

---

10 Der Bezug
    des BPräs beträgt         400 % (der Gehaltsstufe 6)
    eines Mitgliedes der BReg  200 % (der Gehaltsstufe 1–6)
    eines Staatssekretärs      180 % (der Gehaltsstufen 1–6)
    dieser „Bemessungsgrundlage". Dazu kommen ähnliche Regelungen über Zulagen, sonstige Zuwendungen und Pensionen.

11 Als Reaktion auf VfSlg 11.308, 11.309/1987.

## 4.5. Organisation

### 4.5.1. Nationalrat

Lit: *Atzwanger/Kobzina/Zögernitz*, Nationalrat-Geschäftsordnung[2] (1990)

#### *4.5.1.1. Rechtsgrundlagen*

Art 30 B-VG; GeschäftsordnungsG 1975. Dieses Bundesgesetz kann nur bei Anwesenheit von mindestens der Hälfte der Mitglieder mit einer Mehrheit von zwei Dritteln der abgegebenen Stimmen geändert werden (Art 30 Abs 2 B-VG).

#### *4.5.1.2. Organe*

**a. Präsident**

Der NR wählt aus seiner Mitte einen **Präsidenten** sowie einen **Zweiten** und **Dritten Präsidenten**.

Im Fall der Verhinderung aller drei Präsidenten oder bei Erledigung dieser Ämter führt der an Jahren älteste am Sitz des NR anwesende Abgeordnete den Vorsitz, sofern er einer Partei angehört, die auch einen der drei verhinderten Präsidenten stellte. Dieser Abgeordnete hat sofort den NR einzuberufen und die Wahl von drei Vorsitzenden bzw (neuen) Präsidenten vornehmen zu lassen. Kommt er dieser Verpflichtung binnen acht Tagen nicht nach, geht diese Aufgabe auf den nächsten jeweils ältesten Abgeordneten, der die gleichen Voraussetzungen erfüllt, über usw (§ 6 GeONR). Damit soll eine „Selbstausschaltung" des NR wie am 4.3.1933 nie mehr behauptet werden können (vgl oben II.3.).

**b. Präsidialkonferenz**

Die Präsidenten und die Obmänner der Klubs bilden die Präsidialkonferenz (§ 8 GeONR). Diese berät über Sitzungstermine, Tagesordnung etc.

**c. Parlamentsdirektion**

Dem Präsidenten untersteht als administrativer Hilfsapparat die Parlamentsdirektion. Der Präsident hat diesbezüglich die Stellung eines „obersten Verwaltungsorgans" iS des Art 19 B-VG (Art 30 Abs 3 B-VG).

**d. Schriftführer** und **Ordner**

Aus der Mitte des NR gewählt haben sie den Präsidenten bei Verlesungen im NR, bei der Stimmenzählung bzw bei der Leitung der Verhandlungen und Aufrechterhaltung der Ruhe und Ordnung zu unterstützen (§§ 5, 16, 17 GeONR).

**e. Ausschüsse**

Der NR wählt aus seiner Mitte nach dem Grundsatz der Verhältniswahl den **Hauptausschuß** (Art 55 Abs 1 B-VG, § 29 Abs 1 GeONR). Die Zahl seiner Mitglieder wird durch Beschluß des NR festgesetzt. Die Verteilung der Ausschußmandate auf die eingereichten Wahllisten erfolgt nach dem d'Hondt'-

schen System (zur Wahl des Hauptausschusses siehe näher § 30 GeONR).

Zu den Aufgaben des Hauptausschusses (siehe § 29 Abs 2 GeONR) zählen beispielsweise:

- Mitwirkung an der Festsetzung von Post- und Fernmeldegebühren, Preisen der Monopolgegenstände sowie von Bezügen der in Betrieben des Bundes ständig beschäftigten Bundesbediensteten (Art 54 B-VG, § 23 ÜG 1920, BGBl 1925/368),
- Mitwirkung bei der Erlassung bestimmter Verordnungen der BReg oder eines BM, soweit dies durch Bundesgesetz festgesetzt ist (Art 55 Abs 1 B-VG),
- Erstattung von Vorschlägen für die Wahl des Präsidenten und Vizepräsidenten des RH (Art 122 Abs 4 B-VG) sowie der Mitglieder der VA (Art 148g B-VG),
- Vorberatung eines Antrags auf Durchführung einer Volksbefragung (Art 49b Abs 1 B-VG).

Der Hauptausschuß wählt aus seiner Mitte nach dem Grundsatz der Verhältniswahl einen **ständigen Unterausschuß**. Diesem muß jedoch mindestens ein Mitglied jeder im Hauptausschuß vertretenen Partei angehören (Art 55 Abs 2 B-VG, § 31 GeONR). Dieser Ausschuß hat folgende Aufgaben:

- Mitwirkung bei der Erlassung von Notverordnungen durch den BPräs (Art 18 Abs 3 B-VG),
- Mitwirkung an der Vollziehung anstelle des Hauptausschusses im Falle der Auflösung des NR durch den BPräs gemäß Art 29 Abs 1 B-VG (Art 55 Abs 2 B-VG).

Andere Ausschüsse sind teils verfassungsgesetzlich vorgesehen, teils werden sie nach Zweckmäßigkeit auf Dauer oder für eine bestimmte Angelegenheit gewählt:

- Rechungshofausschuß (Art 126d Abs 2 B-VG, § 79 Abs 2 GeONR) sowie ständiger Unterausschuß (Art 52b B-VG),
- ständiger Unterausschuß der zuständigen Ausschüsse zur Überprüfung von Staatspolizei und militärischen Nachrichtendienst (Art 52a B-VG – siehe unten V.4.6.4.5.),
- Immunitätsausschuß (Art 57 Abs 3 und Abs 5 B-VG, § 80 Abs 1 GeONR),
- Unvereinbarkeitsausschuß (§ 6 UnvereinbarkeitsG),
- Finanzausschuß und ständiger Unterausschuß zur begleitenden Budgetkontrolle (Art 51c B-VG),
- ständiger gemeinsamer Ausschuß des NR und des BR gemäß § 9 F-VG,
- Ausschüsse zur Vorbereitung der Verhandlungsgegenstände (§ 32 GeONR). Diese werden meist entsprechend der Ressorteinteilung der Bundesministerien gewählt (zB Verfassungsausschuß, Justizausschuß, Innenausschuß, Landesverteidigungsausschuß).

### f. Klub

Abgeordnete derselben wahlwerbenden Partei haben das Recht, sich in einem Klub zusammenzuschließen (§ 7 GeONR). Für die Anerkennung eines solchen Zusammenschlusses ist die Zahl von mindestens 5 Mitgliedern erforderlich.

Zur Finanzierung siehe das KlubfinanzierungsG BGBl 1985/156.

### *4.5.1.3. Öffentlichkeit*

Die Verhandlungen im **Plenum** sind öffentlich, jedoch kann die Öffentlichkeit ausgeschlossen werden, wenn es vom Vorsitzenden oder von der in der

GeONR festgesetzten Anzahl der Mitglieder (= ein Fünftel) verlangt und vom NR nach Entfernung der Zuhörer beschlossen wird (Art 32 B-VG).

Sitzungen der **Ausschüsse** sind für die Allgemeinheit nicht zugänglich. Mitglieder der BReg und Staatssekretäre sind im allgemeinen zur Teilnahme berechtigt. Ihre Anwesenheit kann sowohl vom Plenum als auch von einem Ausschuß oder Unterausschuß verlangt werden („**Zitationsrecht**"). Ähnliche Regelungen bestehen für die Präsidenten des RH und die Mitglieder der VA. Ausschüsse sind ferner verpflichtet, zu den Vorberatungen über ein Volksbegehren den Bevollmächtigten des Volksbegehrens beizuziehen. Andere Personen dürfen an Ausschußsitzungen nur aufgrund einer „Genehmigung" des Präsidenten oder einer Weisung eines obersten Vollziehungsorgans teilnehmen (§ 37 Abs 5 GeONR). Ausschüsse können Sachverständige oder Auskunftspersonen einladen. Abgeordnete, die nicht Mitglieder eines Ausschusses sind, und Bundesräte dürfen als Zuhörer anwesend sein, doch kann der Ausschuß solche Abgeordnete ausschließen.

Ein Untersuchungsausschuß kann die Anwesenheit von **Medienvertretern** bei der Vernehmung von Zeugen und Sachverständigen beschließen (§ 33 Abs 3 GeONR).

### 4.5.2. Bundesrat

Siehe dazu oben V.5.1.

### 4.5.3. Bundesversammlung

Die Mitglieder des NR und des BR bilden gemeinsam die Bundesversammlung (Art 38 B-VG).

Ihre **Aufgaben** sind – außer einer Kriegserklärung – auf den BPräs bezogen:

– Angelobung des BPräs (Art 38 B-VG);
– Entscheidung über die Durchführung einer Volksabstimmung zur Absetzung des BPräs (Art 60 Abs 6 B-VG);
– Zustimmung zur behördlichen Verfolgung des BPräs (Art 63 B-VG);
– Anklage des BPräs nach Art 142 B-VG (Art 68 B-VG).

## 4.6. Die Funktionen des Parlaments

### 4.6.1. Gesetzgebung

Die zentrale Funktion des Parlaments ist nach der Demokratiekonzeption des B-VG die Gesetzgebung. Vielfach wird diese Funktion mit dem Parlament identifiziert, wenn dieses als „Gesetzgeber" bezeichnet wird. Das Gesetz gilt in dieser Demokratiekonzeption als das Instrument der Herrschaft des Parlaments über die übrigen Staatsfunktionen (siehe unten VI.5.2.).

Die Realität sieht freilich anders aus. In der für ein parlamentarisches Regierungssystem charakteristischen Fusion von Parlamentsmehrheit und Regierung mit Dominanz der Regierung

– siehe unten VI.5.1. – liegt die tatsächliche Entscheidung über den Gesetzesinhalt schwerpunktmäßig bei der Exekutive. Faktisch ist der Einfluß des Parlaments auf den Gesetzesinhalt beschränkt. Das illustrieren folgende Zahlen: 75 bis 90 % der Gesetzesbeschlüsse des NR beruhen auf Regierungsvorlagen; rund die Hälfte dieser Regierungsvorlagen werden vom Parlament unverändert beschlossen, ein Drittel in einzelnen Punkten und ein Achtel entscheidend verändert. Auf Länderebene dürfte die Dominanz der Regierung noch stärker sein. In der politischen Realität ist somit das Parlament nicht selbst „Gesetzgeber", sondern Kontrolleur der legislatorischen Arbeit der Exekutive. Von zentraler Bedeutung ist dabei die durch die Einschaltung des Parlaments bewirkte **Öffentlichkeit** des Gesetzgebungsprozesses.

### *4.6.1.1. Der Weg der Bundesgesetzgebung*

#### 4.6.1.1.1. Initiativrecht

Das B-VG kennt vier Formen der Gesetzesinitiative (Art 41 B-VG).
– Regierungsvorlagen (Vorlagen der BReg, nicht auch einzelner BM! Beachte das Einstimmigkeitsprinzip!);
– Anträge von Mitgliedern des NR. Diese können sein:
  – Initiativanträge (der Antrag muß von mindestens 5 Abgeordneten unterstützt sein; § 26 GeONR),
  – Anträge eines Ausschusses (wenn sie mit dem im Ausschuß behandelten Gegenstand in inhaltlichem Zusammenhang stehen; § 27 GeONR);
– Gesetzesanträge des BR oder eines Drittels der Mitglieder des BR
– Volksbegehren (dazu unten VI.4.6.1.3.1.).

#### 4.6.1.1.2. Begutachtungsverfahren

Verschiedene Bundesgesetze sehen vor, daß Gesetzesentwürfe vor ihrer Einbringung in den NR bestimmten Institutionen (insbes Kammern) zur Begutachtung vorzulegen sind. Praktisch kommt diese Regelung nur für Regierungsvorlagen in Betracht.

Ihre Nichteinhaltung macht ein Gesetz nicht verfassungswidrig.

#### 4.6.1.1.3. Das Verfahren im Nationalrat

Dieses ist näher im Geschäftsordnungsgesetz des NR (GeONR 1975) geregelt (siehe dazu Art 30 Abs 2 B-VG). Es gliedert sich in **drei Lesungen** (im Plenum) sowie die **Ausschußberatung**. Die Plenumsberatungen sind grundsätzlich öffentlich – siehe Art 32 B-VG –, jene der Ausschüsse dagegen nicht. Wahrheitsgetreue Berichte über die Verhandlungen in den öffentlichen Sitzungen sind von jeder Verantwortung frei („sachliche Immunität").

a. **Erste Lesung**

Sie besteht in einer Debatte über die allgemeinen Grundsätze der Vorlage. Sie findet nur statt

– bei Initiativanträgen auf Verlangen der Antragsteller,
– bei Regierungsvorlagen, Gesetzesvorschlägen des BR und Volksbegehren, wenn der NR dies (mehrheitlich) beschließt.
Bei Gesetzesvorschlägen eines Ausschusses findet eine erste Lesung nie statt.

### b. Beratung im Ausschuß

Sofern in der ersten Lesung kein besonderer Ausschuß gewählt wird, erfolgt die Zuweisung an den – der Sache nach – zuständigen ständigen Ausschuß. Dieser kann einen Unterausschuß einsetzen. Am Schluß der Beratungen hat der Ausschuß einen Berichterstatter zu wählen.

Dem Ausschuß kann vom Plenum eine Frist zur Berichterstattung gesetzt werden.

### c. Zweite Lesung

Sie besteht aus der **Generaldebatte** über die Vorlage als ganzes und der **Spezialdebatte** (Beratungen über einzelne Teile der Vorlage).

<small>Generaldebatte und Spezialdebatte erfolgen „unter einem", wenn der NR auf Antrag des Berichterstatters keine getrennte Debatte beschließt (§ 70 Abs 2 GeONR). Eine getrennte Durchführung ist in der Praxis nicht üblich.</small>

### d. Dritte Lesung

Sie beinhaltet die „**Abstimmung im ganzen**". Sie erfolgt unmittelbar im Anschluß an die zweite Lesung, wenn der NR nichts anderes beschließt. Hier können nur Anträge auf Widersprüche, die sich aus Beschlüssen in der zweiten Lesung ergeben oder auf Korrekturen von Schreib– und Druckfehler oder sprachliche Mängel gestellt werden.

Mit einer positiven Abstimmung in dritter Lesung liegt ein **Gesetzesbeschluß des NR** vor.

**Anwesenheits– und Mehrheitserfordernisse**:
in der Regel:
– Anwesenheit von mindestens einem Drittel der Mitglieder,
– unbedingte (einfache) Mehrheit der abgegebenen Stimmen.

Eine Anwesenheit von mindestens der **Hälfte** der Mitglieder und eine Mehrheit von **zwei Dritteln** der abgegebenen Stimmen ist erforderlich:
– bei Verfassungsgesetzen und Verfassungsbestimmungen sowie verfassungsändernden Staatsverträgen (Art 44 Abs 1 B-VG),
– für das Bundesgesetz über die Geschäftsordnung des NR (Art 30 Abs 2 B-VG),
– für Bestimmungen über Stimmabgabe im Ausland (Art 26 Abs 6 letzter Satz B-VG),
– für Schulgesetze gemäß Art 14 Abs 10 und Art 14a Abs 8 B-VG sowie § 9 Abs 2 des Minderheiten-Schulgesetzes für Kärnten.

#### 4.6.1.1.4. Die Mitwirkung des Bundesrates

Der BR besitzt in der Regel – siehe oben V.5.1.1.1. – ein **suspensives Vetorecht**. Daraus ergeben sich für den BR folgende drei Möglichkeiten:
– Beschluß, keinen Einspruch zu erheben,
– Verstreichenlassen der achtwöchigen Einspruchsfrist,
– begründeter Einspruch innerhalb der Frist.

Bei einem Einspruch ist der Gesetzesbeschluß dem NR rückzuübermitteln.

Dieser kann einen „**Beharrungsbeschluß**" fassen (**Abstimmungsquorum**: Anwesenheit von mindestens der Hälfte der Mitglieder).

Das Verfahren ist näher in einer **Geschäftsordnung** geregelt, die sich der BR selbst gibt (Art 37 Abs 2 B-VG; beachte die besonderen Abstimmungsquoren!). Beratung und Abstimmung im Plenum sind grundsätzlich öffentlich (Art 37 B-VG); iS des Art 33 B-VG besteht „sachliche Immunität".

**Kein Einspruchsrecht** hat der BR in den im Art 42 Abs 5 B-VG aufgezählten Fällen.

Ein **Zustimmungsrecht** besitzt der BR:

- wenn in einem Bundesgrundsatzgesetz eine Frist für die Ausführungsgesetzgebung festgelegt wird, die kürzer als 6 Monate oder länger als ein 1 Jahr ist;
- bei Änderungen der Art 34 und 35 B-VG (betreffend die Stellung des BR; in diesem Fall ist außer der (einfachen) Stimmenmehrheit auch noch eine Mehrheit der Vertreter von wenigstens vier Ländern erforderlich).
- Verfassungsgesetze oder Verfassungsbestimmungen, welche die Zuständigkeit der Länder einschränken, bedürfen der Zustimmung des BR, die folgende Erfordernisse erfüllen muß (Art 44 Abs 2 B-VG): Präsenzquorum: mindestens die Hälfte der Mitglieder, Konsensquorum: zwei Drittel der abgegebenen Stimmen.
- Politische, gesetzändernde oder gesetzesergänzende Staatsverträge, die Angelegenheiten des selbständigen Wirkungsbereiches der Länder regeln (Art 50 Abs 1 B-VG).

#### 4.6.1.1.5. Volksabstimmung

Siehe unten VI.4.6.1.3.2.

#### 4.6.1.1.6. Beurkundung

Der BPräs hat das **verfassungsmäßige Zustandekommen** eines Bundesgesetzes durch seine Unterschrift zu beurkunden (Art 47 B-VG).

Die Frage, ob der BPräs die Beurkundung verweigern kann, ist strittig. Folgende Theorien werden vertreten:

- der BPräs kann (hat?) die Einhaltung formaler Regeln (zu) prüfen (arg.: „Zustandekommen" – so die herrschende Lehre und Praxis[12]);
- der BPräs hat die Beurkundung bei offenkundigen und schwerwiegenden Verfassungsverletzungen solcher Art, die das Funktionieren des parlamentarischen Systems gefährden, zu verweigern;[13]
- der BPräs hat ein uneingeschränktes formelles und materielles Prüfungsrecht.[14]

In der Praxis wurde die Beurkundung noch nie verweigert, gelegentlich allerdings verzögert.

---

12 Siehe etwa *Adamovich/Funk*, Österreichisches Verfassungsrecht[3] (1985) 212.
13 So *Pernthaler*, Das Staatsoberhaupt in der parlamentarischen Demokratie, VVDStRL 25 (1967) 193. Diese Rechte hätte der BPräs 1933/34 auszuüben gehabt. Siehe dazu auch unten VI.6.4.1.
14 So durchaus die ältere Lehre: siehe etwa *Kelsen/Froehlich/Merkl*, Die Bundesverfassung vom 1. Oktober 1920 (1922) 124; *Adamovich/Spanner*, Handbuch des österreichischen Verfassungsrechts (1957) 304.

Die **Vorlage** zur Beurkundung hat durch den **Bundeskanzler** zu erfolgen. Dieser hat auch die Beurkundung **gegenzuzeichnen**.

### 4.6.1.1.7. Kundmachung

Bundesgesetze sind vom **Bundeskanzler** im **Bundesgesetzblatt** kundzumachen (Art 49 Abs 1 B-VG). Ohne daß die Bundesverfassung dies ausdrücklich besagt, ergibt sich aus ihrem System, daß diese Kundmachung **unverzüglich** zu erfolgen hat. Erst mit der Kundmachung liegt ein fertiges „**Gesetz**" vor.

Die ordnungsgemäße Kundmachung der Bundesgesetze umfaßt die Bezeichnung als Gesetz, die Berufung auf den Beschluß des NR oder auf das Ergebnis einer Volksabstimmung, die Übereinstimmung des wiedergegebenen Gesetzesinhalts mit dem Inhalt des vom BPräs beurkundeten Originals des Gesetzesbeschlusses des NR und den Abdruck der Unterfertigung durch den BPräs und den Bundeskanzler.

### 4.6.1.1.8. Inkrafttreten

Bundesgesetze treten in Kraft
– an dem Tag, der im Gesetz selbst bezeichnet ist,
– ansonsten nach Ablauf des Tages, an dem das Stück des Bundesgesetzblattes, das die Kundmachung enthält, herausgegeben und versendet wurde (Art 49 Abs 1 B-VG).

„Inkrafttreten" iS des Art 49 B-VG bedeutet, daß das Gesetz auf jene Sachverhalte anzuwenden ist, die sich ab diesem Zeitpunkt ereignen (konkretisieren) *(Walter:* „Bedingungsbereich").

Das B-VG enthält **kein Verbot rückwirkender Gesetze**. Rückwirkende Strafgesetze sind allerdings nach Art 7 Abs 1 MRK verboten. Grenzen der Rückwirkung ergeben sich ferner aus dem Gleichheitssatz, aus dem der VfGH einen gewissen Vertrauensschutz ableitet.

### *4.6.1.2. Exkurs: Wiederverlautbarung*

Insbes durch häufige Novellierungen kann es schwierig werden, im Laufe der Zeit den geltenden Text einer Rechtsvorschrift festzustellen. Um diesem Umstand abzuhelfen, kann der **Bundeskanzler gemeinsam mit dem zuständigen BM** gemäß Art 49a B-VG Bundesgesetze mit verbindlicher Wirkung in der geltenden Fassung durch Kundmachung im Bundesgesetzblatt wiederverlautbaren. Dabei kann gewissen formellen Mängeln abgeholfen werden (siehe Art 49a Abs 2 B-VG). Mögliche Überschreitungen dieser Ermächtigung sind vom VfGH zu überprüfen (Art 139a B-VG).

**Rechtswirkungen**: Ab dem Tag, der der Herausgabe der Wiederverlautbarung folgt, sind alle Gerichte und Verwaltungsbehörden an den wiederverlautbarten Text des betreffenden Bundesgesetzes gebunden. Art 49a Abs 3 B-VG besagt ausdrücklich, daß dies nur für die nach dem Zeitpunkt der Kundmachung verwirklichten Tatbestände gilt. Damit wird (in legistisch und sachlich überflüssiger Weise) ausgedrückt, daß die Kundmachung keine rückwirkende Kraft hat.

Die Länder können ähnliche Wiederverlautbarungsregelungen durch Landesverfassungsgesetz treffen.

#### 4.6.1.3. Elemente der direkten Demokratie

Das B-VG sieht im Zusammenhang mit der **Bundesgesetzgebung** drei Formen der direkten Demokratie vor:
- Volksbegehren
- Volksabstimmung
- Volksbefragung.

Kennzeichnend ist, daß alle diese Formen auf eine Mitwirkung an der (Bundes-) **Gesetzgebung** beschränkt sind und dem NR eine starke Position verbleibt.

4.6.1.3.1. Das Volksbegehren

Dies ist eine Form der **Gesetzesinitiative**. 100.000 Stimmberechtigte oder je ein Sechstel der Stimmberechtigten dreier Länder können auf diese Weise einen Gesetzesvorschlag im NR einbringen. Das Volksbegehren muß eine durch Bundesgesetz zu regelnde Angelegenheit betreffen und kann – muß aber nicht – in Form eines Gesetzesantrages gestellt werden (Art 41 Abs 2 B-VG).

Verfahrensmäßig gliedert sich ein Volksbegehren in drei Abschnitte:

#### a. Das Einleitungsverfahren

– Die Einleitung eines Volksbegehrens muß beim BM für Inneres beantragt und
– von mindestens 10 000 in die Wählerevidenz eingetragenen Personen
– oder von mindestens acht Mitgliedern des NR
– oder mindestens je vier Mitgliedern der Landtage dreier Länder unterfertigt sein.

#### b. Das Eintragungsverfahren

Stimmberechtigt sind alle zum NR Wahlberechtigten. Eintragungsbehörden sind die Gemeinden im übertragenen Wirkungsbereich.

#### c. Das Ermittlungsverfahren

Das endgültige Ergebnis ist von der Bundeswahlbehörde festzustellen.
Die nähere Ausgestaltung findet sich im **VolksbegehrensG 1973**.

Das Volksbegehren ist – nach Erledigung einer eventuellen Anfechtung vor dem VfGH – von der Bundeswahlbehörde dem NR zur geschäftsordnungsmäßigen Behandlung vorzulegen. Der NR ist lediglich verpflichtet, über einen solchen Gesetzesantrag zu beraten. Bei Festsetzung der Tagesordnung haben allerdings Volksbegehren den Vorrang vor allen übrigen Verhandlungsgegenständen. Die Ausschußberatung hat innerhalb eines Monates nach Zuweisung zu beginnen. Nach spätestens weiteren 6 Monaten ist dem Plenum ein Bericht vorzulegen (§ 24 GeONR).

#### 4.6.1.3.2. Die Volksabstimmung

Das B-VG kennt lediglich die Volksabstimmung über einen Gesetzesbeschluß des NR (Art 44 Abs 3 B-VG) und zwar als:

- **fakultatives Referendum**
  - bei einfachen **Bundesgesetzen** auf Antrag der (einfachen) Mehrheit des NR (Art 43 B-VG),
  - bei **Bundesverfassungsgesetzen** auf Antrag eines Drittels der Mitglieder des NR oder des BR (Art 44 Abs 3 B-VG);
- **obligatorisches Referendum** bei einer **Gesamtänderung der Bundesverfassung** (Art 44 Abs 3 B-VG).

Eine Volksabstimmung ist nach Beendigung des Verfahrens im NR, aber **vor der Kundmachung** durchzuführen. Sie ist vom **BPräs** auf Vorschlag und unter Gegenzeichnung der BReg anzuordnen. Die Durchführung erfolgt unter sinngemäßer Anwendung der NRWO.

#### 4.6.1.3.3. Die Volksbefragung

**Gegenstand** einer Volksbefragung gemäß Art 49b B-VG darf nur eine Angelegenheit von **grundsätzlicher und gesamtösterreichischer Bedeutung**, zu deren Regelung der **Bundesgesetzgeber** zuständig ist, sein.[15]

Die „Fragestellung" hat zu bestehen:
- aus einer mit ja oder nein zu beantwortenden Frage
- oder aus zwei alternativen Lösungsvorschlägen.

Die Durchführung einer Volksbefragung ist **vom NR** (mit Mehrheit) **zu beschließen**. **Antragsberechtigt** sind
- 5 Mitglieder des NR,[16]
- die BReg.

Der Antrag ist im Hauptausschuß vorzuberaten.
Das Ergebnis der Volksbefragung ist dem NR und der BReg vorzulegen.

#### 4.6.1.3.4. Landesverfassungsrechtliche Regelungen

In den **Landesverfassungen** wurden die Formen der direkten Demokratie in neuerer Zeit erheblich ausgebaut.[17]

**Volksbegehren** müssen in Wien und Niederösterreich von 5 % der wahlberechtigten Bürger, in anderen Ländern von einer bestimmten Anzahl von Stimmbürgern (zB: Burgenland: 10.000) unterstützt werden. In manchen Län-

---

15 Die Beschränkung auf Gegenstände der Bundesgesetzgebung wird in redundanter Weise noch dadurch klargestellt, daß „Wahlen sowie Angelegenheiten, über die ein Gericht oder eine Verwaltungsbehörde zu entscheiden hat, ... nicht Gegenstand einer Volksbefragung sein (können)" (2. Satz im Art 49b Abs 1 B-VG).
16 Siehe § 26 Abs 4 GeONR.
17 *Koja*, Direkte Demokratie in den Ländern (1983).

dern kann auch eine bestimmte Anzahl von **Gemeinden** (Bgld und Vbg: mindestens 10, Stmk: mindestens 80, Tirol: mindestens 40) bzw ein bestimmter Prozentsatz von Gemeinden (NÖ: 15 %) durch gleichlautende Gemeindebeschlüsse die Gesetzesinitiative ergreifen.

Die **Volksabstimmung** über Gesetzesbeschlüsse kann in Kärnten und Wien nur durch den Landtag, in anderen Ländern auch durch Stimmbürger (Bgld: 15.000, Tirol: 10.000, NÖ:5 % der Wahlberechtigten) oder durch Gemeinden (NÖ: 15% der Gemeinden, Tirol: mindestens 40 Gemeinden) initiiert werden.

In einigen Ländern ist ein Volksbegehren, das von einer qualifizierten Anzahl von Bürgern unterstützt wurde (Vbg: Art 33 Abs 5 LV: 20% des Landesvolkes, Stmk: § 39 Abs 1 LV: 85.000, Sbg: Art 21 Abs 2 LV: 10.000), zwingend einer Volksabstimmung zu unterziehen, wenn der Landtag das Volksbegehren nicht als Gesetz beschließt. Bei positivem Ausgang der Volksabstimmung hat der Landtag in Vorarlberg einen dem Volksbegehren inhaltlich entsprechenden Gesetzesbeschluß zu fassen. Die Verfassungsmäßigkeit dieser Regelung ist strittig.

Einige Landesverfassungen sehen – neben einem Begutachtungsrecht von Interessenvertretungen – eine **Bürgerbegutachtung** von Gesetzesentwürfen vor (Bgld, Stmk, Vbg, Wien).

Die Formen der direkten Demokratie sind auf Landesebene nicht auf die Gesetzgebung beschränkt. Die Landesverfassungen von Bgld und NÖ kennen ein **Initiativrecht auch im Bereich der Landesverwaltung** (Verpflichtung der LReg zur Beratung). Mehrere Verfassungen kennen das Institut der Volksbefragung (zB: Bgld; vgl ferner § 112a Wiener Stadtverfassung: Volksbefragung über Angelegenheiten des eigenen Wirkungsbereiches der Gemeinde, die in die Zuständigkeit des Gemeinderates fallen).

### 4.6.2. Das Budgetrecht des Bundes

Lit: *Hengstschläger*, Das Budgetrecht des Bundes (1977)

#### 4.6.2.1. Begriff und Rechtsnatur

Der **Bundesvoranschlag** (Budget) ist die vorausschauende Gegenüberstellung von Einnahmen und Ausgaben des Bundes für einen gewissen Zeitraum (Finanzjahr). Er bedarf gemäß Art 51 B-VG der Genehmigung des NR in Form eines Bundesgesetzes (**Bundesfinanzgesetz**) (vgl dazu die B-VGNov BGBl 1986/212).

Problematisch ist die normative Verbindlichkeit dieses Gesetzes. Steuern und sonstige Abgaben sind nach den sie regelnden Gesetzen auch dann einzuheben, wenn der Ertrag den im Voranschlag vorgesehenen Betrag übersteigt. Dagegen bilden die Ausgabenansätze grundsätzlich verbindliche Obergrenzen für Ausgaben der Verwaltung. Soweit aber rechtliche Verpflichtungen der Verwaltungsbehörden zu einer finanziellen Leistung bestehen, kann diese nicht durch den Hinweis auf eine fehlende Deckung im Bundesfinanzgesetz verweigert werden. Insofern werden gesetzliche Ansprüche von Privatpersonen auf finanzielle Leistungen der Verwaltung durch die Ausgabenansätze des Budgets nicht betroffen.

Das Bundesfinanzgesetz hat insofern nur Rechtswirkungen gegenüber den Verwaltungsorganen, nicht auch gegenüber Privatpersonen. Damit hängt die im 19. Jhdt. begründete Auffassung zusammen, daß das Budget ein **Gesetz im nur formellen Sinn**, nicht auch im materiellen Sinn ist (*Laband*). Ein Reflex dieser Auffassung ist der systematische Ort der Regelung des Art 51 B-VG im Kapitel über die „Mitwirkung des NR an der Vollziehung", obwohl das Bundesfinanzgesetz formell ein Bundesgesetz ist.

Allerdings weist dieses Bundesgesetz gewisse formelle Besonderheiten auf:

a) **Initiative**:

Die BReg hat nach Art 51 Abs 2 B-VG dem NR spätestens zehn Wochen vor Ablauf des Finanzjahres den Entwurf eines Bundesfinanzgesetzes für das folgende Finanzjahr vorzulegen. (Das Finanzjahr ist derzeit mit dem Kalenderjahr identisch.) Bei nicht zeitgerechter Vorlage des Budgetentwurfes kann ein solcher Entwurf auch als Initiativantrag eingebracht werden. Legt die BReg ihren Entwurf später vor, kann der NR beschließen, diesen Entwurf (und nicht den Initiativantrag) seinen Beratungen zugrunde zu legen (Art 51 Abs 4 B-VG).

b) **keine Mitwirkung des BR** (Art 42 Abs 5 B-VG).

Der Zusammenstellung der voraussichtlichen Einnahmen und Ausgaben ist der **Dienstpostenplan** anzuschließen (Aufstellung der zur Verfügung stehenden Planstellen).

Bezüglich der **Länder** finden sich vergleichbare Regelungen in den Landesverfassungen. Die Genehmigung durch den Landtag erfolgt hier teils durch Landesgesetz, teils durch einfachen Landtagsbeschluß (letzteres bedeutet, daß der BReg kein Einspruchsrecht gemäß Art 98 B-VG zukommt).

### 4.6.2.2. Budgetgrundsätze

a) **Einjährigkeit**

Das Budget wird immer nur für **jeweils ein Jahr** beschlossen.

Problematisch ist dies im Hinblick auf die wirtschaftspolitische Funktion des Budgets als Instrument der Finanzplanung. Der Entwurf zur B-VGNov 1986 sah daher vor, daß mit dem Budgetentwurf auch „Berichte über die Grundlagen der Veranschlagung für die folgenden vier Jahre **(Finanzplan)** und über die mindestens für den gleichen Zeitraum geplanten Investitionen **(Investitionsprogramm)**" vorzulegen seien, wurde aber in diesem Punkt nicht verwirklicht. Allerdings sieht das Bundeshaushaltsgesetz, BGBl 1986/213 (das zugleich mit der B-VGNov erlassen wurde), die Erstellung von Budgetprognosen und Investitionsprogrammen vor (§§ 12, 13). Die Erstellung des Budgets wird damit in den Rahmen einer längerfristigen Planung der Einnahmen und Ausgaben des Bundes gestellt.

b) **Grundsatz der Einheit, Vollständigkeit, Budgetwahrheit**

Aus Art 51 Abs 3 B-VG läßt sich folgern, daß prinzipiell in **einem** Voranschlag (Grundsatz der Einheit) **alle** Einnahmen und Ausgaben des Bundes

(Grundsatz der Vollständigkeit) zu veranschlagen sind. Ein Problem stellt in diesem Zusammenhang die Führung von Verwaltungsagenden durch ausgegliederte Rechtsträger dar, deren Gebarung nicht im Budgetgesetz aufscheint und damit der parlamentarischen Kontrolle entzogen wird („Flucht aus dem Budget").

Die Einnahmen und Ausgaben sind – iS des **Grundsatzes der Budgetwahrheit** – möglichst genau zu beziffern, das heißt sowohl der Art als auch der Höhe nach festzulegen (qualitative und quantitative Spezialität). Der Art nach müssen zumindest Personal- und Sachausgaben unterscheidbar sein. Ausgaben dürfen prinzipiell nur für den bewilligten Zweck in der bewilligten Höhe getätigt werden.

### c) Grundsatz des Bruttobudgets und Gliederung des Voranschlages

Nach § 16 Bundeshaushaltsgesetz hat die Veranschlagung auf dem Gebiet der Hoheitsverwaltung des Bundes in der Regel mit **Bruttobeträgen** zu erfolgen; das bedeutet, daß Einnahmen und Ausgaben jeweils gesondert in der vollen Höhe aufzunehmen sind und nicht vorweg aufgerechnet werden dürfen.

Diese – gesondert auszuweisenden – Einnahmen und Ausgaben sind im **Hauptvoranschlag** unter Anlehnung an die jeweilige Gliederung der Verwaltung in fortlaufend numerierte Gruppen, Kapiteln, Titeln und Paragraphen zu gliedern (zB: Gruppe 0: Oberste Organe, Kapitel 2: Bundesgesetzgebung, 1. Titel: NR). Der Hauptvoranschlag enthält demnach die einzelnen finanzgesetzlichen Ansätze, die im übrigen noch nach „ordentlichen" und „außerordentlichen" unterschieden werden können, je nachdem, ob sie der Art nach regelmäßig oder in kürzeren Zeitabständen wiederkehren bzw ob sie der Art nach nur vereinzelt vorkommen oder ihrer Höhe nach den normalen Wirtschaftsrahmen übersteigen.

Ergänzt wird der Hauptvoranschlag durch **„Teilhefte"**, die keinen Bestandteil des Bundesfinanzgesetzes bilden und nähere Erörterungen zu den einzelnen finanzgesetzlichen Ansätzen enthalten.

#### *4.6.2.3. Abweichungen und Nachtragsbudget*

Ausgaben, die im Bundesfinanzgesetz ihrer Art nach nicht vorgesehen sind (**außerplanmäßige Ausgaben**) oder die eine Überschreitung von Ausgabenansätzen des Bundesfinanzgesetzes erfordern (**überplanmäßige Ausgaben**) dürfen in der Regel nur aufgrund bundesfinanzgesetzlicher Ermächtigungen geleistet werden, dh es bedarf dazu einer Ergänzung oder Änderung des Bundesfinanzgesetzes (Art 51b Abs 1 B-VG, sog **BudgetüberschreitungsG**).

In Ausnahmefällen dürfen **außer- und überplanmäßige Ausgaben** auch aufgrund einer Verordnung der BReg im Einvernehmen mit dem zuständigen Ausschuß des NR geleistet werden (bei Gefahr im Verzug: Art 51b Abs 2 B-VG, im Verteidigungsfall: Art 51b Abs 6 B-VG).

Unter bestimmten Voraussetzungen dürfen **überplanmäßige** Ausgaben auch mit Zustimmung des BM für Finanzen geleistet werden (Art 51b Abs 3 und 4 B-VG).

#### *4.6.2.4. Budgetprovisorien*

a) **Keine zeitgerechte Regierungsvorlage**:

Art 51 Abs 4 B-VG: der Entwurf des Bundesfinanzgesetzes kann als **Initiativantrag** eingebracht werden.

b) **Nicht rechtzeitige Erlassung des BundesfinanzG durch den NR**:

### aa) Bundesgesetzliches Budgetprovisorium

Kommt im NR über den (an sich rechtzeitig eingebrachten) Budgetentwurf vor Ablauf des Finanzjahres keine Einigung zustande, so kann der NR aus eigener Initiative eine „vorläufige Vorsorge durch Bundesgesetz" (Art 51 Abs 5 B-VG) treffen.

### bb) Automatisches Budgetprovisorium

Kommt auch eine solche „vorläufige Vorsorge durch Bundesgesetz" nicht vor Ablauf des Finanzjahres zustande, so tritt bis zur Erlassung eines Bundesfinanzgesetzes ein automatisches Budgetprovisorium ein: **siehe Art 51 Abs 5 B-VG**:

– die Einnahmen sind nach der jeweiligen Rechtslage aufzubringen,
– die Ausgaben sind bis zum Inkrafttreten einer gesetzlichen Regelung, längstens jedoch während der ersten vier Monate des folgenden Finanzjahres, gemäß dem Entwurf der BReg zu leisten (sofern ein solcher vorgelegt wurde) – Art 51 Abs 5 Z 1,
– sofern kein Entwurf vorgelegt wurde bzw nach Ablauf der vier Monate sind die Ausgaben nach den Ansätzen des letzten Bundesfinanzgesetzes zu leisten – Art 51 Abs 5 Z 2.

Die anzuwendenden Ausgabenansätze (des Entwurfes bzw des letzten Bundesfinanzgesetzes) bilden die Höchstgrenzen der zulässigen Ausgaben (pro Monat ein Zwölftel dieser Ansätze als Grundlage).

– Planstellen können gemäß den oben zitierten Bestimmungen (Z 1 und 2) aufgrund des Entwurfes oder des letzten Bundesfinanzgesetzes besetzt werden,
– Finanzschulden können bis zur Hälfte der jeweils vorgesehenen Höchstbeträge und kurzfristige Verpflichtungen bis zur Höhe der jeweils vorgesehenen Höchstbeträge eingegangen werden,
– im übrigen sind die Bestimmungen des letzten Bundesfinanzgesetzes sinngemäß anzuwenden.

#### 4.6.2.5. Rechnungslegung

Nach Ablauf eines Finanzjahres haben die Ressorts ihre Einnahmen- und Ausgabengebarung in **Teilrechnungsabschlüssen** zusammenzustellen und dem RH vorzulegen. Dieser verfaßt den **Bundesrechnungsabschluß**, der spätestens 8 Wochen vor Ablauf des nächstfolgenden Finanzjahres dem NR vorzulegen ist (Art 121 Abs 2 B-VG und § 9 Abs 1 RHG).

Dieser Bundesrechnungsabschluß ist vom NR in Form eines **Bundesgesetzes** – wiederum ohne Mitwirkung des BR – zu genehmigen (Art 42 Abs 5 B-VG). Diese Genehmigung bewirkt gewissermaßen die „Entlastung" der BReg. Die eigentliche Bedeutung dieser Regelung liegt darin, die Einhaltung des Bundesfinanzgesetzes in einer öffentlichen Weise zu kontrollieren.

#### 4.6.3. Genehmigung von Staatsverträgen

Nach Art 50 Abs 1 B-VG dürfen politische, gesetzändernde und gesetzesergänzende Staatsverträge (= **völkerrechtliche Verträge**) nur mit Genehmigung des NR abgeschlossen werden.

Politisch ist ein Staatsvertrag, wenn er (nach einer Formel des Bundesverfassungsgerichtes) die Existenz des Staates, seine territoriale Integrität, seine Unabhängigkeit, seine Stellung oder sein maßgebliches Gewicht in der Staatengemeinschaft berührt. Gesetzändernd oder gesetzesergänzend ist ein Staatsvertrag dann, wenn sein Inhalt (und zwar auch nur der Inhalt einer einzigen Bestimmung) innerstaatlich nur in Form eines Gesetzes erlassen werden dürfte. Somit unterliegen alle Staatsverträge der parlamentarischen Genehmigung, die nicht in einem Gesetz eine hinreichende Grundlage iS des Art 18 B-VG haben.

Die Genehmigung hat nach Unterzeichnung, jedenfalls aber vor der Ratifikation („Abschluß") stattzufinden (siehe unten IX.3.1.2.). Sie erfolgt durch einen Beschluß des NR, jedoch nicht in Form eines Gesetzes. Sofern ein Staatsvertrag Angelegenheiten des eigenen Wirkungsbereiches der Länder regelt, bedarf es überdies der **Zustimmung des BR** (Art 50 Abs 1 letzter Satz B-VG), ansonsten hat der BR das normale Einspruchsrecht (Art 50 Abs 3 B-VG).

Anläßlich der Genehmigung eines Staatsvertrages kann der NR beschließen, daß dieser Staatsvertrag durch Erlassung von Gesetzen zu erfüllen ist (Art 50 Abs 2 B-VG: **„Erfüllungsvorbehalt"** oder „spezielle Transformation"). Dadurch wird die unmittelbare Anwendung des Vertrages durch Gerichte und Verwaltungsbehörden ausgeschlossen: es kann kein Verwaltungsakt oder kein Urteil unmittelbar auf den Vertrag gestützt werden. Die innerstaatliche Wirksamkeit eines solchen Vertrages erschöpft sich in dem Grundsatz, daß innerstaatliches Recht völkerrechtskonform auszulegen ist; der Vertrag ist also zur Auslegung jener Gesetzesbestimmungen heranzuziehen, die zu seiner Erfüllung wirksam werden.

Für **verfassungsändernde oder -ergänzende Staatsverträge** ist Art 44 Abs 1 und 2 B-VG (2/3-Mehrheit) sinngemäß anzuwenden. Verfassungsändernde bzw -ergänzende Staatsverträge oder Bestimmungen in Staatsverträgen sind ausdrücklich als „verfassungsändernd" zu bezeichnen (Art 50 Abs 3 B-VG). Ob auch Art 44 Abs 3 B-VG (Volksabstimmung bei Gesamtänderung der Bundesverfassung) auf Staatsverträge anzuwenden ist, ist strittig, da Art 50 Abs 3 B-VG nur auf die ersten beiden Absätze des Art 44 B-VG verweist, wird aber von der Lehre heute überwiegend bejaht.

Die Bundesverfassung ordnet die Genehmigung von Staatsverträgen in den Abschnitt „Mitwirkung des Nationalrates und des Bundesrates an der Vollziehung des Bundes" ein,[18] gestaltet es jedoch in Parallele zur Gesetzgebung iS einer **gesetzgebenden Funktion** aus. Parlamentarisch genehmigte Staatsverträge sind insbes **Gesetze iS des Art 18 Abs 1 und 2 B-VG** (Legalitätsprinzip – siehe unten VI.5.2.).

### 4.6.4. Kontrolle der Verwaltung

Die zweite „klassische" Funktion des Parlaments neben der Gesetzgebung ist die Kontrolle der Verwaltung.

---

18 Dies entspricht der älteren Auffassung von Außenpolitik als Prärogative des Monarchen.

**Gegenstand** der Kontrolle ist die Geschäftsführung der BReg und darüber hinaus die Vollziehung (dh hier: hoheitliche und privatrechtliche Verwaltung, nicht aber auch Gerichtsbarkeit) des Bundes, soweit sie dem Einflußbereich, insbes der Weisungsgewalt der BReg und ihrer einzelnen Mitglieder unterliegt. Ausdrücklich besagt Art 52 Abs 2 B-VG (idF BGBl 1993/508), daß sich die Kontrollrechte des NR und BR auch auf Unternehmen erstrecken, an denen durch eine 50% Beteiligung oder gleichartige Beherrschung des Bundes die Voraussetzungen der Rechnungshofkontrolle gegeben sind.

Das B-VG sieht Kontrollmittel vor, die teils sowohl dem NR als auch dem BR, teils nur dem NR zukommen. Nach der Rechtsprechung des VfGH (Slg 2542/1953, 3134/1956) sind die Kontrollinstrumente des NR und des BR im B-VG **taxativ** aufgezählt. Eine Erweiterung durch einfaches Gesetz wäre daher verfassungswidrig. Die Landesverfassungen sehen in unterschiedlichem Ausmaß Kontrollbefugnisse der Landtage vor.

#### 4.6.4.1. Fragerecht

**Lit:** *Morscher,* Die parlamentarische Interpellation (1973)

Im Art 52 B-VG sind zwei Formen des Fragerechts verankert: das „klassische" Interpellationsrecht (Abs 1) und die „Fragestunde" (Abs 3). Die praktische Bedeutung des Fragerechts liegt darin, daß es ein **Minderheitsrecht** des Parlaments ist, dh einer **Minderheit** von Abgeordneten zusteht. Dies ist deshalb wichtig, weil im parlamentarischen Regierungssystem (siehe unten VI.5.1.) in der Regel eine politische Einheit von parlamentarischer Mehrheit und Regierung gegeben ist und die eigentliche Polarität zwischen Regierung und Opposition besteht.

a) Das **klassische Interpellationsrecht** existiert in zwei Formen:

aa) **als schriftliche Anfrage an die BReg oder eines ihrer Mitglieder**, die von 5 Abgeordneten (BR:3) einzubringen ist und die der Befragte binnen zweier Monate (BR: ohne Frist) mündlich oder schriftlich zu beantworten hat; ist die Erteilung einer Auskunft unmöglich, so ist dies zu begründen (§ 91 GeONR);

bb) als **dringliche Anfrage**: eine solche ist vom Fragesteller noch in derselben Sitzung mündlich zu begründen; das befragte Mitglied der BReg oder der von ihm dazu entsandte Staatssekretär hat dazu sogleich Stellung zu nehmen und darüber ist eine Debatte abzuführen. Voraussetzung für eine solche „dringliche" Behandlung einer schriftlichen Anfrage ist:

– ein Beschluß des NR auf Antrag von 5 Abgeordneten (BR: auf Antrag des Vorsitzenden oder von 3 Mitgliedern) oder
– schriftlicher Antrag von mindestens 5 Mitgliedern des NR (kein Abgeordneter darf aber innerhalb eines Jahres mehr als zwei solcher Verlangen unterzeichnen) bzw 3 Mitgliedern des BR (§ 93 Abs 3 GeONR, § 59 BR-GeO).

## b) Fragestunde

Nach Art 52 Abs 3 B-VG hat jedes Mitglied des NR und BR das Recht, kurze mündliche Anfragen an die Mitglieder der BReg zu richten (Fragestunde). Nähere Regelungen enthalten das BG über die GeO des NR (§§ 94–97) und die GeO des BR (§ 42).

Jede Sitzung des NR hat mit einer Fragestunde zu beginnen, soferne nicht eine „Aktuelle Stunde"[19] stattfindet. Jeder Abgeordnete kann im Monat maximal 4 Fragen stellen; diese sind möglichst kurz und konkret zu beantworten. Danach kann der Abgeordnete eine Zusatzfrage stellen; sodann dürfen höchstens 3 Abgeordnete je eine weitere Zusatzfrage an das betreffende Mitglied der BReg richten.

Die Anfrage ist spätestens 48 Stunden vor dem gewünschten Aufrufungstermin einzubringen; wird sie nicht binnen 4 Wochen aufgerufen, hat der Abgeordnete das Recht, binnen weiterer 8 Tage die schriftliche Beantwortung zu verlangen. Eine solche hat binnen einem Monat zu ergehen. Kann die Frage nicht beantwortet werden, ist dies zu begründen.

Auch Sitzungen des BR beginnen regelmäßig mit einer 60 minütigen Fragestunde. Häufen sich die Anfragen, kann die Fragestunde bis zu 120 Minuten erstreckt werden (§ 42 GeO).

### *4.6.4.2. Resolutionsrecht*

Gemäß Art 52 Abs 1 B-VG sind NR und BR befugt, ihren Wünschen über die Ausübung der Vollziehung in **Entschließungen** Ausdruck zu verleihen. Diese sind für die BReg **rechtlich nicht verbindlich**. Der NR hätte als Sanktionsmittel lediglich die Möglichkeit eines Mißtrauensvotums.

### *4.6.4.3. Enqueterecht*

**Lit:** *Mayer/Platzgummer/Brandstetter,* Untersuchungsausschüsse und Rechtsstaat (1989)

Nach Art 53 B-VG kann der NR **Untersuchungsausschüsse** einsetzen, denen von jeder im Hauptausschuß vertretenen Partei mindestens ein Abgeordneter anzugehören hat. Diese Untersuchungsausschüsse können tatsächlich bestehende Mißstände innerhalb der Vollziehung des Bundes feststellen und dem NR berichten. Gerichte und alle anderen Behörden sind verpflichtet, dem Ersuchen eines Untersuchungsausschusses um Beweiserhebungen Folge zu leisten und ihre Akten vorzulegen. Bei Beweiserhebungen sind die Bestimmungen der StPO über das Beweisverfahren in der Hauptverhandlung vor den Gerichtshöfen erster Instanz sinngemäß anzuwenden. Gegenüber einem UA besteht die Pflicht zur wahrheitsgemäßen Aussage, nicht aber zur Wahrung der Amtsverschwiegenheit.

---

19 Siehe § 97a GeONR: eine Aktuelle Stunde kann von mindestens 5 Abgeordneten verlangt werden und dient einer Aussprache über Themen von allgemeinem aktuellen Interesse aus der Vollziehung des Bundes.

#### 4.6.4.4. Rechnungshof und Volksanwaltschaft

Im System des Bundesverfassungsrechts sind der RH und die VA Hilfsorgane des Parlaments zur Kontrolle der Verwaltung (siehe zum RH oben V.7.2.4., zur VA unten VII.4.).

#### 4.6.4.5. Kontrolle der Staatspolizei und Geheimdienste

Die der Sache nach zuständigen Ausschüsse (derzeit: Innenausschuß und Landesverteidigungsausschuß) haben **ständige Unterausschüsse** zu wählen. Diese haben das Recht, vom zuständigen BM in Angelegenheiten der Staatspolizei („Maßnahmen zum Schutz der verfassungsmäßigen Einrichtungen und ihrer Handlungsfähigkeit") sowie von Geheimdiensten („nachrichtendienstliche Maßnahmen zur Sicherung der militärischen Landesverteidigung") Auskünfte und Akteneinsicht zu verlangen. Davon ausgenommen sind Auskünfte und Unterlagen, deren Bekanntwerden die nationale Sicherheit oder die Sicherheit von Menschen gefährden würde (Art 52a B-VG).

### 4.6.5. Mitwirkung des Nationalrates und des Bundesrates an der Vollziehung

Das B-VG gliedert die Aufgaben des (Bundes-)Parlaments systematisch in
– Gesetzgebung (Art 41-49 B-VG) und
– Mitwirkung an der Vollziehung (Art 50-55 B-VG).

Unter dem Titel „Mitwirkung des Nationalrates und des Bundesrates an der Vollziehung des Bundes" sind allerdings äußerst heterogene Funktionen zusammengefaßt:
1. Die Mitwirkung am Zustandekommen von Staatsverträgen (Art 50 B-VG – siehe zuvor VI.4.6.3.),
2. das Budget des Bundes (Art 51-51c B-VG – siehe zuvor VI.4.6.2.).
   In diesen beiden Fällen handelt es sich aber der Sache nach um Gesetzgebungsfunktionen.
3. Die Kontrollrechte (Art 52, 52a, 52b und 53 B-VG – siehe zuvor VI.4.6.4.).
   Kontrolle ist aber der Sache nach nicht „Mitwirkung", sondern als eine eigene Funktion zu begreifen. Es beibt somit als echte „Mitwirkung an der Vollziehung" die:
4. Mitwirkung an der Erlassung bestimmter Verordnungen und anderen Vollzugsakten (insbes Art 54, 55 B-VG).

a. Nach Art 54 B-VG wirkt der NR an der **Festsetzung von Post- und Fernmeldegebühren, von Preisen der Monopolgegenstände** (zB: Tabak und Kochsalz) sowie von Bezügen der in einem Dienstverhältnis zum Bund stehenden Personen, die in Betrieben des Bundes ständig beschäftigt sind, mit. Es handelt sich bei diesen „Festsetzungen" um selbständige Verordnungen. Nach einem besonderen BVG[20] ist es der **Hauptausschuß des NR** (siehe dazu Art 55 B-VG), der zu entsprechenden Anträgen der BReg die Zustimmung zu erteilen hat. (Bei Nichteinigung zwischen BReg und Hauptausschuß devolviert diese Kompetenz an das

---

20 Gesetz vom 13. April 1920 StGBl Nr 180 iVm § 23 ÜG 1920.

Plenum.) Es handelt sich hier um eine Form der Mitwirkung des Parlaments an der Wirtschaftsverwaltung des Bundes, die nur erforderlich ist, sofern diese Gegenstände nicht gesetzlich geregelt werden.

b. Art 55 Abs 1 B-VG ermächtigt allgemein die Bundesgesetzgebung, die Erlassung bestimmter Verordnungen der BReg oder eines BM an die Zustimmung des Hauptausschusses des NR zu binden.

Beispiel: Festlegung des Wahltages der Nationalratswahl (§ 1 Abs 2 NRWO – siehe oben VI.4.1.2.2.).

c. Nach § 2 HabsburgerG idF BVG BGBl 1963/172 hat die BReg im Einvernehmen mit dem Hauptausschuß des NR durch Bescheid festzusetzen, ob eine Verzichtserklärung ausreichend ist.

d. Die BReg kann im Einvernehmen mit dem Hauptausschuß des NR unter Bedachtnahme auf die dauernde Neutralität dem Ersuchen einer Internationalen Organisation um Hilfeleistung durch Entsendung einer militärischen Einheit nachkommen (§ 1 BVG BGBl 1965/173).

e. Es gibt noch eine Reihe weiterer Verfassungsregelungen, die eine ähnliche Mitwirkung des Hauptausschusses des NR an Vollziehungsakten des Bundes vorsehen. Stets bedürfen sie aber einer besonderen bundesverfassungsgesetzlichen Regelung bzw Ermächtigung.

## 5. Die Regierung

### 5.1. Parlamentarisches Regierungssystem

„Regierungssystem" als terminus technicus bezeichnet das Verhältnis von Parlament und den obersten Organen der Vollziehung (Exekutive). **Kennzeichen eines parlamentarischen Regierungssystems** sind

a) Trennung von Staatsoberhaupt und Regierung im engeren Sinn,

b) Abhängigkeit der Regierung in ihrem Bestand vom Vertrauen des Parlaments,

c) Auflösungsrecht der Exekutive gegenüber dem Parlament.

Die Bundesverfassung von 1920 hatte eine besonders radikale Form des parlamentarischen Regierungssystems iS einer **Versammlungsregierung** (Konventsregierung) vorgesehen. Bis zur B-VGNovelle 1929 wurden die Mitglieder der BReg vom NR und das Staatsoberhaupt von der Bundesversammlung (die sich aus NR und BR zusammensetzt) **gewählt**. Dagegen sah das B-VG von 1920 **kein Auflösungsrecht der Exekutive** vor. Dahinter stand die Idee einer totalen Abhängigkeit der exekutiven Gewalt von der Volksvertretung iS einer „Parlamentsherrschaft" *(Kelsen)*.

Diese Form der Relation von Parlament und Regierung wurde durch die B-VGNovelle 1929 verändert. Die Regierungsvorlage dieser Novelle strebte ein präsidentielles Regierungssystem an, in dem die Regierung vom Parlament unabhängig sein sollte. Das Regierungssystem, das schließlich als Kompromiß in die B-VGNovelle 1929 einging, sieht zwar einerseits die Volkswahl des BPräs und die Ernennung des Bundeskanzlers und auf dessen Vorschlag der Mitglieder der BReg durch den BPräs vor. Die Novelle führte ferner das Auflösungsrecht des BPräs (Art 29 Abs 1 B-VG) ein. Erhalten blieb aber das entscheidende Charakteristikum eines parlamentarischen Regierungssystems: die Abhängigkeit des Bestandes der BReg vom Vertrauen der Mehrheit des Parlaments (NR): Art 74 B-VG. Insofern kann seit der Novelle 1929 von einem "**parlamentarischen Regierungssystem mit präsidentiellem Einschlag**" gesprochen werden.

Neben der **politischen** Verantwortlichkeit der BReg gegenüber dem NR sind die Mitglieder der BReg dem NR gegenüber auch **rechtlich** – wegen Gesetzesverletzungen – verantwortlich (Art 76 B-VG). Diese Verantwortlichkeit ist vom NR durch Anklage beim VfGH („Ministeranklage") geltend zu machen (Art 142 Abs 2 lit b B-VG).

Differenziert ist die Situation auf **Landesebene**: zwar ist die LReg stets vom Landtag zu wählen (Art 101 B-VG). Das entscheidende Kriterium des parlamentarischen Regierungssystems – das **Mißtrauensvotum** – ist heute auch in allen Landesverfassungen vorgesehen. Zur „Ministeranklage" siehe Art 142 Abs 2 lit c B-VG. Es sehen aber andererseits die meisten Landesverfassungen (ausgenommen Vorarlberg und Wien) eine **proportionelle Zusammensetzung der LReg** nach dem Stärkeverhältnis der Parteien im Landtag vor. Dies widerspricht dem Grundgedanken des parlamentarischen Regierungssystems, in dem die (fehlende) Polarität von Parlament und Regierung durch den Gegensatz von Regierungsmehrheit und Opposition ersetzt wird und somit eine starke Opposition als Regelfall anzusehen ist. Das Auflösungsrecht steht dem BPräs auf Antrag der BReg (!) zu und bedarf der Zustimmung des BR (mit qualifizierter Mehrheit, aber ohne Mitwirkung der Vertreter des betroffenen Landes, Art 100 B-VG). Eine Auflösung durch den LH oder die LReg ist weder bundes– noch landesverfassungsgesetzlich vorgesehen.

Vor dem Hintergrund der Demokratietheorie *Kelsens* (Vom Wesen und Wert der Demokratie, 2. Aufl. 1929) wird deutlich, daß die – auf Bundesebene ursprünglich radikal und später nicht entscheidend abgeschwächte – Abhängigkeit der BReg vom Vertrauen des Parlaments ein wesentliches Element der Demokratiekonzeption der Bundesverfassung bildet: sie soll einen Vorrang, ja eine Herrschaft der Volksvertretung sichern (siehe oben VI.1.2.).

Nach der Konzeption des B-VG besteht somit zwischen Parlament und Regierung keine Gleichordnung, sondern ein Verhältnis der Über– und Unterordnung. Da auch keine personelle Trennung besteht, kann nicht von einer echten Gewaltentrennung im Verhältnis von Parlament und Regierung gesprochen werden (siehe noch unten VII.1.2.). Das parlamentarische Regierungssystem ist vielmehr durch eine **enge institutionelle und personelle Verschränkung zwischen Legislative und Exekutive** gekennzeichnet. Es entspricht auch diesem Typus, daß zwischen Parlamentariern und Regierung keine Inkompatibilität besteht. Allerdings müssen die Mitglieder der BReg nicht dem NR angehören (Art 70 Abs 2 B-VG, ähnlich für die Länder Art 101 Abs 2 B-VG). Hier ist auch die Bestimmung des Art 75 B-VG zu erwähnen (Recht der Mitglieder der BReg und der Staatssekretäre, an den Verhandlungen des NR, BR und der Bundesversammlung teilzunehmen [einschließlich der Ausschüsse mit gewissen Ausnahmen] und jederzeit gehört zu werden). Umgekehrt können die Vertretungskörper die Anwesenheit der Mitglieder der BReg verlangen (Zitationsrecht).

Im Zusammenhang mit einem bestimmten **Parteiensystem,** wie es auch in Österreich gegeben ist – straffe Parteiorganisationen, über längere Zeit hinweg Annäherung an ein

Zweiparteiensystem –, bewirken allerdings die typischen Mechanismen des parlamentarischen Regierungssystems (Mißtrauensvotum und Auflösungsrecht der Exekutive) eine enge politische Fusion zwischen der parlamentarischen Mehrheit („Regierungspartei[en]") und der Regierung, innerhalb der die Regierung ein dominierendes Übergewicht besitzt. Die von den Theoretikern des parlamentarischen Regierungssystems konzipierte Abhängigkeit der Regierung vom Parlament verkehrt sich in der Realität in das Gegenteil.

In der Realität kommen weder Mißtrauensvotum, Ministeranklage noch Auflösung des NR oder eines Landtages durch den BPräs vor. Dennoch wäre es falsch, darin „totes Recht" zu sehen. Die Existenz dieser Institute ist eine der Bedingungen jener Parteienstruktur (Geschlossenheit der Parteien, Parteidisziplin und insbes enge Fusion zwischen Regierung und Regierungsparteien), die wieder Voraussetzung dafür ist, daß eben diese Instrumente faktisch nicht zur Anwendung kommen. Insofern sind diese Institute nicht in einem direkten, aber in einem indirekten Sinn äußerst effektiv.

## 5.2. Legalitätsprinzip

Der – theoretischen – Abhängigkeit der Regierung vom Parlament iS des parlamentarischen Regierungssystems entspricht eine **funktionelle** Abhängigkeit der Exekutive von der Legislative, die im **Legalitätsprinzip** zum Ausdruck kommt. Nach **Art 18 Abs 1 B-VG** darf die gesamte staatliche Verwaltung – dazu gehört nach der Konzeption des B-VG auch die Regierung – **nur auf Grund der Gesetze ausgeübt werden**. Im besonderen wird dies für generelle Rechtsetzungsakte der Verwaltung (Verordnungen) im Art 18 Abs 2 B-VG noch zusätzlich verankert.

Neben einem spezifisch rechtsstaatlichen Gehalt – siehe dazu unten VII. – hat das Legalitätsprinzip auch einen besonderen Stellenwert im Demokratiekonzept des B-VG (siehe oben VI.1.2.1.).

Da das Parlament das Volk, seine Beschlüsse somit den Volkswillen repräsentieren, sollen sie einen Vorrang vor allen anderen Akten staatlicher Herrschaftsausübung besitzen („**Vorrang des Gesetzes**"): dies bedeutet, daß sich kein anderer staatlicher Akt in Widerspruch zur Gesetzgebung stellen darf. Dieser Vorrang des Gesetzes wird von Art 18 Abs 1 B-VG auf die „gesamte staatliche Verwaltung" ausgedehnt (allgemeiner **Vorbehalt des Gesetzes**). Damit wird die Verwaltung – dem Wortlaut nach: zur Gänze – als eine **von der Legislative abhängige Staatsfunktion** begriffen. (Tatsächlich bestehen aber eine Reihe von Ausnahmen – siehe dazu das „Allgemeine Verwaltungsrecht".) Das Legalitätsprinzip stellt somit den Vorrang der legislativen vor der exekutiven Gewalt in einem funktionellen Sinn her und korrespondiert damit der organisatorischen Abhängigkeit der Exekutive vom Parlament iS des parlamentarischen Regierungssystems.

Aus dieser demokratischen Komponente des Legalitätsprinzips ergibt sich, daß die Gesetzgebung nicht auf einen bestimmten „materiellen" Gesetzesbegriff – iS der Erlassung genereller Normen – beschränkt ist. Die Gesetzgebung kann auch „Einzelfallgesetze" oder „Maßnahmegesetze" beschließen. Schranken ergeben sich hier allerdings aus den **Grundrechten**, insbes aus dem **Gleichheitssatz**.

Auf der anderen Seite ist aber, wie schon erwähnt, die Ausübung der „Parlamentsherrschaft" an die Rechtsform des Gesetzes – und der sonstigen im

Verfassungsrecht (B-VG und Landesverfassungen) taxativ aufgezählten Formen (siehe zuvor VI.4.6.4.) – gebunden. Insofern ist die parlamentarische Demokratie zugleich eine **rechtsstaatliche Demokratie** (siehe oben VI.1.2.).

## 6. Die Republik: der Bundespräsident

Lit: *Berchtold,* Der Bundespräsident (1969); *Pernthaler,* Das Staatsoberhaupt in der parlamentarischen Demokratie, VVDStRL 25 (1967); *Welan,* Das österreichische Staatsoberhaupt (1986)

Die (organisatorische) Spitze der Exekutive ist auf Bundesebene zweigeteilt: BPräs und BReg (wobei auf Seite der BReg weiter zu differenzieren ist zwischen dem Kollegium und den einzelnen Mitgliedern – siehe unten VI.7.1.1.).

Die Rechtsstellung des BPräs qualifiziert Österreich als (demokratische) **Republik**. Begrifflich ist Republik eine Staatsform, die nicht „Monarchie" ist. Auch historisch ist die Republik als Absage an die monarchische Staatsform der Art, wie sie bis 1918 in Österreich bestand, zu verstehen. Es gibt aber auch parlamentarische – und in diesem Sinn demokratische – Monarchien, so daß eine Demokratie nicht notwendigerweise Republik ist. Die Einführung der Republik in Österreich im Herbst 1918 stand allerdings in engem Zusammenhang mit der Idee der Demokratie.

Konkret kommt das republikanische Prinzip in der Stellung des Staatsoberhauptes zum Ausdruck. Dieses – der BPräs –

– leitet seine Stellung vom Volk ab,

– ist in seiner Amtszeit zeitlich begrenzt,

– ist rechtlich und politisch verantwortlich.

Der Sicherung der republikanischen Staatsform dient auch die Bestimmung, daß die Mitglieder regierender Häuser und solcher Familien, die ehemals regiert haben vom passiven Wahlrecht zum Amt des BPräs ausgeschlossen sind (Art 60 Abs 3 B-VG), ferner die Bestimmungen des „**Habsburger-Gesetzes**" und des **Gesetzes über die Aufhebung des Adels** (siehe Art 149 B-VG).

### 6.1. Die Wahl und Amtszeit des Bundespräsidenten

Der BPräs wird vom Bundesvolk nach den Grundsätzen des **unmittelbaren, allgemeinen, gleichen, geheimen, persönlichen** und **freien** Wahlrechts gewählt. Für die Wahl besteht **Wahlpflicht** in den Bundesländern, in denen dies durch Landesgesetz angeordnet wird.

Gewählt ist, wer die **absolute Mehrheit** der gültigen Stimmen erreicht. Ergibt sich eine solche Mehrheit nicht schon im ersten Wahlgang, so hat am 35. Tag danach eine **Stichwahl** stattzufinden. Kandidaten sind dabei die beiden Wahlwerber, die im ersten Wahlgang die meisten Stimmen erhielten, doch kann jede der beiden Wählergruppen, die einen dieser Kandidaten aufgestellt hat, statt diesem einen anderen Kandidaten nominieren. Wird schon im ersten Wahlgang nur ein Kandidat nominiert, so ist die Wahl in Form einer Abstimmung durchzuführen.

**Passiv wahlberechtigt** ist
– wer das Wahlrecht zum NR besitzt
– und vor dem 1. Jänner des Wahljahres das 35. Lebensjahr vollendet hat.
**Aktiv wahlberechtigt ist**, wer zum NR wahlberechtigt ist.

Wahlvorschläge müssen von mindestens 6.000 Wahlberechtigten oder von mindestens 5 Mitgliedern des NR unterschrieben sein. Ferner ist ein Betrag von S 50.000.– zu erlegen.

Der gewählte Kandidat tritt sein Amt mit einer **Angelobung** vor der Bundesversammlung[21] an.

Die Amtszeit des BPräs beträgt **sechs Jahre**. Eine **Wiederwahl** ist für die unmittelbar folgende Funktionsperiode nur einmal zulässig.

Die Volkswahl des BPräs sollte ein gewisses Gegengewicht gegen die extreme Form der „Parlamentsherrschaft" iS der „Versammlungsregierung", wie sie das B-VG von 1920 konstituierte, schaffen (siehe zuvor VI.5.1.).

## 6.2. Die Verantwortlichkeit des Bundespräsidenten

### 6.2.1. Immunität

Der BPräs darf nur mit Zustimmung der Bundesversammlung unter folgenden Voraussetzungen behördlich verfolgt werden (Art 63 B-VG):
– „Auslieferungsbegehren" der zuständigen Behörde,
– Beschluß des NR,
– Beschluß der Bundesversammlung.

### 6.2.2. Politische Verantwortlichkeit

Der volksgewählte BPräs kann nur durch eine **Volksabstimmung abgesetzt werden** (Art 60 Abs 6 B-VG).
Voraussetzung der Durchführung einer solchen Volksabstimmung:
– Beschluß des NR (Präsenz- und Konsensquoren wie bei Bundesverfassungsgesetzen!); bereits ab diesem Beschluß ist der BPräs an der Ausübung seines Amtes verhindert,
– Beschluß der Bundesversammlung.

Entscheidet das Volk mit Mehrheit gegen die Abstimmung, gilt dies als Wiederwahl, doch darf auch in diesem Fall die Amtszeit nicht mehr als zwölf Jahre betragen. Ferner bewirkt die Ablehnung der Absetzung eine ex-lege-Auflösung des NR.

---

21 Zur Bundesversammlung siehe oben VI.4.5.3. Alle ihre Kompetenzen mit Ausnahme der (praktisch obsoleten) Kriegserklärung beziehen sich auf den BPräs. Bis zur Verfassungsnovelle 1929 und aufgrund besonderer Verfassungsgesetze bis vor 1950 wurde der BPräs auch von der Bundesversammlung gewählt. Die erste Volkswahl des BPräs fand 1951 statt.

### 6.2.3. Rechtliche Verantwortlichkeit

Der BPräs kann von der **Bundesversammlung** beim VfGH „wegen Verletzung der **Bundesverfassung**" unter folgenden Voraussetzungen angeklagt werden (Art 68 B-VG):
- Beschluß des NR oder des BR,
- Beschluß der Bundesversammlung bei Anwesenheit von mehr als der Hälfte der Mitglieder beider Vertretungskörper und einer Mehrheit von zwei Dritteln der abgegebenen Stimmen.

### 6.2.4. Inkompatibilität

Der BPräs darf während seiner Amtszeit keinem allgemeinen Vertretungskörper angehören und keinen anderen Beruf ausüben (Art 61 Abs 1 B-VG).

Außerdem ist das Unvereinbarkeitsgesetz ausdrücklich auch auf den BPräs bezogen, ohne im Hinblick auf das absolute Berufsverbot des Art 61 B-VG zusätzliche Schranken zu schaffen.

## 6.3. Vertretung

Zu unterscheiden ist die Vertretung
a) durch den **Bundeskanzler**: bei einer vorübergehenden Verhinderung bis zu 20 Tagen;
b) durch das Kollegium der **drei Präsidenten des NR**:
   aa) bei einer (voraussichtlich vorübergehenden) Verhinderung ab dem 21. Tag,
   bb) bei dauernder Erledigung des Amtes,
   cc) bei Beschluß des NR auf Einleitung einer Volksabstimmung über die Absetzung des BPräs (Art 64 B-VG).

## 6.4. Kompetenzen

### 6.4.1. Allgemeines

Das B-VG (Art 19 Abs 1) bezeichnet den BPräs als ein **oberstes Organ der Vollziehung**. Die dem BPräs tatsächlich übertragenen Aufgaben weisen jedoch einen Bezug zu allen drei Staatsfunktionen (Gesetzgebung, Gerichtsbarkeit und Verwaltung) auf und qualifizieren den BPräs als **Staatsoberhaupt**. Als solches steht er gewissermaßen über den drei Staatsfunktionen und symbolisiert die Einheit des Staates. Seine wichtigste Funktion besteht darin, das Funktionieren und Zusammenspiel der Staatsfunktionen bzw der diese verkörpernden Staatsorgane (Parlamente, oberste Verwaltungsorgane, Gerichte) zu sichern. Das Amt des BPräs gewinnt daher immer dann eine politisch zentrale Bedeutung, wenn es gilt, die Funktionsfähigkeit einer Staatsfunktion zu erhalten, in Gang zu setzen oder vor krisenhaften Beeinträchtigungen zu sichern (vgl etwa die Ernennung des Bundeskanzlers oder die Auflösung der Parlamente). Es ist also insbes seine Aufgabe, die Funktionsfähigkeit des parlamentarischen Regierungssystems zu sichern. Im politischen Alltag beschränkt sich dagegen seine Tätigkeit auf mehr repräsentative Aufgaben.

### 6.4.2. Der Bundespräsident als Verwaltungsorgan

Die Qualifikation des BPräs als oberstes Organ der Vollziehung (Art 19 Abs 1 B-VG), dh hier: der Verwaltung, bedeutet allgemein, daß die Akte des BPräs formal als Verwaltungsakte zu qualifizieren sind. Rechtliche Bedeutung hat dies dort, wo ein Akt selbständige normative Verbindlichkeit beansprucht: er ist bei einem generellen Adressatenkreis eine **Verordnung**, bei individuellen Adressaten ein **Bescheid**. Solche Verordnungen und Bescheide unterliegen daher der Kontrolle des VfGH und des VwGH. Verordnungen des BPräs werden als „allgemeine Entschließungen" bezeichnet.

Als Verwaltungsorgan müßte der BPräs auch dem Legalitätsprinzip des Art 18 B-VG unterliegen. Tatsächlich ergibt jedoch eine Interpretation der meisten dem BPräs übertragenen Aufgaben, daß diese nicht gesetzlich zu determinieren sind.

### 6.4.3. Die einzelnen Aufgaben

Vorauszuschicken ist, daß die Aufgaben des BPräs verfassungsrechtlich **taxativ** normiert sind und, soweit nicht eine ausdrückliche verfassungsrechtliche Ermächtigung besteht (siehe Art 65 Abs 3 B-VG), durch die einfache Gesetzgebung nicht erweitert werden dürfen.

a) **Vertretung der Republik** (dh des Gesamtstaates) nach außen, einschließlich des Abschlusses von Staatsverträgen (Art 65 Abs 1 B-VG);[22]

b) auf die **Gesetzgebung** bezogene Befugnisse:

> aa) Einberufung des neugewählten NR sowie Einberufung des NR zu ordentlichen und außerordentlichen Tagungen und Beendigung der Tagungen (Art 27, 28 B-VG),
> bb) Einberufung des NR an einen anderen Ort außerhalb Wiens (Art 25 Abs 2 B-VG),
> cc) Einberufung der Bundesversammlung nach Art 39 B-VG,
> dd) Auflösung des NR (Art 29 Abs 1 B-VG),
> ee) Auflösung eines Landtages (Art 100 B-VG),
> ff) Festsetzung der Zahl der von jedem Bundesland zu entsendenden Mitglieder des BR (Art 34 Abs 3 B-VG),
> gg) Beurkundung der Bundesgesetze,[23]
> hh) Anordnung eines Gesetzes– oder Verfassungsreferendums (Art 46 Abs 3 B-VG),
> ii) Notverordnungsrecht (Art 18 Abs 3-5 B-VG);

c) auf die **Gerichtsbarkeit** bezogene Befugnisse:

> aa) Individualbefugnisse auf dem Gebiet des Strafrechts gemäß Art 65 Abs 2 lit c B-VG (Gnadenrecht in Einzelfällen, Restitution, Abolition; vgl auch Art 93 B-VG),
> bb) Ehelicherklärung (Legitimation; Art 65 Abs 2 lit d B-VG),
> cc) Ernennung der Mitglieder des VfGH, des VwGH und der Richter (Art 86, 134 und 147 B-VG),
> dd) Exekution der Erkenntnisse des VfGH (Art 146 Abs 2 B-VG),
> ee) Verlegung des Sitzes eines Höchstgerichtes (OGH, VwGH, VfGH) an einen anderen Ort außerhalb Wiens bei außergewöhnlichen Verhältnissen (Art 5 Abs 2 B-VG);

---

22 Dazu auch unten IX.3.1.2.
23 Dazu oben VI.4.6.1.1.6.

d) **auf die obersten Organe der Verwaltung bezogene Aufgaben**
- aa) Ernennung und Entlassung des Bundeskanzlers und der übrigen Mitglieder der BReg sowie der Staatssekretäre (Art 70, 74 und 78 B-VG),
- bb) Angelobung des Bundeskanzlers, der übrigen Mitglieder der BReg und der Landeshauptleute (Art 72 und Art 101 Abs 4 B-VG),
- cc) Bestellung eines Vertreters für einen verhinderten BM (Art 73 B-VG) sowie Bestellung einer einstweiligen BReg oder eines einstweiligen Vertreters eines BM (Art 71 B-VG),
- dd) Übertragung der Leitung bestimmter Agenden des Bundeskanzleramtes auf einen eigenen BM (siehe unten VI.7.1.),
- ee) Oberbefehl über das Bundesheer (siehe unten VI.7.5.2.),
- ff) Verlegung des Sitzes oberster Bundesbehörden bei außergewöhnlichen Verhältnissen (Art 5 Abs 2 B-VG);

e) **Verwaltungsaufgaben im engeren Sinn**
- aa) Ernennung der Bundesbeamten, Offiziere und sonstigen Bundesfunktionäre, der Beamten des RH und der VA (Art 65 Abs 2 lit a, 125 und 148h B-VG),
- bb) Verleihung von Amtstiteln,
- cc) Schaffung und Verleihung von Berufstiteln (Art 65 Abs 2 lit b B-VG),
- dd) Gewährung von Ehrenrechten (zB Verleihung von Orden, Promotion sub auspiciis),
- ee) Gewährung außerordentlicher Zuwendungen (Art 65 Abs 3 B-VG),
- ff) sonstige Befugnisse in Personalangelegenheiten (Art 65 Abs 3 B-VG), zB: Erteilung von Urlaub an Präsident und Vizepräsident des VfGH.

### 6.4.4. Delegierbarkeit

Bestimmte Aufgaben des BPräs sind kraft ausdrücklicher verfassungsrechtlicher Ermächtigung delegierbar:

- a) der Abschluß bestimmter Kategorien von Staatsverträgen an die BReg oder die zuständigen Mitglieder der BReg; eine solche Ermächtigung erstreckt sich auch auf die Befugnis zur Anordnung, daß diese Staatsverträge durch Erlassung von Verordnungen zu erfüllen sind (Art 66 Abs 2 B-VG),
- b) der Abschluß von Staatsverträgen nach Art 16 Abs 1, die weder gesetzändernd noch gesetzesergänzend sind, an die LReg (Art 66 Abs 3 B-VG),
- c) die Ernennung von Bundesbeamten bestimmter Kategorien an den zuständigen BM.

Diese Delegation erfolgt in **allgemeinen Entschließungen**.

## 6.5. Die Bindung an Vorschlag und Gegenzeichnung

### 6.5.1. Vorschlag

Die Bundesverfassung überträgt dem BPräs weitreichende, gesetzlich kaum determinierte und determinierbare Aufgaben. Sie schränkt ihn aber in anderer Hinsicht weitgehend ein: der BPräs kann nur die wenigsten der ihm übertragenen Aufgaben in eigener Initiative ausüben; in der Regel ist er an einen **Vorschlag der BReg oder des von ihr ermächtigten BM** gebunden (Art 67 Abs 1 B-VG). Der BPräs kann einen solchen Vorschlag auch nicht abändern, sondern hat nur die Wahl, dem Vorschlag zu entsprechen oder ihn an den Antragsteller als ungeeignet zurückzustellen.

Der Grundsatz, daß der BPräs nur „auf Vorschlag der BReg oder des von ihr ermächtigten BM" tätig werden kann, gilt allerdings nur, „soweit nicht verfassungsmäßig anderes bestimmt ist". Die Bundesverfassung bestimmt in mehrfacher Hinsicht „anderes". Das ist zB schon dann der Fall, wenn das B-VG **ausdrücklich die BReg** zur Vorschlagserstattung beruft (zB: Art 5 Abs 2, 18 Abs 3, 25 Abs 2, 100 Abs 1, 134 Abs 2, 142 Abs 5, 147 Abs 2 B-VG), weil dies eine Ermächtigung eines BM ausschließt.

**Keines Vorschlages** bedürfen die Ernennung des Bundeskanzlers sowie die Entlassung des Bundeskanzlers und der gesamten BReg (Art 70 Abs 1 B-VG); die Bestellung einer einstweiligen BReg (Art 71 B-VG); die Angelobung des Bundeskanzlers, der BM, Staatssekretäre, Landeshauptleute etc sowie die Akte des Oberbefehls über das Bundesheer.

In gewissen Fällen sind **andere Organe vorschlagsberechtigt**, zB:

a) Beurkundung von Bundesgesetzen auf „Vorlage" des Bundeskanzlers (Art 47 B-VG);
b) Ernennung und Entlassung einzelner Mitglieder der BReg sowie von Staatssekretären (Art 70 Abs 1, 78 Abs 2 B-VG) auf Vorschlag des Bundeskanzlers;
c) Einberufung des NR zu einer außerordentlichen Tagung auf „Verlangen" von einem Drittel der Mitglieder des NR oder auf Antrag des BR (Art 28 Abs 2 B-VG);
d) Erklärung der Beendigung der Tagungen des NR auf Beschluß des NR (Art 28 Abs 3 B-VG);
e) Ernennung der Beamten des RH und der VA und Verleihung der Amtstitel an diese auf Vorschlag des Präsidenten des RH bzw des Vorsitzenden der VA (Art 125 Abs 1, 148h Abs 1 B-VG);
f) Ernennung eines Teiles der Mitglieder und Ersatzmitglieder des VfGH aufgrund von Dreiervorschlägen des NR und des BR (Art 147 Abs 2 B-VG);
g) Exekution der Erkenntnisse des VfGH auf Antrag des VfGH (Art 146 Abs 2 B-VG);
h) Ermächtigung zur Aufnahme von Verhandlungen und zum Abschluß völkerrechtlicher Verträge der Länder auf Vorschlag der LReg (Art 16 Abs 2, Art 66 Abs 3 B-VG).

### 6.5.2. Gegenzeichnung

Die Akte des BPräs bedürfen außerdem zu ihrer Gültigkeit der Gegenzeichnung des Bundeskanzlers oder der zuständigen BM, die damit die parlamentarische Verantwortung für diese Akte übernehmen (Art 67 Abs 2 B-VG).

Verfassungsgesetzliche Ausnahmen bestehen in folgenden Fällen:

a) Überhaupt **keiner Gegenzeichnung** bedürfen:
 aa) die Entlassung der BReg oder einzelner ihrer Mitglieder (Art 70 Abs 1 B-VG),
 bb) die Einberufung einer außerordentlichen Tagung des NR (Art 28 Abs 2 B-VG),
 cc) Weisungen im Rahmen einer Exekution von Erkenntnissen des VfGH gegen den Bund oder Bundesorgane (Art 146 Abs 2 B-VG);
b) die Ernennung der Beamten des RH und der VA erfolgt unter Gegenzeichnung des Präsidenten des RH bzw Vorsitzenden der VA;
c) die Ermächtigung zur Aufnahme von Verhandlungen und zum Abschluß völkerrechtlicher Verträge der Länder bedarf der Gegenzeichnung des LH.

## 7. Die Verwaltung

Der organisatorischen Abhängigkeit (iS des parlamentarischen Regierungssystems) und der funktionellen Abhängigkeit (iS des Legalitätsprinzips) der exekutiven Gewalt von der Legislative korrespondiert eine bestimmte Form der **Organisation** des staatlichen Verwaltungsapparates. Die „Regierung" selbst (BReg und LReg) bildet ja heute nur die Spitze eines ungemein komplexen und differenzierten Verwaltungsapparates.

Die politische Verantwortlichkeit (Mißtrauensvotum) und die rechtliche Verantwortlichkeit kann vom Parlament nur gegenüber diesen „obersten Organen" der Verwaltung geltend gemacht werden. Ebenso bestehen die Kontrollrechte des Parlaments zT unmittelbar nur gegenüber den Regierungsmitgliedern (siehe zuvor VI.4.6.4.). Andererseits erstreckt sich aber die parlamentarische Verantwortlichkeit der Regierung auf den gesamten ihr untergeordneten Verwaltungsapparat.

Das Verfassungsrecht regelt daher einerseits die Organisation der „obersten Organe der Verwaltung", andererseits die besondere Abhängigkeit der übrigen Verwaltungsorgane von diesen „obersten Organen". Inhaltlich reichen diese Regelungen weit in das Verwaltungsrecht hinein und werden daher zT dort ausführlicher behandelt.

### 7.1. Die obersten Organe der Verwaltung

Oberste Organe – dh nicht einem übergeordneten Organ unterstellte Organe – der Verwaltung sind
 – auf Bundesebene:   BPräs
                      BReg (als Kollegium)
                      BM
 – auf Landesebene:   LReg

Keine „obersten Organe" sind – entgegen dem Wortlaut des Art 19 Abs 1 B-VG – die **Staatssekretäre**. Ein Staatssekretär ist vielmehr dem BM unterstellt und an dessen Weisungen gebunden (Art 78 Abs 3 B-VG). Ihre Aufgabe besteht in der **Unterstützung** und **parlamentarischen Vertretung** eines BM (Art 78 Abs 2 B-VG). Der BM kann den Staatssekretär mit dessen Zustimmung auch mit der Besorgung bestimmter Aufgaben betrauen. Im Fall einer zeitweiligen Verhinderung eines BM kann der BPräs ua einen dem verhinderten BM beigegebenen Staatssekretär mit der Vertretung betrauen (Art 73 B-VG). In der Praxis nehmen die Staatssekretäre auch an den Sitzungen der BReg („Ministerrat") ohne Stimmrecht teil.

#### 7.1.1. Bundesregierung und Bundesminister

Mit den „obersten Verwaltungsgeschäften des Bundes" sind, soweit diese nicht verfassungsgesetzlich dem BPräs übertragen sind – siehe dazu zuvor VI.6.4. –, die **Mitglieder der BReg** betraut (vgl Art 69 Abs 1 B-VG). Im Verhältnis BPräs/BReg besteht somit eine Generalklausel zugunsten der BReg.

Auf Seite der BReg muß wieder unterschieden werden zwischen den einzelnen **Mitgliedern** (Bundeskanzler, Vizekanzler, BM) und der **BReg als Kollegium**.

Die Bundesverfassung sieht für die oberste Stufe der Bundesverwaltung prinzipiell das **Ministerialsystem** (Ressortsystem) vor: die einzelnen Aufgaben der Bundesverwaltung werden in der Regel von einem einzelnen Mitglied der BReg und dem diesem unterstellten Bundesministerium in alleiniger Verantwortung besorgt (Art 77 B-VG). Es untersteht dabei weder dem Bundeskanzler noch dem Kollegium der BReg. Dieses „Ministerialsystem" als Prinzip der Verwaltungsorganisation ist als Pendant der Ministerverantwortlichkeit zu sehen und löst mit der Entwicklung des Parlamentarismus das für die ältere Verwaltungsorganisation charakteristische Kollegialsystem ab.

Es ist allerdings zulässig, daß bestimmte Aufgaben der **BReg als Kollegium** gesetzlich übertragen werden. Die Bundesverfassung selbst sieht eine Reihe von Kompetenzen der BReg als Kollegialorgan vor, zB: Beschlußfassung über Gesetzesvorlagen (Art 41 Abs 1 B-VG), Anordnung der Wahl des NR (Art 27 Abs 2 B-VG) und des BPräs (Art 64 Abs 4 B-VG), Einspruch gegen Gesetzesbeschlüsse eines Landtages (Art 98 Abs 2 B-VG) und Zustimmung zur Mitwirkung von Bundesorganen an der Vollziehung eines Landesgesetzes (Art 97 Abs 2 B-VG), Stellung von Anträgen an den VfGH. Auch einfache Bundesgesetze können eine Kompetenz des Kollegialorgans BReg anordnen (in der Lehre umstritten). Die Kompetenzen des Kollegialorgans BReg sind von jenen eines einzelnen BM streng zu unterscheiden. Diese Kompetenzen bestehen **nebeneinander**. Verfassungswidrig wäre dagegen eine Unterstellung eines BM unter die BReg, zB durch Einräumung eines Instanzenzuges vom BM an die BReg.

Beschlüsse des Kollegiums der BReg müssen nach einer ungeschriebenen, aber allgemeinen anerkannten Regel **einstimmig** erfolgen.

Es ist ferner auch verfassungsrechtlich zulässig, daß ein BM gesetzlich an das Einvernehmen mit (einem) anderen BM gebunden wird. Dadurch wird in Wahrheit ein Kollegialorgan bestehend aus zwei oder mehreren BM geschaffen. Dagegen ist es verfassungswidrig, ein Kollegialorgan bestehend aus BM und anderen Personen (zB Interessenvertretern) zu schaffen (VfSlg 2323/1952, betraf das „Wirtschaftsdirektorium der BReg", den Vorläufer der heutigen „Paritätischen Kommission"). Ebenso gilt es als verfassungswidrig, den BM an Antragsbefugnisse anderer Stellen zu binden (Ausnahme: Art 67 Abs 1 letzter Satz B-VG).

Der **Bundeskanzler** ist Leiter des Bundeskanzleramtes und hat als solcher die Stellung eines Ressortleiters. Er ist außerdem Vorsitzender des Kollegiums der BReg und hat dabei wichtige **Koordinationsaufgaben**. Ein Weisungsrecht gegenüber BM besteht jedoch nicht. Doch kommt ihm eine politisch hervorgehobene Stellung dadurch zu, daß ein BM auf seinen Vorschlag vom BPräs zu ernennen und zu entlassen ist (Art 70 Abs 1 B-VG).

Zur **Vertretung des Bundeskanzlers** ist ex lege der **Vizekanzler** berufen. Bei gleichzeitiger Verhinderung von Bundeskanzler und Vizekanzler ist vom BPräs ein Mitglied der BReg mit der Vertretung des Bundeskanzlers zu betrauen.

Zur Vertretung der übrigen BM siehe Art 73 B-VG: Vertretung durch einen anderen BM oder einen höheren Beamten des Ressorts.

Scheiden die BReg oder einzelne Mitglieder aus dem Amt, so sind Mitglieder der scheidenden Regierung bzw das einzelne aus dem Amt scheidende

Mitglied oder höhere Beamte mit der Leitung der (des) Bundesministerien (Bundesministeriums) zu betrauen (Art 71 B-VG).

BM sind in der Regel Leiter eines Bundesministeriums (zum Verhältnis BM/Bundesministerium siehe Allgemeines Verwaltungsrecht).

Ausnahmsweise kann auch ein „**BM ohne Portefeuille**" bestellt werden (Art 78 Abs 1 B-VG) oder ein BM (Bundeskanzler) mit der Leitung eines zweiten Bundesministeriums betraut werden (Art 77 Abs 4 B-VG). Außerdem können einzelne Teile des Bundeskanzleramtes einem BM unter eigener Verantwortung unterstellt werden (Art 77 Abs 3 B-VG).

Die Zahl der Bundesministerien und ihr Wirkungsbereich ist einfachgesetzlich zu regeln (**Bundesministeriengesetz 1986** – dazu Allgemeines Verwaltungsrecht). Die BReg als Kollegium besitzt keinen eigenen Hilfsapparat; ihr Hilfsorgan ist vielmehr das Bundeskanzleramt („Ministerratspräsidium").

Zur Bestellung der Mitglieder der BReg siehe zuvor VI.5.1. und 6.4.3.d; beachte ferner das schon erwähnte Unvereinbarkeitsgesetz und Bezügegesetz (oben VI.4.4.6. und 4.4.7.).

### 7.1.2. Landesregierung

#### 7.1.2.1. Kollegialsystem und monokratisches System

Als oberstes Organ der Landesverwaltung setzt das B-VG (Art 101) die LReg ein. Daraus könnte abgeleitet werden, daß auf Landesebene nur das **Kollegialsystem** zulässig wäre. Aus dem BVG betreffend Grundsätze für die Einrichtung und Geschäftsführung der Ämter der Landesregierungen außer Wien, BGBl 1925/289, geht aber hervor, daß **einzelne Mitglieder der LReg** mit der selbständigen Besorgung einzelner Aufgaben der Landesverwaltung betraut werden dürfen, sofern dies die Landesverfassung vorsieht.[24] Die Aufteilung der Agenden zwischen dem Kollegium der LReg und den einzelnen Mitgliedern der LReg hat in der GeO der LReg zu erfolgen. Auch bei einer solchen landesverfassungsgesetzlichen Einführung eines „monokratischen Systems" bleibt aber das **Amt der LReg** einheitlicher Hilfsapparat des Kollegiums und der einzelnen Mitglieder. Dieses Amt der LReg ist vom **LH** zu leiten. Die Leitung des „inneren Dienstes" obliegt dem **Landesamtsdirektor** (Art 106 B-VG). Die Einrichtung eigener „Landesministerien" iS eines echten Ministerialsystems wäre daher unzulässig.

#### 7.1.2.2. Notverordnungsrecht

Mit der B-VGNov BGBl 1984/490 wurde der LReg ein dem Art 18 Abs 3 und 4 B-VG nachgestaltetes Notverordnungsrecht eingeräumt (Art 97 Abs 3 und 4 B-VG).

---

24 Tatsächlich ist dies in allen Landesverfassungen vorgesehen.

## 7.2. Nachgeordnete Verwaltungsorgane

Art 20 Abs 1 B-VG sieht vor, daß alle übrigen Verwaltungsorgane unter der Leitung und Aufsicht der obersten Verwaltungsorgane stehen und, sofern nicht verfassungsrechtliche Ausnahmebestimmungen bestehen, an deren **Weisungen** gebunden sind. Dieses **hierarchische Verwaltungsmodell** ist als Pendant der parlamentarischen Verantwortlichkeit der obersten Organe zu sehen: die Weisungsgebundenheit verknüpft die Verwaltung mit der parlamentarischen Kontrolle: das parlamentarisch verantwortliche oberste Organ kann so auch für die ihm nachgeordneten Verwaltungsorgane verantwortlich gemacht werden. Die Weisung stellt somit einen spezifischen Verantwortungskonnex zwischen Parlament und dem Verwaltungsapparat her.

An diesen Punkt knüpft eine seit 1918 geführte Diskussion über die **Demokratisierung der Verwaltung** an. Für *Kelsen* und *Merkl* sind Berufsbeamtentum und Weisungsgebundenheit essentielle Elemente einer demokratischen Verwaltungsorganisation, weil sie am besten die Gesetzesgebundenheit und die parlamentarische Kontrolle garantieren. Der Wille des Parlaments, der im Gesetz und den parlamentarischen Kontrolleinrichtungen zum Ausdruck kommt, repräsentiere den Willen des Volkes; daher sei eine Verwaltung demokratisch, die am ehesten Gesetzestreue garantiere und die parlamentarische Verantwortlichkeit über die obersten Verwaltungsorgane zur Geltung bringe.

Das B-VG ist an dieser Konzeption orientiert, verwirklicht sie aber nicht „rein". Es sieht zwar die Weisungsgebundenheit der nachgeordneten Verwaltungsorgane als Prinzip vor, verweist aber ausdrücklich auf verfassungsrechtliche Ausnahmeregelungen (der normative Gehalt dieser Verweisung liegt in einer Ermächtigung auch des Landesverfassungsgesetzgebers) und sieht selbst eine allgemeine Ausnahme vor (Art 20 Abs 2 B-VG: „kollegiale Verwaltungsbehörden mit richterlichem Einschlag", siehe unten VII. 3.2.).

Der Gedanke des **Berufsbeamtentums** wird dagegen nicht als Prinzip statuiert: neben den „ernannten berufsmäßigen Organen" sieht Art 20 B-VG auch „**auf Zeit gewählte Organe**" vor. (Die „berufsmäßigen Organe" können auch Vertragsbedienstete sein: siehe Art 21 Abs 2 B-VG.) Von der hierarchischen Verwaltungsorganisation weicht auch die verfassungsrechtlich teils ausdrücklich vorgesehene (Gemeinde), teils zulässige „Selbstverwaltung" ab (siehe unten VI.7.6.).

Von der Sozialdemokratie wurde in den Verfassungsverhandlungen 1918/20 unter dem Stichwort „Demokratisierung der Verwaltung" die Forderung erhoben, die Verwaltung auch auf Bezirksebene nach dem Muster der Selbstverwaltung einzurichten (Wahl einer Bezirksvertretung, der gegenüber der Bezirkshauptmann oder ein kollegialer Bezirksvorstand und der diesem unterstellte Verwaltungsapparat verantwortlich wäre, Weisungsfreiheit gegenüber der LReg). Über diese Forderung konnte keine Einigung erreicht werden, sie ist aber programmatisch in Art 120 B-VG angesprochen. Als demokratisch wird hier eine Verwaltung verstanden, die nicht bloß vom Parlament abhängt, sondern unmittelbar auf Wahlen beruht.

In neuerer Zeit haben sich Formen entwickelt, in denen gesellschaftlichen Organisationen (Verbänden) in Form von Beiräten, Komissionen etc Einfluß auf die Verwaltung eingeräumt wird. Neu ist auch die Forderung, der Bevölkerung selbst Mitsprache in der Verwaltung zu gewähren (Stichwort: **Partizipation**). Auf dieser Linie liegt die 1993 erfolgte verfassungsrechtliche Verankerung des Bürgerbeteiligungsverfahrens (Art 11 Abs 6 B-VG).

Siehe zu diesem Problemkreis auch: Allgemeines Verwaltungsrecht.

## 7.3. Schulbehörden des Bundes

Eine besondere Organisation sieht das B-VG für die Schulbehörden des Bundes auf Ebene der Länder und Bezirke vor (Art 81a und 81b B-VG). Die **Landesschulräte** und **Bezirksschulräte** (in Wien: **Stadtschulrat**) sind **Kollegialbehörden**. Ihre stimmberechtigten Mitglieder sind nach dem **Stärkeverhältnis der Parteien** im Landtag bzw im Bezirk zu bestellen. Präsident des Landesschulrates ist der LH oder ein Amtsführender Präsident, Leiter des Bezirksschulrates der Leiter der Bezirksverwaltungsbehörde (Bezirkshauptmann, in Städten mit eigenem Statut der Bürgermeister). Der Idee nach soll durch diese Konstruktion der Bevölkerung, vermittelt durch die politischen Parteien, ein Einfluß auf die Schulverwaltung gewährt werden.

Landesschulrat und Bezirksschulrat sind als Kollegien **prinzipiell weisungsfrei**. Doch können Weisungen erteilt werden, die die Durchführung eines Beschlusses untersagen oder die Aufhebung einer Verordnung anordnen, wenn dieser Beschluß bzw diese Verordnung rechtswidrig ist. Diese Weisungen sind entsprechend zu begründen. Gegen eine solche Weisung kann die Schulbehörde eine Beschwerde beim VwGH erheben (einziger Fall einer **Weisungsbeschwerde** – siehe unten VII.3.1.3.2.). Die Schulbehörden haben insofern eine einem Selbstverwaltungskörper angenäherte Stellung. Sofern eine Aufgabe in die Zuständigkeit des Vorsitzenden fällt, ist dieser weisungsgebunden.

Wichtigste Aufgabe der Schulbehörden ist die Erstattung von **Dreiervorschlägen für die Besetzung von Schulleitern, Lehrern etc**. Die Auswahl aus dem Dreiervorschlag obliegt dem zuständigen BM (Art 81b B-VG).

Die kollegialen Schulbehörden des Bundes spiegeln das Regierungssystem der „Großen Koalition" in der Verfassung wider (vgl auch die für Schulgesetze erforderliche Zweidrittelmehrheit gemäß Art 14 Abs 10 und Art 14a Abs 8 B-VG!).

## 7.4. Die Sicherheitsbehörden des Bundes

Lit: *Grabenwarter/Wiederin*, Das neue Polizeirecht, JAP 1992/93, 50

Die gegenwärtige Organisation der Sicherheitsverwaltung beruht auf einer Konstruktion des Ständestaates, die über das NS-Regime hinweg zunächst durch Verfassungsbestimmungen in der Verfassungsordnung des B-VG (§ 15 BehördenüberleitungsG 1945) eingebaut wurde. Der Widerspruch zum B-VG ergab sich aus (der früheren Fassung des) Art 102 B-VG (mittelbare Bundesverwaltung): die Sicherheitsbehörden waren schon damals Bundesbehörden, die Bundesaufgaben erfüllten, welche über den Katalog des Art 102 Abs 2 B-VG idF vor 1.5.1993 hinausgingen; ferner sind den Sicherheitsdirektionen die Bezirksverwaltungsbehörden, somit Landesbehörden unterstellt – eine Sonderform mittelbarer Bundesverwaltung in einem allgemein-verwaltungsrechtlichen Sinn, die im B-VG keine Grundlage hatte.

Mit der B-VGNov 1991/565, in Kraft getreten am 1. Mai 1993, ist diese Organisation der Sicherheitsbehörden des Bundes in das B-VG eingefügt worden (Art 78a-78c B-VG).

Näheres siehe Allgemeines Verwaltungsrecht!

## 7.5. Das Bundesheer

Eine für jede Demokratie sehr wesentliche Frage ist die Einbindung des Heeres in die demokratische Staatsorganisation (**Wehrverfassung**). Die Lösung dieser Frage steht nämlich im Spannungsverhältnis zwischen allzu großer Selbständigkeit des Heereskörpers, die zwar die Effektivität erhöhen mag, gleichzeitig aber die Gefahr eines Mißbrauches der bewaffneten Macht zu einseitigen politischen Zwecken mit sich bringt, und zwischen vollkommener Einbindung in die Verwaltungsstruktur und damit auch demokratischer Kontrolle, die aber wieder dazu führen könnte, daß das Heer seine Aufgabe nicht effektiv bewältigen kann.

### 7.5.1. Wehrpflicht

Dem demokratischen Gedanken entspricht – zumindest historisch – die **allgemeine Wehrpflicht** (Art 9a Abs 3 B-VG).

Zu modernen rechtsstaatlichen Demokratievorstellungen gehört aber auch die Respektierung der Gewissensfreiheit des einzelnen, der aus Gewissensgründen die Erfüllung der Wehrpflicht verweigern kann und statt dessen einen Ersatzdienst (Zivildienst) zu leisten hat (es handelt sich dabei um ein „verfassungsgesetzlich gewährleistetes Recht" iS des Art 144 B-VG).

### 7.5.2. Eingliederung in die Verwaltung

Eine wesentliche Vorentscheidung über die Eingliederung des Bundesheeres in den Staatsaufbau trifft das B-VG mit seiner Qualifikation des Bundesheeres als **Teil der Verwaltung**. Alle für die Verwaltung allgemein geltenden Regelungen der Bundesverfassung gelten daher prinzipiell auch für das Bundesheer. Das bedeutet zB, daß ein militärischer Befehl eine „**Weisung**" iS des Art 20 Abs 1 B-VG ist und daher die dort normierte Pflicht, die Befolgung bestimmter (qualifiziert rechtswidriger) Weisungen zu verweigern, auch im Bundesheer gilt.

Darüber hinaus gliedert das B-VG das Bundesheer in folgender Weise in den staatlichen Verwaltungsapparat ein. Zu differenzieren ist dabei zwischen:
– Oberbefehl
– Verfügungsbefugnisse
– Besondere Verfügungsrechte
– Befehlsgewalt

a) Der **Oberbefehl** obliegt dem BPräs; dieser ist damit Vorgesetzter aller Bundesheerangehörigen einschließlich des BM für Landesverteidigung. Strittig ist, inwieweit diese Akte des BPräs an Vorschläge der BReg und die Gegenzeichnung iS des Art 67 B-VG gebunden sind.

b) **Verfügungsbefugnis** bedeutet die Entscheidung über den konkreten Einsatz („ob und wie") des Bundesheeres. Diese ist zwischen dem BPräs und dem zuständigen BM geteilt. Sie steht dem BPräs zu, soweit dies gesetzlich ausdrücklich vorgesehen ist. Das Wehrgesetz enthält solche Bestimmungen (zB: Einberufung zum außerordentlichen Präsenzdienst). Art 67 B-VG gilt dabei unbestritten. Ansonsten steht sie dem **BM** für Landesverteidigung innerhalb der ihm von der **BReg** erteilten Ermächtigung zu. Strittig ist, ob diese Ermächtigung eine Verordnung ist, die im BGBl kundzumachen wäre. Richtiger ist wohl die Qualifikation als Regierungsakt, der weder zu publizieren ist noch einer gerichtlichen Überprüfung unterliegt. Die derzeit geltende Ermächtigung stammt aus 1966/67 und findet sich abgedruckt bei *Adamovich,* Handbuch des österreichischen Verfassungsrechts[6], S. 387.

c) **Besondere Verfügungsbefugnisse** räumt das Wehrgesetz (auf der Grundlage des Art 79 B-VG) Bundes-, Landes- und Gemeindebehörden bei Katastrophen und zur Aufrechterhaltung von Ordnung und Sicherheit im Inneren ein.

d) Die **Befehlsgewalt** ist die Befugnis zur Erteilung von Weisungen an die Angehörigen des Bundesheeres. Sie liegt beim BM für Landesverteidigung.

### 7.5.3. Aufgaben

Das B-VG legt ferner die Aufgaben des Bundesheeres taxativ fest. Es sind dies

   a) die militärische Landesverteidigung (diese ist als Teil der umfassenden Landesverteidigung zu verstehen: siehe Art 9a B-VG),
   b) darüber hinaus:
   – der Schutz der verfassungsmäßigen Einrichtungen sowie der demokratischen Freiheiten der Bevölkerung,
   – die Aufrechterhaltung der Ordnung und Sicherheit im Inneren überhaupt,
   c) die Hilfeleistung bei Elementarereignissen und Unglücksfällen außergewöhnlichen Umfanges,
   d) gemäß einem besonderen BVG aus 1965 (BGBl Nr 173) die Hilfeleistung im Ausland auf Ersuchen Internationaler Organisationen,
   e) aus Art 146 Abs 2 B-VG ergibt sich, daß der BPräs mit der Exekution von Erkenntnissen des VfGH auch das Bundesheer betrauen kann.

Eine Verwendung des Bundesheeres zu anderen Zwecken ist verfassungswidrig. Der Einsatz des Bundesheeres zu den unter lit b und c genannten Aufgaben darf grundsätzlich nur auf Ersuchen der „gesetzmäßigen zivilen Gewalt" erfolgen. Ein **selbständiges militärisches Einschreiten** erlaubt Art 79 Abs 5 **B-VG wenn**

   – die zuständigen Behörden durch höhere Gewalt ausgeschaltet sind und ein Zuwarten zu einem nicht wieder gutzumachenden Schaden für die Allgemeinheit führen würde oder
   – es sich um die Zurückweisung eines tätlichen Angriffes oder um die Beseitigung eines gewalttätigen Widerstandes handelt, die gegen eine Abteilung des Bundesheeres gerichtet ist.

## 7.6. Exkurs: Selbstverwaltung

### 7.6.1. Begriff und verfassungsrechtliche Problematik

**Lit:** *Pernthaler,* Die verfassungsrechtlichen Schranken der Selbstverwaltung in Österreich, Verh. 3. ÖJT, 1967, Bd I/3; *Ringhofer,* Die verfassungsrechtlichen Schranken des Selbstverwaltens in Österreich, Verh. 3. ÖJT, 1967, Bd II/3; *Karl Korinek,* Wirtschaftliche Selbstverwaltung (1970); *Günther Winkler,* Studien zum Verfassungsrecht (1991)

„Selbstverwaltung" ist die Besorgung öffentlicher Aufgaben (einschließlich hoheitlicher Aufgaben) durch eigene Rechtsträger (neben Bund und Ländern). Diese sind dabei, soweit sie im **„eigenen Wirkungsbereich"** handeln, gegenüber den staatlichen Behörden (des Bundes oder Landes) **weisungsfrei**, unterstehen allerdings der staatlichen Aufsicht.

Selbstverwaltung steht gedanklich und historisch in einem Bezug zur Idee **demokratischer Selbstbestimmung**. Die territoriale Selbstverwaltung der Gemeinden steht ferner auch in einem Bezug zur Idee des **Föderalismus** und damit des bundesstaatlichen Prinzips. (Der Begriff des Bundesstaates umfaßt das Verhältnis von Bund und Ländern: der Begriff des Föderalismus ist weiter und umfaßt in seiner konkreten Ausgestaltung in der österreichischen Verfassungsordnung auch die Autonomie der Gemeinden.)

Die wesentlichen **juristischen** Merkmale der Selbstverwaltung sind:

Träger ist eine eigene juristische Person **(Rechtsträger),** meistens eine Körperschaft (siehe dazu Allgemeines Verwaltungsrecht).

Der Träger der Selbstverwaltung besitzt einen **eigenen** (selbständigen, autonomen) Wirkungsbereich, in dem er **weisungsfrei** ist, jedoch der **Aufsicht** staatlicher Behörden unterliegt. Zum Teil ist auch ein **Instanzenzug an staatliche Behörden ausgeschlossen.**

Daneben besteht ein **übertragener** Wirkungsbereich, in dem die Organe des Selbstverwaltungskörpers funktionell als Behörden des Bundes oder Landes tätig werden und den übergeordneten Behörden des Bundes oder Landes gegenüber weisungsgebunden sind.

Die Bundesverfassung selbst regelt nur die **territoriale Selbstverwaltung** der **Gemeinden** ausführlich (Art 115 bis 120 B-VG). Die Frage, inwieweit auch sonstige Selbstverwaltungsträger eingerichtet werden dürfen, bildet im Hinblick auf den Grundsatz der Weisungsgebundenheit der Verwaltung (Art 20 Abs 1 B-VG) ein verfassungsrechtliches Problem. Art 20 Abs 1 B-VG läßt nur verfassungsgesetzlich normierte Ausnahmen zu. Daraus könnte geschlossen werden, daß – weisungsfreie – Selbstverwaltungsträger stets einer besonderen verfassungsrechtlichen Grundlage bedürfen (so *Robert Walter*). Ein Teil der Lehre sieht diese Grundlage für bestimmte gesetzliche berufliche Vertretungen in den Kompetenzartikeln, in denen bestimmte (schon 1925 als solche existierende) Selbstverwaltungsträger wie die Kammern für Handel, Gewerbe und Industrie (Art 10 Abs 1 Z 8 B-VG) und die Kammern für Arbeiter und Angestellte (Art 10 Abs 1 Z 11 B-VG) genannt werden. Von manchen Autoren wird dieser Gedanke auch auf den Kompetenztatbestand „Sozialversicherungswesen" ausgedehnt, der im Hinblick auf die Rechtslage von 1925 (Versteinerungstheorie!) die Ermächtigung zur gesetzlichen Errichtung weisungsfreier Rechtsträger (Sozialversicherungsträger) inkludiere.

Der VfGH hat demgegenüber in der neueren Judikatur die Position eingenommen, daß sich Art 20 Abs 1 B-VG überhaupt nur auf die staatliche Verwaltung im engeren (organisatorischen) Sinn beziehe und die **Einrichtung von Selbstverwaltungsträgern „im Rahmen des Organisationsplanes der Bundesverfassung gelegen" und daher allgemein zulässig** sei (Slg 8215/1977 „Salzburger Jägerschaft"). Der Gesetzgeber ist dabei verfassungsrechtlich in folgender Weise gebunden:

1. die Errichtung muß dem Gebot der **Sachlichkeit** (Art 7 B-VG) entsprechen;
2. es muß eine **staatliche Aufsicht** über die Organe des Selbstverwaltungsträgers hinsichtlich der Rechtmäßigkeit ihrer Verwaltungsführung gegeben sein;

3. einer Selbstverwaltungskörperschaft dürfen nur solche Angelegenheiten zur eigenverantwortlichen, weisungsfreien Besorgung überlassen werden, die im ausschließlichen oder überwiegenden Interesse der zur Selbstverwaltungskörperschaft zusammengefaßten Personen gelegen und geeignet sind, durch diese Gemeinschaft besorgt zu werden (vgl Art 118 Abs 2 B-VG!).

In einer weiteren Entscheidung (Slg 8644/1979 – „AK-Präsident") hat der VfGH postuliert, daß – dem Grundgedanken der Selbstverwaltung gemäß – die **innere Organisation** des Selbstverwaltungsträgers **demokratischen Grundsätzen** entsprechen müsse.

Selbstverwaltungsträger sind heute insbes:
- **Gemeinden** (territoriale Selbstverwaltung),
- **gesetzliche Berufsvertretungen** (berufliche und wirtschaftliche Selbstverwaltung: Kammern),
- **Sozialversicherungsträger** (soziale Selbstverwaltung),
- **Universitäten** (VfGH 15.6.1993, B 1392/90),
- die **Österreichische Hochschülerschaft**.

### 7.6.2. Die Gemeinden

Lit: *Neuhofer*, Handbuch des Gemeinderechts (1972); *Fröhler/Oberndorfer* (Hg), Das österreichische Gemeinderecht, Sammlung der gemeinderechtlichen Vorschriften Österreichs mit Erläuterungen, Loseblattausgabe in 2 Bänden, 1980 ff

#### 7.6.2.1. Die Gemeinde als Gebietskörperschaft

Zuvor (V.) wurde deutlich, daß in Österreich trotz der prinzipiellen rechtlichen Parität von Bund und Ländern faktisch der Bund ein erhebliches Übergewicht besitzt und die Rechtsstellung und Kompetenzen der Länder, verglichen mit anderen Bundesstaaten, eher bescheiden sind (siehe insbes die Stellung der Länder in der Finanzverfassung). Demgegenüber besitzt eine dritte Ebene – die **Gemeinden** – eine vergleichsweise starke Position. Während im klassischen Bundesstaatsmodell die Gemeinden als Untergliederung der Länder gelten und ihre Rechtsstellung durch die Landesverfassung geregelt wird, normiert das B-VG die Rechtsstellung der Gemeinde in sehr intensiver Weise und überläßt lediglich die Ausführung der Details der Landes(verfassungs)gesetzgebung. Die Gemeinde wird dadurch gegenüber den Ländern stark aufgewertet und bildet gewissermaßen die **dritte Ebene des Bundesstaates**.

Trotz dieser Annäherung der Rechtsstellung von Ländern und Gemeinden dürfen allerdings wesentliche rechtliche Unterschiede zwischen diesen beiden Typen von Gebietskörperschaften nicht übersehen werden:
  a) Die Gemeinden haben keinen Anteil an der gesetzgebenden Gewalt (diese wird von Bund und Ländern ausgeübt) und der Gerichtsbarkeit (die ausschließlich dem Bund vorbehalten ist). Sie sind **lediglich Träger der Verwaltung**. Relativiert wird dieser Unterschied allerdings wieder durch das selbständige Verordnungsrecht der Gemeinden, das der Gemeinde ein Gesetzgebungsrecht zwar nicht im formellen, aber im

materiellen Sinn gibt. Im übrigen gilt aber für die Gemeinde als Verwaltungsträger streng der **Grundsatz der Gesetzmäßigkeit der Verwaltung** (siehe oben VI.5.2.).
b) Im Bereich der Hoheitsverwaltung besitzt die Gemeinde keine ursprünglichen, sondern lediglich **vom Bund oder Land abgeleitete Aufgaben**: alle, auch die in den „eigenen Wirkungsbereich" fallenden Aufgaben der Gemeinde sind entweder dem Vollzugsbereich des Bundes oder jenem der Länder iS der Art 10 bis 15 B-VG zuzuordnen. Nach dieser Zuordnung bestimmt sich die Zuständigkeit des Bundes oder des Landes zur Aufsicht über die Gemeinde. Die Gemeinde ist somit vollständig in den „Staat" integriert. Sie ist eine qualifizierte Form **dezentralisierter staatlicher Verwaltung**. Die ältere Vorstellung, daß die Gemeinde die Rechtsform einer natürlichen, vom Staat unabgeleiteten Gemeinschaft sei und als solche ursprüngliche, nicht vom Staat her abgeleitete Rechte besitze, ist im österreichischen Verfassungsrecht fast vollständig eliminiert.

### 7.6.2.2. Die Gemeinde als Selbstverwaltungskörper

Ist somit die Gemeinde als Gebietskörperschaft Bund und Ländern nicht völlig gleichwertig, so unterscheidet sie sich auch wiederum wesentlich von einer bloßen Verwaltungseinheit (Amt, Behörde). Sie besitzt:
- **Rechtspersönlichkeit**
- mit dem Recht auf **Selbstverwaltung**.

Als ein Träger der Selbstverwaltung besitzt die Gemeinde einen **eigenen Wirkungsbereich**, in dem sie
- **weisungsfrei** ist,
- ein **Instanzenzug** (dh ein ordentliches Rechtsmittel gegen ihre Bescheide) an Verwaltungsorgane außerhalb der Gemeinde **ausgeschlossen** ist (Art 118 Abs 4 B-VG).

Auch für den eigenen Wirkungsbereich der Gemeinde gilt der **Grundsatz der Gesetzmäßigkeit der Verwaltung**.

### 7.6.2.3. Der eigene Wirkungsbereich

Das B-VG umschreibt den eigenen Wirkungsbereich mit einer Generalklausel (Art 118 Abs 2 B-VG). Dieser umfaßt alle Angelegenheiten,
- die im ausschließlichen oder überwiegenden **Interesse** der örtlichen Gemeinschaft gelegen **und**
- **geeignet** sind, durch die Gemeinschaft innerhalb ihrer Grenzen besorgt zu werden.

Art 118 Abs 3 B-VG zählt in der Folge einige Angelegenheiten auf, die jedenfalls zum eigenen Wirkungsbereich gehören. Dazu zählt etwa das Recht der Gemeinde, ihre Organe selbst zu bestellen (Art 118 Abs 3 Z 1 B-VG), das ein wesentliches Merkmal der Selbstverwaltung bildet. Dieser Katalog ist aber nur **demonstrativ** und im übrigen sind die meisten Tatbestände eher vage. Das B-VG bestimmt daher, daß die einfache Gesetzgebung bei Regelung einer Materie **genau zu bezeichnen hat**, welche Agenden von der Gemeinde im eigenen Wirkungsbereich zu besorgen sind. Erst aus diesen einfach-gesetzlichen Regelungen ergibt sich konkret der Umfang des eigenen Wirkungsbereiches. Was beispielsweise „örtliche Straßenpolizei" (Art 118 Abs 3 Z 4 B-VG) ist, normiert konkret § 94d StVO. Der VfGH prüft solche Gesetze daraufhin, ob sie den eigenen Wirkungsbereich nach den Kriterien des Art 118 Abs 2 B-VG (Interesse und Eignung) „richtig" abgrenzen.

In den Angelegenheiten des eigenen Wirkungsbereiches hat die Gemeinde das Recht, **ortspolizeiliche Verordnungen** zur Abwehr unmittelbar bevorstehender oder zur Beseitigung bereits bestehender Mißstände, die das örtliche Gemeinschaftsleben stören, zu erlassen (vgl dazu Art 118 Abs 6 B-VG). Es handelt sich dabei um ein selbständiges (gesetzesergänzendes) Verordnungsrecht.

Zum eigenen Wirkungsbereich gehört auch das Recht der Gemeinde, als **„selbständiger Wirtschaftskörper"** im Rahmen der allgemeinen Gesetze Vermögen aller Art zu besitzen und wirtschaftliche Unternehmungen zu betreiben (Art 116 Abs 2 B-VG). Auch diese Tätigkeit der Gemeinde gilt aber als dezentralisierte Form der staatlichen Verwaltung und ist eine Erscheinungsform der „Privatwirtschaftsverwaltung". Die Gemeinde unterliegt dabei der Aufsicht des Landes. Strittig ist, inwieweit die privatwirtschaftliche Betätigung der Gemeinde, insbes der Betrieb oder die Beteiligung an Unternehmen, **gesetzlich eingeschränkt werden darf**. (Beispiel: nach der Vbg Gemeindeordnung ist den Gemeinden der Betrieb von wirtschaftlichen Unternehmungen untersagt, wenn der Zweck der Unternehmung in gleicher Weise durch einen privaten Unternehmer erfüllt wird oder erfüllt werden könnte.)

### 7.6.2.4. Die staatliche Aufsicht

Die Gemeinden sind zwar im eigenen Wirkungsbereich weisungsfrei, unteliegen aber der **Aufsicht** von Bund oder Land (Art 119a B-VG). Die Aufsicht ist auf die Kontrolle der Rechtmäßigkeit der Gemeindeakte beschränkt. Lediglich auf dem Gebiet der Gemeindegebarung erfolgt zusätzlich eine Überprüfung nach den Kriterien der Sparsamkeit, Wirtschaftlichkeit und Zweckmäßigkeit (**Rechts– und Wirtschaftlichkeitsaufsicht**). Dabei zeigt sich der Unterschied zwischen der Gemeinde als Selbstverwaltungskörper und einer bloßen Verwaltungsbehörde auch darin, daß die Gemeinde im Aufsichtsverfahren Parteistellung hat und selbst Rechtsmittel gegen Aufsichtsmaßnahmen bis hin zu Beschwerden an den VfGH und VwGH erheben kann.

An die Stelle des administrativen Instanzenzuges tritt die **Vorstellung**. Diese unterscheidet sich von einem ordentlichen Rechtsmittel (Berufung) dadurch, daß sie
– kassatorisch ist,
– auf die Rechtmäßigkeitskontrolle beschränkt ist.

**Aufsichtsbehörden** sind die Behörden der allgemeinen staatlichen Verwaltung (Bezirksverwaltungsbehörde, LReg bzw LH). Sie sind funktionell Landesbehörden, wenn die beaufsichtigte Agende der Gemeinde aus dem autonomen Wirkungsbereich des Landes stammt bzw es sich um Tätigkeiten aus dem Bereich der Privatwirtschaftsverwaltung handelt, und funktionell Bundesbehörden, wenn die beaufsichtigte Agende aus der Bundesvollziehung stammt.

### 7.6.2.5. Der übertragene Wirkungsbereich

Neben dem eigenen gibt es den **übertragenen** Wirkungsbereich (Art 119 B-VG). Hier ist die Gemeinde ein Verwaltungssprengel (nicht Rechtsträger; siehe Art 116 Abs 1 B-VG) und besorgt staatliche Verwaltungsaufgaben im engsten Sinn. Organ des übertragenen Wirkungsbereiches ist der Bürgermeister. Je nach der kompetenzrechtlichen Zuordnung ist der Bürgermeister somit funktionell entweder Bundesbehörde oder Landesbehörde. Der Bürgermeister untersteht dabei der **Weisungsgewalt** der übergeordneten Bundes- oder Landesbehörde (in der Regel: Bezirksverwaltungsbehörde, bei Städten mit eigenem Statut LReg oder LH). Der **Instanzenzug** geht vom Bürgermeister unmittelbar an die übergeordnete Bundes- oder Landesbehörde.

Es handelt sich beim übertragenen Wirkungsbereich um eine Variante der „mittelbaren Verwaltung" (vgl die Parallelen zur mittelbaren Bundesverwaltung, inbes auch in organisatorischer Hinsicht: Art 119 Abs 3 B-VG).

### 7.6.2.6. Das Prinzip der Einheitsgemeinde

Nach dem B-VG besitzen alle Gemeinden **prinzipiell die gleiche Rechtsstellung**. Insbes ist der eigene Wirkungsbereich für alle Gemeinden in gleicher Weise und ohne Rücksicht auf Größe und Leistungsfähigkeit der einzelnen Gemeinde abzugrenzen. Der Gesetzgeber hat sich bei dieser ihm obliegenden Aufgabe daher nicht am Interesse und der Eignung der jeweils konkreten Gemeinde, sondern am Modell einer „abstrakten Durchschnittsgemeinde" zu orientieren.

Dies bereitet in der Praxis Probleme im Hinblick auf die reale Vielfalt von Gemeinden und kann zur Überforderung kleiner oder leistungsschwacher Gemeinden führen. Als Lösungsmöglichkeiten bieten sich auf dem Boden der Bundesverfassung an:

- Bildung von Gemeindeverbänden (Art 116a B-VG),
- Übertragung einzelner Aufgaben auf eine Bundes- oder Landesbehörde auf Antrag einer Gemeinde durch Verordnung der LReg oder des LH (Art 118 Abs 7 B-VG),
- Gemeindezusammenlegung („Gebietsreform"). Dazu ist zu bemerken, daß die einzelne Gemeinde kein verfassungsgesetzlich gesichertes Bestandsrecht hat und daher auch zwangsweise Zusammenlegungen oder Grenzänderungen durch die Landesgesetzgebung zulässig sind.

Eine gewisse Sonderstellung besitzen die **Städte mit eigenem Statut**. Sie unterscheiden sich von den übrigen Gemeinden dadurch, daß sie **zugleich Bezirksverwaltungssprengel** sind und – im übertragenen Wirkungsbereich – die Agenden einer Bezirkshauptmannschaft besorgen.

### 7.6.2.7. Wien als Gemeinde und Land

Eine weitere Sonderstellung besitzt die **Gemeinde Wien**, die sich daraus ergibt, daß Wien zugleich Gemeinde, Stadt mit eigenem Statut (dh Träger der Bezirksverwaltung) und Land ist. Daraus ergibt sich eine charakteristische **Doppelfunktion der Organe**.

Die Stellung Wiens ist im B-VG grundsätzlich in den Art 108–112 und näher in der Wiener Stadtverfassung, LGBl 28/1968, die zugleich Gemeindeordnung (Stadtstatut) und Landesverfassung ist, geregelt. Nach Art 108 B-VG hat der Gemeinderat auch die Funktion des Landtages, der Stadtsenat (bestehend aus den Stadträten) auch die der LReg, der Bürgermeister auch die des LH, der Magistrat auch die des Amtes der LReg und der Magistratsdirektor auch die des Landesamtsdirektors. Dies bedeutet für den Magistrat, daß dieser zugleich „Gemeindeamt", Bezirksverwaltungsbehörde und Amt der LReg ist. Daneben bestehen in Wien nach Art 111 B-VG noch eigene Kollegialbehörden für Angelegenheiten des Bauwesens (Bauoberbehörde) und des Abgabenwesens (Abgabenberufungskommission). Im übrigen gelten subsidiär auch für Wien die Art 115-120 B-VG.

Die sog **„amtsführenden Stadträte"** sind in dieser Funktion eigene Organe neben dem Stadtsenat, dem sie als „Stadträte" angehören. Sie sind Leiter von Geschäftsgruppen des Magistrates, soweit dieser Aufgaben des eigenen Wirkungsbereiches der Gemeinde besorgt, und unterstehen dabei dem Bürgermeister. Da sie in dieser ihrer Eigenschaft nicht Aufgaben des Stadtsenates besorgen, gilt diesbezüglich nicht das Proporzgebot des Art 117 Abs 5 B-VG (VfGH 13.3.1993, G 76/92).

Die Doppelstellung der Organe macht es notwendig, eigene Regelungen über die **Instanzenzüge** bzw im Bereich der Gemeindeverwaltung über die **staatliche Aufsicht** zu treffen. Im einzelnen gilt folgendes:

a) **Landesverwaltung:** Im Bereich der Landesvollziehung geht der Instanzenzug vom Magistrat (bzw eigenen Bundesbehörden, zB Bundespolizeidirektion) an den Wiener Stadtsenat als LReg.

b) **Mittelbare Bundesverwaltung:** Im Bereich der mittelbaren Bundesverwaltung vom Magistrat (bzw eigenen Bundesbehörden) an den Bürgermeister als LH. Für die Einrichtung des Instanzenzuges an einen BM gilt Art 103 Abs 4 B-VG.

c) **Gemeindeverwaltung:** In den Angelegenheiten des **eigenen Wirkungsbereiches** ist erste Instanz der Magistrat, zweite der Stadtsenat. Im **übertragenen Wirkungsbereich** ist erste Instanz der Bürgermeister (bzw der ihm in diesen Angelegenheiten untergeordnete Magistrat), zweite Instanz in Landessachen der Stadtsenat als LReg; in Bundessachen gelten die Bestimmungen über die mittelbare Bundesverwaltung entsprechend.

d) **Sicherheitsverwaltung:** In Wien ist gemäß Art 78b B-VG die Bundespolizeidirektion zugleich auch Sicherheitsdirektion. Dies schließt allerdings nach der Judikatur des VwGH nicht aus, daß auch in Wien ein Instanzenzug von Bundespolizeidirektion zur Sicherheitsdirektion – also innerhalb ein- und derselben Behörde – besteht (näheres Allgemeines Verwaltungsrecht).

Nach Art 112 B-VG gelten die Bestimmungen über das Aufsichtsrecht (Art 119a B-VG) und über die Möglichkeit, den Bürgermeister abzusetzen (Art 119 Abs 4 B-VG) für Wien nicht. Statt dessen besteht in Landessachen die Verantwortlichkeit gegenüber dem Gemeinderat gemäß der Wiener Stadtverfassung, in Bundessachen die Möglichkeit der Anklage der Organe der Bundeshauptstadt Wien nach Art 142 Abs 2 lit e B-VG auf Beschluß der BReg.

### 7.6.2.8. Die Organisation der Gemeinde

Ähnlich wie auf Landesebene zeichnet das B-VG (Art 117 B-VG) auch die Organisationstruktur der Gemeinde in wesentlichen Zügen vor. In Analogie zum Land sieht das B-VG eine Art parlamentarisches System vor, bestehend aus:

- **Gemeinderat** als „allgemeiner Vertretungskörper", der von den Gemeindebürgern nach den gleichen Prinzipien wie NR und Landtag zu wählen ist;
- **Gemeindevorstand** als kollegiale „Gemeinderegierung", der vom Gemeinderat nach dem Proporz zu wählen ist; er heißt in Städten Stadtrat, in Statutarstädten Stadtsenat;
- **Bürgermeister**;
- **Gemeindeamt**, in Statutarstädten der **Magistrat**; dieser ist Hilfsapparat der zuvor erwähnten Organe, nach einzelnen Gemeindeordnungen aber auch selbständige Behörde (zB in Wien).

Der Bürgermeister und die Mitglieder des Gemeindevorstandes sind im eigenen Wirkungsbereich dem Gemeinderat verantwortlich. Auch der **Gemeinderat** ist aber rechtlich nur ein **Verwaltungsorgan** und als solcher dem Prinzip der Gesetzmäßigkeit der Verwaltung unterworfen.

Der Landesgesetzgeber darf auch weitere Organe vorsehen. (Ein bereits erwähntes Beispiel sind die „amtsführenden Stadträte" nach der Wiener Stadtverfassung – siehe zuvor VI.7.6.2.7.).

# VII. Der Rechtsstaat

## 1. Das Rechtsstaatliche Prinzip der Bundesverfassung

Anders als die demokratische Republik sowie der Bundesstaat **wird der Rechtsstaat als leitendes Prinzip der Bundesverfassung im B-VG nicht ausdrücklich proklamiert**. Herrschende Lehre und Rechtsprechung sehen darin jedoch ein drittes eigenständiges Grundprinzip der Bundesverfassung.

Eine nähere Analyse des demokratischen Prinzips (siehe oben VI.1.) konnte freilich zeigen, daß im **Demokratiekonzept des B-VG** wesentliche rechtsstaatliche Momente enthalten sind. Rechtsstaat und Demokratie lassen sich insofern als ein – im Art 1 B-VG angesprochenes – einheitliches Grundprinzip der Bundesverfassung verstehen. Insofern bereitet die dogmatische Verankerung des rechtsstaatlichen Prinzips im Text des B-VG keine Schwierigkeiten.

Es ist andererseits in analytischer Hinsicht gerechtfertigt, Rechtsstaat und Demokratie als zwei relativ selbständige und isolierbare Aspekte dieses Grundprinzips der rechtsstaatlichen Demokratie darzustellen.

### 1.1. Legalitätsprinzip

Kern der rechtsstaatlichen Komponente der verfassungsrechtlichen Grundordnung (siehe zu diesem Begriff oben III.) ist das **Legalitätsprinzip**, das von der älteren Lehre mit dem Rechtsstaatsprinzip schlechthin identifiziert wurde (formeller Rechtsstaatsbegriff).[1] Das Legalitätsprinzip besagt in der Formulierung des Art 18 Abs 1 B-VG, daß die gesamte staatliche Verwaltung nur auf Grund der Gesetze ausgeübt werden darf.

Neben seiner bereits erörterten demokratischen Komponente (siehe oben VI.1.2. und VI.5.2.) besteht der spezifisch rechtsstaatliche Gehalt darin, die Verwaltung (di im 19. Jhdt. insbes die Polizei- und Finanzverwaltung) an feste Regeln zu binden, die ihr Handeln **für den Privaten vorhersehbar und berechenbar machen**. Das ist sowohl als Absage an polizeiliche Willkür iS des Metternich'schen Polizeistaates als auch als Bedingung einer vorausschauenden Planung unternehmerischen Handelns und insgesamt als Garantie individueller Freiheit zu verstehen. Effektuiert wird dieses Prinzip durch eine richterliche (also verwaltungsunabhängige) Kontrolle der Gesetzmäßigkeit: die **Verwaltungsgerichtsbarkeit**.

Art 18 Abs 1 B-VG normiert eine Verpflichtung

– sowohl der **Verwaltung**
– als auch der **Gesetzgebung** selbst.

---

1 Siehe etwa *Antoniolli/Koja*, Allgemeines Verwaltungsrecht[2] (1986) 116 f.

a) Die Verwaltung darf nur in dem Maß und dem Umfang tätig werden, in dem sie dazu gesetzlich ermächtigt ist.

Dies gilt nach heute herrschender – lange umstrittener – Lehre und Judikatur allerdings nur für die **Hoheitsverwaltung**, nicht auch für die **privatrechtliche Verwaltung** („Privatwirtschaftsverwaltung") iS des Art 17 B-VG.

b) Art 18 B-VG impliziert die Verpflichtung des **Gesetzgebers**, das Handeln der Verwaltung inhaltlich **hinreichend zu determinieren**. Gesetzliche Regelungen, die zu unbestimmt sind oder in anderer Weise das Handeln der Verwaltungsorgane nicht hinreichend genau bestimmen, sondern ihnen einen zu großen Spielraum lassen, sind daher verfassungswidrig. Im Fall von – nicht hinreichend bestimmten – gesetzlichen Verordnungsermächtigungen spricht man von „formalgesetzlicher Delegation".

Bezüglich der **Verordnungen** normiert der Abs 2 im Art 18 B-VG ausdrücklich, daß jede Verwaltungsbehörde im Rahmen ihrer (gesetzlich geregelten) Zuständigkeit Verordnungen erlassen kann, dies jedoch nur **„auf Grund der Gesetze"**. Damit wird das Erfordernis einer genauen gesetzlichen Determinierung auch für Verordnungen festgelegt. Tatsächlich ist die Judikatur zur hinreichenden Determinierung von Verordnungsermächtigungen ausgegangen (grundlegend VfSlg 176/1923) und wurde erst ab den Sechzigerjahren auf individuelle Verwaltungsakte ausgedehnt.

Ein Grundproblem des Legalitätsprinzips liegt in der Frage des **Ausmaßes der geforderten Bestimmtheit**. Daß Verwaltungshandeln nicht bis ins letzte Detail gesetzlich vorherbestimmt sein muß, macht verfassungsrechtlich das in Art 130 Abs 2 B-VG definierte **Ermessen** deutlich: ein Verwaltungsorgan handelt nicht rechtswidrig „soweit die Gesetzgebung von einer bindenden Regelung des Verhaltens der Verwaltungsbehörde absieht und die Bestimmung dieses Verhaltens der Behörde selbst überläßt, die Behörde aber von diesem freien Ermessen im Sinne des Gesetzes Gebrauch gemacht hat". Der Bundesverfassungsgesetzgeber setzt damit einen gewissen Entscheidungsspielraum der Verwaltung voraus; die Frage ist, wie groß dieser Spielraum sein darf.

Die Judikatur hat hier zu keiner einheitlichen Linie gefunden, sondern differenziert von Fall zu Fall.

**Ausnahmen vom Legalitätsprinzip** bedürfen einer expliziten verfassungsrechtlichen Grundlage. Sie finden sich in verfassungsgesetzlichen Ermächtigungen zu gesetzändernden oder gesetzesergänzenden Verordnungen in und außerhalb des B-VG (zB: Art 18 Abs 3 – 5 B-VG; Art 5 EWR-BVG; siehe unten IX.6.4.) oder in Ermächtigungen zu sog „Regierungsakten" (siehe etwa Art 41 Abs 1 B-VG: das Recht, Initiativanträge auszuarbeiten, ist selbstverständlich selbst nicht einer inhaltlich gesetzlichen Determinierung zugänglich; dennoch ist es Grundlage einer sehr wesentlichen Tätigkeit der „Verwaltung" – in dem die „Regierung" inkludierenden verfassungsrechtlichen Sinn).

Näheres in den Lehrbüchern des Allgemeinen Verwaltungsrechts!

## 1.2. Gewaltenteilung

Der Grundsatz der Gesetzmäßigkeit der Verwaltung sowie die richterliche Kontrolle der Gesetzgebung und Verwaltung beruht auf der Unterscheidung der drei „klassischen" **Staatsfunktionen**: Gesetzgebung, Gerichtsbarkeit und Verwaltung. Seit dem Zeitalter der Aufklärung wurde mit dieser an sich älteren theoretischen Unterscheidung das Postulat verknüpft, daß diese Funktionen von verschiedenen und voneinander unabhängigen Organen ausgeübt werden sollten. Die Unterscheidung zwischen Gesetzgebung, Verwaltung und Gerichtsbarkeit wird damit zum theoretischen Grundgerüst wechselseitiger Kontrollen und Beschränkungen der einzelnen Staatsorgane (**checks and balances**). Diese sind Voraussetzung einer effektiven Durchführung des Grundsatzes der Rechtsgebundenheit allen Staatshandelns.

Die frühen Theoretiker der Lehre von der Gewaltentrennung (*John Locke, Montesquieu*) verbanden damit die Vorstellung einer auch **soziologischen Aufteilung der Staatsgewalt** auf verschiedene gesellschaftliche Gruppen (Monarch, Adel, Bürgertum). In dieser realen Teilung der Staatsgewalt sah *Montesquieu* die wichtigste Bedingung **individueller Freiheit**. Diese Lehre richtete sich also in erster Linie gegen die absolute Monarchie. Mit dem Wegfall der Monarchie ist diese soziologische Basis einer Gewaltentrennung zwischen Parlament (als Repräsentant des Bürgertums) und (monarchischer) Exekutive obsolet geworden. An ihre Stelle sind aber neue Formen einer sozialen Gewaltenteilung getreten:

- der Bundesstaat („vertikale Gewaltenteilung"),
- der Gegensatz von Regierungsmehrheit und Opposition („neue Gewaltenteilung"),
- der gesellschaftliche Pluralismus von Parteien und Verbänden.

Begrifflich ist zu unterscheiden zwischen

- **materieller** Gewaltenteilung: die Unterscheidung zwischen Gesetzgebung, Verwaltung und Gerichtsbarkeit nach inhaltlichen Kriterien (Staatsfunktionen),
- **organisatorischer** (formeller) Gewaltenteilung: die Unterscheidung bestimmter **Organe** der Gesetzgebung, Verwaltung und Gerichtsbarkeit,
- **personeller** Trennung iS von Inkompatibilität.

Die Bundesverfassung kennt **keinen allgemeinen Grundsatz der Trennung der drei Staatsgewalten** (im Gegensatz etwa zur Verfassung der USA); sie sieht vielmehr ein sehr differenziertes Konzept wechselseitiger Abhängigkeiten, Beschränkungen und Kontrollen vor.

### 1.2.1. Gesetzgebung – Verwaltung

Das B-VG sieht für Gesetzgebung und Verwaltung eigene Organe vor, zwischen denen aber **keine personelle Inkompatibilität** besteht (siehe oben VI.4.4.6.). Tatsächlich bewirkt das parlamentarische Regierungssystem (siehe oben VI.5.1.) eine enge personelle **Fusion zwischen Parlament und Regierung** (als Spitze der Verwaltung). Die dennoch gegebene organisatorische Trennung bedeutet aber, daß

- die Parlamente im Prinzip auf die Gesetzgebung beschränkt sind und außerhalb von Gesetzen nur in den verfassungsrechtlich ausdrücklich vorgesehenen Formen der Kontrolle und der „Mitwirkung an der Vollziehung" in die Verwaltung eingreifen dürfen;
- die Verwaltung (Regierung) ihre Aufgaben aufgrund von Gesetzen durchführen muß, die sie zwar selbst initiieren kann (Regierungsvorlage!), die sie aber in dem öffentlichen Verfahren des Gesetzgebungsprozesses vertreten muß.

Dieser organisatorischen Unterscheidung von Gesetzgebung und Verwaltung liegt aber nach der Rechtsprechung nicht auch der Grundsatz zugrunde, daß **Gesetze nur generell-abstrakte Normen** sein dürfen, die dem einzelnen gegenüber erst in Form eines Vollzugsaktes wirksam werden dürfen. Vielmehr läßt die Verfassung auch sog „**Maßnahmegesetze**" zu, die dem einzelnen gegenüber wie ein Verwaltungsakt wirken (vgl die „lex Zwentendorf" BGBl 1978/676). „**Individualgesetze**" finden jedoch an den Grundrechten, insbes dem Gleichheitssatz, eine Schranke. Die Verfassung kennt auch kein absolutes Monopol der Parlamente für die Rechtsetzung (iS der Erlassung generell-abstrakter Normen): auch Verwaltungsbehörden können unter bestimmten Voraussetzungen generell-abstrakte Normen als **Verordnungen** erlassen. Insofern besteht zwischen Gesetzgebung und Verwaltung keine „**materielle**" Gewaltentrennung.

### 1.2.2. Gesetzgebung – Gerichtsbarkeit

Die Gerichtsbarkeit ist nach dem Verständnis der Verfassung eine gesetzesvollziehende Tätigkeit (vgl den Oberbegriff „Vollziehung"). Insofern gilt auch für sie der **Grundsatz der Gesetzmäßigkeit**. In anderer Weise als in der Form eines Gesetzes darf aber das Parlament auf die Gerichtsbarkeit keinen Einfluß nehmen.

Die **Gesetzgebung unterliegt ihrerseits einer gerichtlichen Kontrolle durch den VfGH** (siehe unten VIII.3.3.).

### 1.2.3. Gerichtsbarkeit – Verwaltung

#### *1.2.3.1. Trennung von Justiz und Verwaltung*

Gerichtsbarkeit und Verwaltung sind nach Art 94 B-VG „**in allen Instanzen getrennt**".

Dieser Grundsatz ist **formell-organisatorisch** zu verstehen: eine Behörde darf nicht zugleich Gericht und Verwaltungsbehörde sein. Ein Gericht ist eine Behörde dann, wenn die Organwalter (Richter) die Kriterien der Art 87 und 88 B-VG erfüllen, dh **unabhängig** (weisungsfrei) sind **und** nur in den gesetzlich vorgeschriebenen Fällen und Formen und aufgrund eines förmlichen richterlichen Erkenntnisses gegen ihren Willen **versetzt** oder **abgesetzt** werden können. Einem solchen Organ dürfen nicht auch Aufgaben übertragen werden, bei denen es weisungsgebunden ist oder aber zwar weisungsfrei, aber der Aufsicht einer Verwaltungsbehörde unterliegend (Ausnahme: **Justizverwaltung** durch Einzelrichter gemäß Art 87 Abs 2 B-VG).

Der Grundsatz der Trennung von Justiz und Verwaltung bedeutet ferner:
– Ausschluß wechselseitiger Weisungen,
– Ausschluß wechselseitiger Instanzenzüge. Eine scheinbare Ausnahme bildet die sog „**sukzessive Zuständigkeit**";[2] eine allgemeine Ausnahme die **Verwaltungsgerichtsbarkeit**.

---

2 Es handelt sich dabei um eine gesetzliche Konstruktion, der gemäß ein Gericht mit der Folge angerufen werden kann, daß der Bescheid ex lege außer Kraft tritt. Das Gericht überprüft nicht den Bescheid, sondern entscheidet in der Angelegenheit neu. Fälle sukzessiver Zuständigkeit finden sich im Sozialversicherungsrecht (Leistungsstreitverfahren: § 71 ASGG), Mietrechtsgesetz (§ 40) und häufig in Enteignungsregelungen.

Der Trennungsgrundsatz des Art 94 B-VG enthält aber keine Aussage über die Verteilung der Aufgaben zwischen Gerichten und Verwaltungsbehörden (**keine „materielle Gewaltenteilung"**). Diese Aufgabenteilung ist vielmehr Sache der (einfachen) Gesetzgebung, die lediglich verhalten ist, eine Sache **entweder** den Gerichten **oder** der Verwaltung zu übertragen. Ein Kernbereich der Vollziehung ist den Gerichten wohl durch die Art 91 Abs 2 und 3 sowie 92 B-VG garantiert, doch beschränken diese Bestimmungen die Gesetzgebung in praktischer Hinsicht kaum.

### 1.2.3.2. Materielle Gewaltentrennung

a. Eine **inhaltliche Trennung** iS einer „materiellen Gewaltentrennung" ergibt sich aber aus Art 6 Abs 1 MRK. Nach Art 6 Abs 1 MRK hat jedermann Anspruch auf Entscheidung eines unabhängigen, unparteiischen auf Gesetz beruhenden Organs
   – über **zivilrechtliche** Ansprüche und Verpflichtungen oder
   – über eine gegen ihn erhobene **strafrechtliche** Anklage.

Die amtliche deutsche Übersetzung des Art 6 Abs 1 MRK spricht von „Gericht". Doch muß ein solches Organ nicht die Kriterien eines Gerichtes iS des B-VG (das sind außer der Unabhängigkeit [=Weisungsfreiheit] eine Unversetzbarkeit und Unabsetzbarkeit gemäß Art 88 B-VG) erfüllen; es genügen nach der MRK auch geringere Anforderungen an die Sicherung der Unabhängigkeit (zB befristete Bestellung). „Gericht" in diesem Sinne sind daher auch gewisse weisungsfreie Verwaltungsbehörden (siehe EGMR-Fall Ringeisen zur oö Landesgrundverkehrsbehörde). Es hat sich für solche Organe in Anlehnung an die Originalsprachen der MRK der Ausdruck **Tribunal** eingebürgert (siehe unten VII. 3.2.).

aa. Die Verhängung von **Strafen durch Verwaltungsbehörden**[3] ist allerdings durch den österreichischen Vorbehalt zu Art 5 MRK teilweise gedeckt, da die Judikatur diesen Vorbehalt auch auf Art 6 MRK ausdehnt und extensiv interpretiert hat. Mit diesem Vorbehalt sind jedoch eine Reihe von Problemen verbunden. Er nennt ausdrücklich nur „die in den Verwaltungsverfahrensgesetzen, BGBl 1950/172, vorgesehenen Maßnahmen des Freiheitsentzugs"; er erfaßt aber seinem Sinn nach alle Verwaltungsstraftatbestände, die sich in den materiellen Verwaltungsvorschriften finden. Da aber Art 64 MRK nur Vorbehalte erlaubt, soweit ein zum Zeitpunkt des Beitritts zur MRK geltendes Gesetz nicht mit der Konvention im Einklang steht, kann er nicht auch auf Verwaltungsstraftatbestände, die nach dem 3.9.1958 neu geschaffen wurden,

---

3 Auch Verwaltungsstrafverfahren fallen unter den Begriff der strafrechtlichen Anklage iSd Art 6 MRK, wenn die Strafe ein gewisses Mindestmaß übersteigt (VfSlg 12.162/1989). Schwierig ist die Abgrenzung bei Disziplinarstrafen. Disziplinarrechtliche Freiheitsstrafen oder solche, die Freiheitsstrafen in der Schwere des Übels gleichkommen, wie Berufsausübungsverbote, fallen jedenfalls darunter. Berufsausübungsverbote können auch als Eingriffe in ein civil right qualifiziert werden.

ausgedehnt werden. Vom Wortlaut des Vorbehalts ist ferner nicht das Finanzstrafgesetz erfaßt.

Außerdem verlangt Art 2 des 7. ZP-MRK für Strafverfahren einen **zweigliedrigen Instanzenzug.**

bb. Art 6 MRK verlangt auch eine Entscheidung eines Tribunals über **zivilrechtliche Ansprüche und Verpflichtungen** („civil rights and obligations"). Dieser Begriff wird in der Rechtsprechung des EGMR extrem weit ausgelegt und auf jedes behördliche Verfahren erstreckt, dessen Ausgang für zivile Rechte bestimmend sein könnte, so etwa

- die Genehmigung von Kaufverträgen durch die Grundverkehrsbehörde (Fall Ringeisen 1971),
- der Entzug einer ärztlichen Approbation und der Erlaubnis zum Betrieb einer Privatklinik (Fall König 1978),
- die Erteilung bzw Versagung einer Baubewilligung (Fall Jacobsson 1990),
- die Genehmigung zum Betrieb einer Flüssiggastankstelle (Fall Benthem 1985),
- eine Grundstückszusammenlegung.

Art 6 MRK findet nach dieser Rechtsprechung immer dann Anwendung, wenn eine behördliche Entscheidung in die Erwerbstätigkeit einer Person, in das Eigentum oder in sonstige vermögenswerte Rechte eingreift. Zahlreiche Zuständigkeiten von Verwaltungsorganen innerhalb der österreichischen Rechtsordnung fallen somit unter Art 6 MRK.

Der VfGH (grundlegend: „Baurechtserkenntnis" Slg 11.500/1987) wendet Art 6 MRK nur auf einen **„Kernbereich des Zivilrechts"** an: das sind Rechte und Pflichten der Bürger unter sich. In diesem Fall besteht ein Recht auf Entscheidung durch ein Tribunal, das über Tatsachen- und Rechtsfragen entscheidet. Beispiele:

- Ersatz von Jagd- und Wildschäden (VfSlg 11.591/1987, 11.646/1988, 11.826/1988),
- Verpflichtung zur Leistung eines Fütterungsbeitrages an einen Jagdberechtigten, der eine Fütterungsanlage für Rotwild betreibt (VfSlg 12.774/1991),
- Ansprüche auf Enteignungsentschädigung (VfSlg 11.760 und 11.762/1988),
- Entscheidung über die Frage, ob die Kündigung eines begünstigten Behinderten zulässig und wirksam sei (VfGH 11.12.1991, G 272/91),
- Ansprüche und Verpflichtungen aus dem Einzelvertrag zwischen Arzt und Krankenversicherung (VfSlg 11.729/1988).

Dagegen liegt nach der derzeitigen Judikatur des VfGH keine Entscheidung über ein „civil right" vor, wenn es um die Stellung des einzelnen gegenüber der Allgemeinheit geht und zivilrechtliche Auswirkungen nur die sekundäre Folge einer primär im öffentlichen Interesse liegenden Regelung geht.

Dies trifft zu auf

- die Versagung einer Baubewilligung (VfSlg 11.500/1987),
- die Untersagung der Beschäftigung von Ausländern (VfGH 2.7.1993, G 226/92),
- den Entzug einer Apothekenkonzession (VfSlg 11.937/1988),
- das Verbot der gewerblichen Tätigkeit an einem bestimmten Standort (VfSlg 12.384/1990).

Richtigerweise wäre in diesen Fällen anzunehmen, daß zwar eine Entscheidung über ein civil right iSd Art 6 MRK vorliegt, aber – im Hinblick auf den doch sehr „verdünnten" zivilrechtlichen Gehalt solcher Entscheidungen – die nachprüfende Kontrolle der Gerichtshöfe des öffentlichen Rechts den Anspruch auf eine Entscheidung eines Tribunals erfüllt. (Dieser Anspruch muß auch im Kernbereich des Zivilrechts und bei strafrechtlichen Anklagen nicht schon in der ersten Instanz erfüllt sein.) Ein Problem besteht bei dieser Lösung allerdings darin, daß der VwGH nur kassatorisch entscheidet und gemäß § 41 VwGG an den von der belangten Behörde angenommenen Sachverhalt gebunden ist; letztere Bestimmung wird allerdings vom VwGH einschränkend interpretiert (VwSlgNF 9723 A).

b. Die neuere Judikatur hat – fälschlicherweise[4] – aus Art 91 Abs 2 und 3 B-VG abgeleitet, daß die Verhängung schwerer Strafen den Gerichten vorbehalten ist (VfSlg 12.151/1989). Die Grenze bei Geldstrafen dürfte nach dieser Judikatur bei S 500.000,– bis 800.000,– liegen.

### 1.3. Weitere Elemente des verfassungsrechtlichen Rechtsstaatsprinzips

Als weitere Elemente des verfassungsrechtlichen Rechtsstaatsprinzips wurden in Lehre und Rechtsprechung erkannt:
– die Bindung der Gesetzgebung an das Verfassungsrecht;
– die richterliche Kontrolle der Verfassungsmäßigkeit von Gesetzen – siehe unten VIII.
– und der Gesetzmäßigkeit der Verwaltung (Verwaltungsgerichtsbarkeit – siehe unten VII.3.1.);
– der Bestand an Grundrechten.

## 2. Die Gerichtsbarkeit

Lit: *Walter,* Verfassung und Gerichtsbarkeit (1960)

Der wichtigste verfassungsrechtliche Grundsatz ist die **Unabhängigkeit der Gerichte**. Diese Unabhängigkeit ist zugleich auch ein wesentliches Element des verfassungsrechtlichen Konzepts der Gewaltentrennung (siehe zuvor VII.1.2.3.1.). Das B-VG normiert noch einige weitere Grundsätze der Gerichtsbarkeit.

### 2.1. Die Organisation der Gerichtsbarkeit

Alle Gerichte sind in Österreich **Bundesorgane**. Es gibt keine Landesgerichtsbarkeit. Pläne, die UVS in echte (Verwaltungs-)Gerichte der Länder umzuwandeln, stehen zur Diskussion (siehe auch VII.3.1.1.1.).

Die Organisation der Gerichte ist durch Bundesgesetz zu regeln. Art 83 Abs 1 B-VG legt dafür ein besonders striktes Legalitätsgebot fest. Art 87 Abs 3 B-VG normiert den **Grundsatz der festen Geschäftsverteilung** innerhalb eines Gerichtes.

---

4 Siehe *Öhlinger,* Die Geldstrafe im Verwaltungsstrafrecht, ÖJZ 1991, 217; *Walter/Mayer,* Grundriß Bundesverfassungsrecht Rz 758.

Die Bedeutung, die der Verfassungsgesetzgeber den Regelungen über die Zuständigkeit der Gerichte beimißt, kommt in Art 83 Abs 2 B-VG („**Recht auf den gesetzlichen Richter**") zum Ausdruck: ihre Verletzung ist auch eine Verletzung eines verfassungsgesetzlich gewährleisteten subjektiven Rechts (Grundrechts). Die Judikatur hat den Sinn des Art 83 Abs 2 B-VG allerdings auch auf Verwaltungsbehörden erstreckt. „Gesetzlicher Richter" ist jede zuständige Behörde.

**Oberste Instanz in Zivil- und Strafsachen** ist der Oberste Gerichtshof (OGH; Art 92 B-VG). Dies ist als Bestandsgarantie des OGH zu verstehen, nicht auch als Anordnung, daß in jedem Rechtsfall der OGH angerufen werden kann.

Die **Militärgerichtsbarkeit** ist in Friedenszeiten aufgehoben (Art 84 B-VG). Militärpersonen und Militärdelikte unterliegen somit der Jurisdiktion der ordentlichen Gerichte.

## 2.2. Die Organe der Gerichtsbarkeit

Richterliche Organe sind:
– ernannte Richter,
– Mitwirkende aus dem Volk,
– Rechtspfleger.

### 2.2.1. Richter

Richter werden vom BPräs oder dem von ihm ermächtigten BM für Justiz ernannt (Art 86 Abs 1 B-VG). Die Richter selbst wirken an der Ernennung durch – nicht bindende – Besetzungsvorschläge von Personalsenaten mit.

Richter sind
– in Ausübung ihres Amtes **unabhängig** (das bedeutet **weisungsfrei**; Art 87 Abs 1 B-VG),
– **unabsetzbar,**
– **unversetzbar** (Art 88 Abs 2 B-VG).

Eine Ausnahme vom Prinzip der Weisungsfreiheit bildet die **Justizverwaltung,** sofern sie von Einzelrichtern besorgt wird (Art 87 Abs 2 B-VG). Unter Justizverwaltung sind Aufgaben zu verstehen, die keinesfalls Rechtsprechung sind, aber einen gewissen Bezug zur richterlichen Tätigkeit haben. Das sind insbes Aufgaben, die dem Funktionieren der Gerichtsbarkeit dienen (Personal- und Sachmittelverwaltung). Sofern solche Aufgaben allerdings durch Kollegialorgane wahrgenommen werden (zB Erstattung von Besetzungsvorschlägen), sind diese weisungsfrei.

### 2.2.2. Laienrichter

Gemäß Art 91 Abs 1 B-VG hat „das Volk an der Rechtsprechung mitzuwirken". Bei den mit schweren Strafen bedrohten Verbrechen, die das Gesetz zu bezeichnen hat, sowie bei allen politischen Verbrechen und Vergehen entscheiden die **Geschworenen** allein über die Schuld des Angeklagten, über das Strafausmaß gemeinsam mit den Berufsrichtern. Im Strafverfahren wegen anderer Delikte entscheiden **Schöffen** gemeinsam mit Berufsrichtern über Schuld **und** Strafe, wenn die zu verhängende Strafe ein vom Gesetz zu bestimmendes Maß überschreitet (Art 91 Abs 2 und 3 B-VG).

Die einfache Bundesgesetzgebung sieht auch **Laienrichter in der Handels- sowie Arbeits- und Sozialgerichtsbarkeit** vor, deren Verfassungsmäßigkeit in der Lehre mit dem Argument bestritten wird, daß es sich nicht um „Volksvertreter", sondern um „Interessenvertreter" handelt.[5]

### 2.2.3. Rechtspfleger

Als besonderes Hilfsorgan sieht Art 87a B-VG die Rechtspfleger vor. Ihnen können Geschäfte aus dem Zuständigkeitsbereich von Gerichten erster Instanz in Zivilrechtssachen übertragen werden (zB die Führung des Grundbuches). Sie unterliegen dabei nur den Weisungen des zuständigen Richters.

## 2.3. Verfahrensgrundsätze

Das gerichtliche Verfahren ist einfachgesetzlich zu regeln, doch normiert die Bundesverfassung bestimmte Grundsätze.

### 2.3.1. Mündlichkeit

Die Partei(en) muß (müssen) ihren Standpunkt dem erkennenden Gericht mündlich und unmittelbar darlegen können (Art 90 Abs 1 B-VG).

### 2.3.2. Öffentlichkeit

Es ist jedermann im Rahmen des praktisch Möglichen erlaubt, an einer Verhandlung teilzunehmen, soferne das Gesetz nicht Ausnahmen vorsieht (Art 90 Abs 1 B-VG). Die Öffentlichkeit sieht auch Art 6 MRK vor, doch besteht dazu ein österreichischer **Vorbehalt**.

### 2.3.3. Anklageprozeß[6]

Dies bedeutet, daß die Funktion von Ankläger und Richter zur Sicherung der Objektivität getrennt zu sein hat. Gerichtlich strafbare Handlungen sind nach § 2 Abs 3 StPO „Gegenstand der öffentlichen Anklage" (ausgenommen die Privatanklagedelikte).

---

5 Siehe *Walter/Mayer*, Grundriß Bundesverfassungsrecht Rz 783.
6 Art 90 Abs 2 B-VG.

Öffentlicher Ankläger im Strafprozeß ist die Staatsanwaltschaft, eine – weisungsgebundene – Verwaltungsbehörde. Der VfGH hat aus dem Grundsatz des Anklageprozesses auch abgeleitet, daß niemand gezwungen werden darf, gegen sich selbst auszusagen, und dieses **Verbot des Zwanges zur Selbstbezichtigung** auch auf verwaltungsbehördliches Handeln (in– und außerhalb eines Verfahrens) erstreckt. Dem fiel etwa die kraftfahrrechtliche Auskunftspflicht (§ 103 Abs 2 KFG) zum Opfer (VfSlg 9950/1984, 10.394/1985), die jedoch 1986 durch eine Verfassungsbestimmung „saniert" wurde (dazu oben II.7.2.).

Eine verfassungsgesetzlich normierte Ausnahme zu diesem Verständnis des Anklageprozesses ist auch die in der Verfassungsbestimmung des § 5 Abs 6 StVO enthaltene **Ermächtigung** zur **Blutabnahme** von Personen, die im Verdacht stehen, in alkoholisiertem Zustand einen Verkehrsunfall verursacht zu haben.

#### 2.3.4. Rechte der Angeklagten

Die MRK, insbes Art 5 und 6 Abs 2 und 3, sieht noch besondere Verfahrensgrundsätze für das Strafverfahren vor.

### 2.4. Verbot der Todesstrafe

Seit 1968 ist die Todesstrafe ausnahmslos verboten (Art 85 B-VG).

### 2.5. Amtshaftung und Organhaftung

Als hoheitliche „Vollziehung" unterliegt auch die Gerichtsbarkeit den verfassungsrechtlichen Bestimmungen über die Amts– und Organhaftung (Art 23 B-VG). Ein Haftungsausschluß besteht jedoch bezüglich Erkenntnissen des OGH, VfGH und VwGH (§ 2 Abs 3 AHG, § 2 Abs 3 OrganhaftpflichtG).

## 3. Rechtliche Kontrolle der Verwaltung

### 3.1. Verwaltungsgerichtsbarkeit

Der Kern des rechtsstaatlichen Prinzips – die Bindung der Verwaltung an das Gesetz (siehe zuvor VII. 1.1.) – impliziert auch das Postulat einer rechtsförmigen, dh gerichtlichen, Kontrolle dieser Bindung.

#### 3.1.1. Verfassungsrechtliche Grundsätze

##### 3.1.1.1. Zentralisierung

Die Verwaltungsgerichtsbarkeit ist in Österreich (noch) bei einem Organ konzentriert: dem VwGH (siehe oben V.7.2.2.). Bestrebungen, die UVS (siehe dazu unten VII.3.3.) in echte Gerichte umzuwandeln, sind vorhanden. Einen – fragwürdigen – Ansatz einer quasirichterlichen Verwaltungskontrolle bieten auch die Kollegialbehörden mit richterlichem Einschlag (siehe unten VII.3.2.).

Die Zentralisierung impliziert eine **Einstufigkeit** der Verwaltungsgerichtsbarkeit (VwGH als einzige Instanz); den Ansatz einer Zweistufigkeit bilden aber die UVS.

Gewisse Verwaltungshandlungen (insbes Verordnungen sowie Bescheide, soferne sie in verfassungsgesetzlich gewährleistete Rechte eingreifen) unterliegen der Kontrolle des VfGH (siehe unten VIII.3.3. und 3.6.).

### 3.1.1.2. Echte Gerichtsbarkeit

Die Richter des VwGH genießen die richterlichen Garantien des Art 87 Abs 1 und 2 und des Art 88 B-VG (Weisungsfreiheit, Unabsetz– und Unversetzbarkeit, siehe Art 134 Abs 6 B-VG).

### 3.1.1.3. Generalklausel

Nach Art 129 B-VG ist – neben den UVS – der VwGH „zur Sicherung der Gesetzmäßigkeit der **gesamten öffentlichen Verwaltung** ... berufen". Dieser Programmsatz wird aber vom B-VG nicht konsequent durchgeführt: der Kontrolle des VwGH unterliegen nur bestimmte rechtsförmige Verwaltungsentscheidungen, nämlich **Bescheide** (einschließlich der Unterlassung von Bescheiden: **Säumnisbeschwerde**), in Einzelfällen auch Weisungen (Art 130 Abs 1 letzter Satz B-VG).

Der Kontrolle durch den VwGH sind daher ua entzogen:
– Verordnungen,[7]
– völkerrechtliche und bundesstaatliche Verträge (Verwaltungsabkommen),[7]
– faktische Amtshandlungen,[8]
– Akte der privatrechtlichen Verwaltung.[9]

Von der Zuständigkeit des VwGH ausgenommen sind ferner Bescheide von **Kollegialorganen mit richterlichem Einschlag** (Art 133 Z 4 B-VG – siehe unten VII.3.2.), sofern die Anrufung des VwGH gesetzlich nicht ausdrücklich für zulässig erklärt wird.

Zum **Ablehnungsrecht des VwGH** bei Beschwerden gegen Bescheide der UVS in Verwaltungsstrafsachen siehe unten VII.3.3.3.

Eine gewisse Ausnahme von der Generalklausel des Art 129 B-VG stellen auch die Fälle der **sukzessiven Gerichtszuständigkeit** (siehe oben VII.1.2.3.1.) dar.

---

7 Hier besteht eine Kompetenz des VfGH.
8 Hier besteht eine Kompetenz der UVS unter der nachprüfenden Kontrolle des VfGH.
9 Rechtsstreitigkeiten mit dem Staat als Träger von Privatrechten sind vor den ordentlichen Gerichten auszutragen.

### 3.1.1.4. Beschränkung auf die Rechtskontrolle

Maßstab des VwGH ist ausschließlich die **Rechtmäßigkeit** des Verwaltungshandelns, nicht seine Zweckmäßigkeit oder Wirtschaftlichkeit.
Beachte in diesem Zusammenhang Art 130 Abs 2 B-VG:

> Rechtswidrigkeit des Verwaltungshandelns liegt nicht vor, soweit die Gesetzgebung von einer bindenden Regelung des Verhaltens der Verwaltungsbehörde absieht und die Bestimmung dieses Verhaltens der Behörde selbst überläßt, die Behörde aber von diesem freien Ermessen iS des Gesetzes Gebrauch gemacht hat.

### 3.1.1.5. Kassatorische Gerichtsbarkeit

Mit der Beschränkung auf die Rechtmäßigkeitskontrolle hängt die Einschränkung auf eine kassatorische Entscheidungsbefugnis zusammen: der VwGH kann rechtswidrige Bescheide aufheben, nicht aber in der Sache selbst entscheiden. Dies gilt allerdings nicht in den Fällen der Säumnisbeschwerde.

### 3.1.1.6. A posteriori

Der VwGH entscheidet erst **nach Erschöpfung des administrativen Instanzenzuges** (Art 131 Abs 1 B-VG).

## 3.1.2. Organisation

Der VwGH besteht aus einem **Präsidenten,** einem **Vizepräsidenten** und der erforderlichen Zahl sonstiger Mitglieder **(Senatspräsidenten und Räten)** (Art 134 Abs 1 B-VG). Sie müssen ein rechtswissenschaftliches Studium absolviert und zehn Jahre eine Berufsstellung bekleidet haben, für die die Vollendung dieses Studiums vorgeschrieben ist (zB Richter, Beamte des rechtskundigen Dienstes). Ein Drittel muß die **Befähigung zum Richteramt,** dh die Richteramtsprüfung abgelegt haben. Ein Viertel sollte aus dem Verwaltungsdienst der Länder, allenfalls auch anderen Berufsstellungen **in den Ländern** kommen (Art 134 Abs 3 B-VG).

Alle Mitglieder werden vom **BPräs auf Vorschlag der BReg** ernannt. Ausgenommen den Präsidenten und Vizepräsidenten ist der Vorschlag der BReg auf der Grundlage eines Dreiervorschlages des VwGH (Vollversammlung) zu erstellen (Art 134 Abs 2 B-VG).

Art 134 Abs 5 und 6 B-VG normiert eine **Unvereinbarkeit** mit politischen Ämtern (Mitglieder der BReg, einer LReg oder eines allgemeinen Vertretungskörpers: NR, BR, Landtag, Gemeinderat).

## 3.1.3. Zuständigkeit

### 3.1.3.1. Bescheidbeschwerde und Säumnisbeschwerde

Art 131 und 132 B-VG. Näheres siehe die Lehrbücher zum Allgemeinen Verwaltungsrecht.

### 3.1.3.2. Weisungsbeschwerde

Gemäß Art 130 Abs 1 B-VG erkennt der VwGH über Beschwerden gegen **Weisungen an kollegiale Schulbehörden des Bundes** (Landes- und Bezirksschulräte), mit denen wegen Gesetzwidrigkeit die Durchführung des Beschlusses eines Kollegiums untersagt oder die Aufhebung einer vom Kollegium erlassenen Verordnung angeordnet wird (Art 81a Abs 4 B-VG). Es ist dies der einzige Fall einer Weisungsbeschwerde im System der österreichischen Verwaltungsgerichtsbarkeit.

## 3.2. Die Kollegialbehörden mit richterlichem Einschlag und Tribunale

Das B-VG ermächtigt den einfachen (Bundes- wie Landes-) Gesetzgeber, **weisungsfreie kollegiale Verwaltungsbehörden** zu bilden. Sie müssen folgende (gesetzlich zu normierende) **Kriterien** erfüllen (Art 20 Abs 2 B-VG):
a) Kollegialität,
b) dem Kollegium muß mindestens ein Richter angehören,
c) keine Aufhebung oder Abänderung ihrer Bescheide im Instanzenzug.

Nach Art 133 Z 4 B-VG kann gegen Bescheide dieser Behörden der VwGH nur angerufen werden, wenn dies gesetzlich ausdrücklich vorgesehen ist. Die Sonderverwaltungsgerichtsbarkeit des VfGH (Art 144 B-VG) wird dadurch nicht eingeschränkt.

Kollegialbehörden mit richterlichem Einschlag können, wenn sie zusätzliche Kriterien erfüllen, als **Tribunale** („Gerichte") iSd Art 6 MRK qualifiziert werden. Diese zusätzlichen Kriterien sind:
– eine gewisse Sicherung ihrer **Unabhängigkeit** (Bestellung auf eine Mindestzeit von 3 Jahren, innerhalb der sie nicht **absetzbar** oder **versetzbar** sind);
– Sicherung der **Unparteilichkeit** durch entsprechende **Verfahrensbestimmungen**.
– Gegenüber der von Art 6 MRK ebenfalls geforderten **Öffentlichkeit** besteht ein Vorbehalt Österreichs.

Kollegialbehörden mit richterlichem Einschlag, die auch den Kriterien eines Tribunals entsprechen, erfüllen quasi-verwaltungsgerichtliche Funktionen. **Beispiele:** Kommission zur Wahrung des Rundfunkgesetzes (RFG), Datenschutzkommission (DSG), Grundverkehrsbehörden der Länder. Entscheidungen dieser Behörden unterliegen lediglich der Kontrolle durch den VfGH gemäß Art 144 B-VG.

## 3.3. Die Unabhängigen Verwaltungssenate

Neben dem VwGH bestehen seit der B-VGNov 1988/685 (Art 129 B-VG) die Unabhängigen Verwaltungssenate „zur Sicherung der Gesetzmäßigkeit der gesamten öffentlichen Verwaltung". Der eigentliche rechtspolitische Grund der Einrichtung dieser Behörden liegt in Art 6 MRK, der eine Einrichtung eines "unabhängigen und unparteiischen, auf Gesetz beruhenden Gerichtes" (**Tribunals**) über zivilrechtliche Ansprüche und Verpflichtungen und über strafrechtliche Anklagen – zur weiten Auslegung dieser Begriffe siehe zuvor VII.1.2.3.2. – verlangt. Die Einrichtung der UVS knüpft an jene Judikatur des EGMR (beginnend mit dem **Fall Ringeisen**) an, wonach auch weisungsfreie Organe, die nicht die Kriterien eines Gerichtes iS des B-VG (Art 87, 88 B-VG) erfüllen, **Tribunale iS des Art 6** sein können, wenn sie bestimmte Bedingungen der Unabhängigkeit und Unparteilichkeit erfüllen (siehe zuvor VII.1.2.3.2.). Strittig, aber wohl zu bejahen ist, daß die UVS diese Kriterien erfüllen.

### 3.3.1. Organisation

Die UVS sind **Verwaltungsbehörden der Länder**, die funktionell als Landes- wie als Bundesbehörden tätig werden (siehe oben V.7.2.1.).

- a) Sie sind bei Besorgung der ihnen nach Art 129a und 129b B-VG zukommenden Aufgaben **weisungsfrei** (Art 129b Abs 2 B-VG).
- b) Die Mitglieder sind von der LReg auf **mindestens 6 Jahre** zu bestellen. (Die einschlägigen Landesgesetze sehen überwiegend eine erstmalige Bestellung auf 6 Jahre [Ausnahme: OÖ: unbefristet] und eine Weiterbestellung vor, die teils befristet, teils unbefristet ist.)
- c) Die Mitglieder dürfen keine weitere Tätigkeit ausüben, die Zweifel an ihrer Unabhängigkeit hervorrufen könnte. Das schließt inbes eine gleichzeitige Beschäftigung in der übrigen Landesverwaltung („Doppelverwendung") aus.
- d) Die UVS entscheiden teils **monokratisch,** teils in **Senaten.**
- e) Es gilt das Prinzip der festen Geschäftsverteilung (Art 129b Abs 2 B-VG).

### 3.3.2. Aufgaben[10]

#### 3.3.2.1. Verfahren wegen Verwaltungsübertretungen

Die UVS sind **Berufungsbehörden** in Verwaltungsstrafsachen (ausgenommen Finanzstrafsachen[11]).[12]

#### 3.3.2.2. Maßnahmebeschwerden

Die UVS haben über Beschwerden von Personen zu entscheiden, die behaupten, durch die Ausübung unmittelbarer verwaltungsbehördlicher Befehls– und Zwangsgewalt („**faktische Amtshandlungen**") in ihren Rechten verletzt zu sein (ausgenommen wiederum Finanzstrafsachen).[13]

---

10 Art 129a B-VG.
11 Hier entscheiden Berufungssenate (§§ 65 ff FinStrG), die Tribunale iSd Art 6 MRK sind.
12 Zur verfassungspolitischen Motivation siehe zuvor VII.1.2.3.2.aa.
13 Dies dient va einer Entlastung der Gerichtshöfe des öffentlichen Rechts.

### 3.3.2.3. „Sonstige Angelegenheiten"

Die einfache Gesetzgebung des Bundes und der Länder ist ermächtigt, den UVS sonstige Angelegenheiten zu übertragen. Diese Ermächtigung stellt vor allem auf Entscheidungen über zivilrechtliche Ansprüche und Verpflichtungen iS des Art 6 MRK ab.[14]

### 3.3.2.4. Säumnisbeschwerde

Eine Säumnisbeschwerde ist in folgenden Fällen möglich:
a. Privatanklagedelikte,
b. landesgesetzliches Abgabenstrafrecht,
c. „Sonstige" Angelegenheiten, die den UVS gemäß Art 129a Abs 1 Z 3 B-VG (siehe zuvor VII.3.3.2.3.) übertragen sind.

### 3.3.2.5. Anfechtung von Gesetzen und Verordnungen

Ein UVS hat bei Bedenken gegen ein von ihm anzuwendendes Gesetz oder eine von ihm anzuwendende Verordnung einen Antrag auf Prüfung beim VfGH zu stellen (Art 139, 140 B-VG).

### 3.3.3. Rechtsschutz gegenüber UVS

Bescheide der UVS unterliegen der **nachprüfenden Kontrolle des VwGH und des VfGH**.

Der VwGH kann aber die Behandlung einer Beschwerde in einer Verwaltungsstrafsache **ablehnen**, wenn
1. nur eine geringe Geldstrafe verhängt wurde und
2. die Entscheidung nicht von der Lösung einer Rechtsfrage abhängt, der grundsätzliche Bedeutung zukommt. Letzteres ist jedenfalls dann der Fall, wenn
   a. der UVS von der Rechtsprechung des VwGH abweicht,
   b. eine solche Rechtsprechung fehlt, oder
   c. die zu lösende Rechtsfrage in der bisherigen Rechtsprechung des VwGH nicht einheitlich beantwortet wird (Art 131 Abs 3 B-VG).

## 3.4. Unabhängiger Umweltsenat

Bei einer Umweltverträglichkeitsprüfung sowie einer bundesgesetzlich vorgesehenen Genehmigung umweltbelastender Anlagen im Bereich der Vollziehung eines Landes ist – ab 1.7.1994 und befristet bis 31.12. 2000 (!) – oberste Instanz und sachlich in Betracht kommende Oberbehörde iS des Verwaltungsverfahrensrechts der Unabhängige Umweltsenat (UUS) beim

---

14 Siehe zuvor VII.1.2.3.2.bb.

zuständigen Bundesministerium (derzeit BMUJF) (Art 11 Abs 7 B-VG idF BGBl 1993/508). Er ist auch – auf Antrag eines Landes oder einer Partei – zuständig, wenn sich ein solches Vorhaben auf mehrere Länder erstreckt und es binnen 18 Monaten zu keiner einvernehmlichen Entscheidung der Landesbehörden kommt.

Eine Beschwerde an den VwGH gegen Bescheide der UUS sowie bei Säumnis ist zulässig.

Der UUS besteht aus einem Vorsitzenden, seinem Stellvertreter und 18 weiteren Mitgliedern, von denen 5 Mitglieder Richter sein müssen. Sie sind unabhängig und weisungsfrei (§ 4 UmweltsenatsG).

Als Bundesbehörde, die Rechtsmittelinstanz und sachlich in Betracht kommende Oberbehörde in Angelegenheiten der Landesverwaltung ist, bildet der UUS ein – besonders intensives – Instrument einer Bundesaufsicht (siehe oben V.6.c.). Seine Unabhängigkeit macht ihn zu einem Organ der Rechtskontrolle. In jedem Fall handelt es sich hier um ein äußerst systemfremdes Gebilde.

## 4. Volksanwaltschaft

**Lit**: *Klecatsky/Pickl,* Die Volksanwaltschaft (1989)

Jede Form der richterlichen Kontrolle ist belastet mit dem Problem des Zuganges zum Recht (access to justice), das vor einigen Jahren fast ein Modethema war, um das es allerdings wiederum etwas stiller geworden ist. Geblieben ist aber die Einsicht, daß für viele Bürger auf dem Weg zum Gericht prozessuale, soziale und finanzielle Hürden zu überwinden sind.

Im Lichte dieser Erfahrungen wurden in den letzten beiden Jahrzehnten überall in Europa Beschwerdeeinrichtungen geschaffen, deren allgemeines Kennzeichen eine **geringere Förmlichkeit** – des Zuganges, der Zuständigkeit, des Verfahrens und der Entscheidung – bildet. Ihr Vorbild ist der schwedische Ombudsman. Nach diesem Beispiel wurde in Österreich 1977 die **Volksanwaltschaft** (VA) geschaffen.

### 4.1. Organisation[15]

Die VA ist ein Kollegialorgan, bestehend aus 3 Mitgliedern, von denen jeweils eines den Vorsitz führt.

Die Mitglieder werden **vom NR** aufgrund eines „Gesamtvorschlages" des Hauptausschusses **gewählt**. Die drei mandatsstärksten Parteien haben das Recht, je ein Mitglied für den Vorschlag zu nominieren.

Die **Funktionsperiode** dauert **6 Jahre**. Eine einmalige Wiederwahl ist zulässig.

Die Aufgaben werden durch eine Geschäftsverteilung auf die drei Mitglieder iS eines monokratischen Systems aufgeteilt, ausgenommen gewisse allgemeine Angelegenheiten wie die Berichte an den NR oder einen Landtag, den Antrag an den VfGH auf Prüfung einer Verordnung etc (§ 8 GeO der VA, BGBl 1988/219).

Die **Beamten** der VA werden vom BPräs auf Vorschlag und unter Gegenzeichnung des Vorsitzenden der VA ernannt, die Hilfskräfte und – aufgrund einer Ermächtigung des BPräs – auch gewisse Beamtenkategorien vom Vor-

---

15 Art 148g B-VG.
16 Vgl die parallele Regelung über den RH (Art 125 B-VG).

sitzenden der VA (Art 148h B-VG).[16]

Im System der Gewaltenteilung ist die VA – ähnlich wie der RH – ein **Hilfsorgan des Parlaments** zur Kontrolle der Verwaltung und kein Organ der Vollziehung (siehe zum RH oben V.7.2.4.1.). Sie ist aber (in Ausübung ihres Amtes) **unabhängig**, dh weisungsfrei (Art 148a Abs 4 B-VG).

Zur Stellung der VA im **bundesstaatlichen System** siehe oben V.7.2.5.

### 4.2. Aufgaben

Aufgabe der VA ist die **Kontrolle der Verwaltung auf Mißstände**.

Diese Kontrolle erstreckt sich – anders als die Verwaltungsgerichtsbarkeit – sowohl auf die **Hoheitsverwaltung** als auch auf die **privatrechtliche Verwaltung** (Art 148a B-VG) und füllt gerade hinsichtlich letzterer eine oft beklagte Rechtsschutzlücke.

Soweit es sich um **Hoheitsverwaltung** handelt, ist dieser Begriff **funktionell** zu verstehen und umfaßt auch die Besorgung von Aufgaben des Bundes durch Organe anderer Rechtsträger (mittelbare Bundesverwaltung, Tätigkeit der Gemeinden und anderer Selbstverwaltungsträger im übertragenen Wirkungsbereich des Bundes). Strittig ist die Zuständigkeit der VA zur Kontrolle des **eigenen Wirkungsbereiches der Selbstverwaltungsträger** (soweit er Aufgaben der Vollziehung des Bundes umfaßt). Nicht mehr der Kontrolle der VA unterliegt das privatrechtliche Handeln vom Bund verschiedener („ausgegliederter") Rechtsträger (VfGH 18.12.1992, KV 1/91, zu Austria TabakwerkeAG und Lotto-Toto-GesmbH).

Der **Begriff des Mißstandes** ist weiter als der der Rechtswidrigkeit und umfaßt jedes nach allgemeinen Anschauungen kritikwürdige Verhalten von staatlichen Organen.

Die Kontrolltätigkeit der VA erstreckt sich **nicht auf die Gerichtsbarkeit**.

### 4.3. Initiative

Die VA kann tätig werden
– aufgrund einer Beschwerde oder
– von Amts wegen.

Art 148a Abs 1 B-VG: **Jedermann** kann sich bei der VA wegen behaupteter Mißstände in der Verwaltung des Bundes einschließlich dessen Tätigkeit als Träger von Privatrechten beschweren,

  – wenn er von diesen Mißständen **betroffen** ist
  – und soweit ihm ein Rechtsmittel nicht oder nicht mehr zur Verfügung steht.[17]

Die Beschwerde ist **formfrei, gebührenfrei**[18] und an **keine Frist gebunden**. Die **Kosten** des Verfahrens hat der Bund zu tragen.[19]

---

17 **Subsidiarität** der Beschwerde.
18 § 9 Volksanwaltschaftsgesetz 1982 (VAnwG, BGBl 1982/433).
19 § 8 VAnwG.

## 4.4. Befugnisse

### 4.4.1. Empfehlungen

Die „Entscheidung" der VA in einem konkreten Fall kann eine **Empfehlung** sein. **Rechtsfolge** einer solchen Empfehlung ist die Pflicht des Adressaten, binnen 8 Wochen[20]

– der Empfehlung zu entsprechen und dies der VA mitzuteilen oder
– zu begründen, warum der Empfehlung nicht entsprochen wird (Art 148c B-VG).

Adressaten der Empfehlungen können sein:

– die obersten Organe des Bundes,
– das zuständige Organ eines Selbstverwaltungsträgers,
– eine weisungsfreie Verwaltungsbehörde.

### 4.4.2. Bericht

Die VA hat jährlich dem NR einen Bericht über ihre Tätigkeit vorzulegen (Art 148d B-VG). An den Beratungen im NR haben die Mitglieder der VA das Recht teilzunehmen und gehört zu werden.

### 4.4.3. Anfechtung von Verordnungen

Die VA kann beim VfGH einen Antrag auf Aufhebung einer Verordnung einer Bundesbehörde (im funktionellen Sinn) wegen Gesetzwidrigkeit (Art 139 B-VG) stellen (Art 148e B-VG). Ist die VA auch für ein Land zuständig erklärt worden, erstreckt sich diese Befugnis auch auf Verordnungen von Landesbehörden. Wird für ein Land eine besondere Einrichtung geschaffen, so kann durch LVG ein Antragsrecht begründet werden.

---

20 § 6 VAnwG.

# VIII. Verfassungsgerichtsbarkeit

**Lit:** *Adamovich,* Zur aktuellen Diskussion über die österreichische Verfassungsgerichtsbarkeit, in: FS Matscher (1993) 1; *Klecatsky/ Öhlinger,* Die Gerichtsbarkeit des öffentlichen Rechts (1984); *Korinek/Müller/Schlaich,* Die Verfassungsgerichtsbarkeit im Gefüge der Staatsfunktionen, VVDStRL 39 (1981); *Machacek,* Verfahren vor dem Verfassungsgerichtshof[2] (1992); *Oberndorfer,* Die Verfassungsrechtsprechung im Rahmen der staatlichen Funktionen, EuGRZ 1988, 193; *Öhlinger,* Verfassungsgerichtsbarkeit und parlamentarische Demokratie, in: FS Melichar (1983) 125; *Öhlinger,* Verfassungsgesetzgebung und Verfassungsgerichtsbarkeit, ÖJZ 1990, 2

## 1. Einrichtung, Organisation und Kompetenzen

### 1.1. Einrichtung

Unter „**Verfassungsgerichtsbarkeit**" versteht man im allgemeinen jede institutionell auf die Erhaltung und Durchsetzung der Verfassung gerichtete Rechtsprechung. Die Verfassungsgerichtsbarkeit wird in Österreich im wesentlichen (vgl aber „Grundrechtsbeschwerde" unten VIII.3.8.) „zentralisiert" von einem dafür eigens vorgesehenen Organ, dem **Verfassungsgerichtshof** (VfGH) ausgeübt. Seine Einrichtung und Kompetenzen sind va in den Art 137-148 B-VG geregelt (vgl daneben auch noch Art 126a, 148e und 148f B-VG), die Organisation und das Verfahren näher im VfGG 1953 und in der GeO des VfGH (vgl Art 148 B-VG).

### 1.2. Organisation und Rechtsstellung der Mitglieder

Der VfGH besteht aus dem Präsidenten, dem Vizepräsidenten, 12 Mitgliedern und 6 Ersatzmitgliedern. Zur Erfüllung der Aufgaben bedient er sich eines eigenen Verwaltungsapparates, der jedenfalls ein Evidenzbüro (§ 13a VfGG) enthält, und heute über 60 Mitarbeiter, Juristen und sonstiges Personal, umfaßt.

Präsident, Vizepräsident und die Mitglieder des VfGH werden seit der B-VGNov 1929 gemäß Art 147 B-VG vom BPräs ernannt, und zwar: Präsident, Vizepräsident, 6 Mitglieder und 3 Ersatzmitglieder auf Vorschlag der BReg, 3 Mitglieder und 2 Ersatzmitglieder auf Vorschlag des NR, 3 Mitglieder und 1 Ersatzmitglied auf Vorschlag des BR. Die **BReg** darf dabei nur Kandidaten vorschlagen, die sich aus dem Kreis der Richter, Verwaltungsbeamten oder Professoren eines rechtswissenschaftlichen Faches an einer Universität rekrutieren; für **alle** Kandidaten gilt, daß sie das rechtswissenschaftliche Studium abgeschlossen haben müssen und 10 Jahre eine Berufsstellung bekleidet haben, für die dieses Studium Voraussetzung war. 3 Mitglieder und 2 Ersatzmitglieder müssen ihren ordentlichen Wohnsitz außerhalb Wiens haben, was als (bescheidene) föderalistische Komponente dieses gesamtstaatlichen Organs – siehe dazu oben V.7.2. – angesehen werden kann. Unvereinbar ist die Mitgliedschaft zum VfGH mit den in Art 147 Abs 4 B-VG aufgeführten Organstellungen (siehe auch Art

147 Abs 5 B-VG). Praktisch läßt sich nicht leugnen, daß die beiden großen politischen Parteien die Bestellung der Verfassungsrichter in der Hand haben und seit Jahrzehnten ein bestimmter „Proporz" gewahrt wird.

Von der Konzeption her ist das Amt des Verfassungsrichters in Österreich nicht als haupt-, sondern als **nebenberufliche Tätigkeit** gedacht. Art 147 Abs 6 iVm Art 87 Abs 1 und 2 und Art 88 Abs 2 B-VG stellt sicher, daß die Mitglieder in Ausübung ihres Amtes der **richterlichen Unabhängigkeit und Unversetzbarkeit** teilhaben. Verwaltungsbeamte, die zu Verfassungsrichtern ernannt werden, sind nach Art 147 Abs 2 B-VG außer Dienst zu stellen, sodaß ihre Unabhängigkeit auch nicht dem Anschein nach bezweifelt werden könnte. Die Ernennung erfolgt im übrigen nicht auf eine bestimmte Periode (wie bei allen anderen europäischen Verfassungsgerichten, so etwa beim BVerfG auf 12 Jahre), sondern das **Amt endet mit dem 31.12. des Jahres, in dem das Mitglied das siebzigste Lebensjahr vollendet hat**.

Die Idee eines „Honoratiorengerichtshofes", die hinter dieser Ausgestaltung der Rechtsstellung steckt, ist durch den heute regelmäßig gegebenen Arbeitsanfall überholt. In der Praxis sind jedenfalls jene Richter, die aus dem Verwaltungsdienst kommen und deshalb freigestellt sind, faktisch hauptberuflich als Verfassungsrichter tätig.

Die Mitglieder erhalten eine Geldentschädigung, die sich am Bezug der NR-Abgeordneten orientiert; ihre Rechtsstellung endet neben dem Erreichen der Altersgrenze durch Tod, als Rechtsfolge einer gerichtlichen Verurteilung oder einer Amtsenthebung nach § 10 VfGG.

### 1.3. Organe des VfGH

#### 1.3.1. Justizverwaltung

Mit Aufgaben der Justizverwaltung sind der Präsident und in seiner Vertretung der Vizepräsident betraut. Dem Personalsenat kommt ein Anhörungsrecht bei der Bestellung des Verwaltungspersonals zu.

#### 1.3.2. Rechtsprechung

Organ der Rechtsprechung ist grundsätzlich das **Plenum**. Dieses besteht aus dem Präsidenten, dem Vizepräsidenten und den 12 Mitgliedern. Mitglieder sind im Verhinderungsfall durch Ersatzmitglieder zu vertreten, wobei darauf zu achten ist (§ 6 Abs 2 VfGG), daß das eintretende Ersatzmitglied von derselben Stelle wie das verhinderte Mitglied vorgeschlagen wurde. Das Plenum ist aber in allen Fällen auch beschlußfähig, wenn neben einem **Vorsitzenden** (Präsident, Vizepräsident oder ältestes Mitglied) **wenigstens 8 Stimmführer anwesend** sind (§ 7 VfGG).

Ein Ablehnungsrecht gegenüber einzelnen Mitgliedern ist nicht vorgesehen; § 12 VfGG normiert lediglich Gründe, aus denen Mitglieder ausgeschlossen sind. Daraus könnten Probleme im Lichte des Art 6 MRK („unparteiisches Gericht") resultieren, sofern der VfGH als letzte Instanz über zivilrechtliche Angelegenheiten iS dieser Bestimmung (siehe oben VII.1.2.3.2.) entscheidet.

Für gewisse Fälle (siehe § 7 Abs 2 VfGG) genügt schon die Anwesenheit eines Vorsitzenden und von 4 Stimmführern. Praktisch wird diese Bestimmung so gehandhabt, daß de facto feststehende Spruchkörper gebildet werden („**Kleiner Senat**"), was nicht nur im Lichte der gesetzlichen Grundlage, sondern auch des Art 83 Abs 2 B-VG problematisch ist. Tatsächlich wird die überwiegende Zahl der Fälle im „Kleinen Senat" entschieden.[1] Sowohl das Plenum als auch der „Kleine Senat" treten nur zu „Sessionen" zusammen, die im Normalfall viermal jährlich (März, Juni, Oktober, Dezember) stattfinden.

Eine besondere Stellung genießt daher der **Referent** im Vorverfahren, in dem er bestimmte prozeßleitende Verfügungen treffen kann (§ 20 VfGG). Seine Aufgabe besteht in der Aufbereitung des Prozeßstoffes und der Erarbeitung eines Erledigungsentwurfes.

Der VfGH entscheidet, gleichgültig in welcher Besetzung, grundsätzlich mit **Stimmenmehrheit**. Lediglich in den Fällen der **Ablehnung** der Beschwerde oder der **Abweisung**, weil offenkundig kein verfassungsgesetzlich gewährleistetes Recht verletzt wurde (§ 19 Abs 3 Z 1 und Abs 4 Z 1 VfGG), hat die Entscheidung **einstimmig** zu ergehen. Für den Fall einer Amtsenthebung bedarf es einer Zweidrittelmehrheit (§ 10 Abs 4 VfGG).

Bei Ermittlung der **Stimmenmehrheit** stimmt der **Vorsitzende** selbst zunächst nicht mit. Nur dann, wenn eine von mehreren Meinungen genau die Hälfte aller Stimmen auf sich vereinigt hat, ist er verpflichtet, seine Stimme abzugeben und kann dieser Meinung beitreten und sie zur „Mehrheitsmeinung" erheben (§ 31 VfGG).

Die Abstimmungsergebnisse werden nicht veröffentlicht; insbes haben die in der Minderheit gebliebenen Stimmführer kein Recht, der Entscheidung ein **Sondervotum** (dissenting opinion), wie dies etwa bei allen anderen europäischen Verfassungsgerichten oder dem EGMR möglich ist, anzuschließen.

## 1.4. Kompetenzen

Der VfGH entscheidet in folgenden Rechtssachen:
- **Vermögensrechtliche Ansprüche** gegen Bund, Länder, Gemeinden oder Gemeindeverbände (Art 137 B-VG, sog „Kausalgerichtsbarkeit");
- **Kompetenzstreitigkeiten**, und zwar:
  - bei **Kompetenzkonflikten** zwischen Gerichten und Verwaltungsbehörden, zwischen dem VwGH und allen anderen Gerichten (insbes VfGH selbst), zwischen ordentlichen und anderen Gerichten , sowie zwischen den Ländern untereinander und einem Land und dem Bund (Art 138 Abs 1 B-VG);

---

1 In allen Fällen der Kausalgerichtsbarkeit (Art 137 B-VG), von Kompetenzkonflikten zwischen Gerichten und Verwaltungsbehörden (Art 138 Abs 1 lit a B-VG), bei Zurückweisung eines Antrages wegen mangelnder Legitimation (häufig bei Individualanträgen nach Art 139 und 140 B-VG!), bei Ablehnung einer Bescheidbeschwerde oder Abweisung einer Bescheidbeschwerde, weil ein verfassungsgesetzlich gewährleistetes Recht offenkundig nicht verletzt wurde oder bei Entscheidungen über Beschwerden, wenn die Rechtsfrage durch die bisherige Rechtsprechung bereits genügend klargestellt ist (siehe den Verweis in § 7 Abs 2 lit d auf § 19 VfGG).

- in **Kompetenzfeststellungsverfahren**, ob ein Akt der Gesetzgebung oder Vollziehung in die Zuständigkeit des Bundes oder der Länder fällt (Art 138 Abs 2 B-VG);
- bei **Meinungsverschiedenheiten** zwischen dem RH oder der VA und der BReg, einem BM oder einer LReg (Art 126a und Art 148f B-VG) **über die Prüfungskompetenz** der genannten Organe;
- Vorliegen bzw Erfüllung einer **Vereinbarung nach Art 15a B-VG** (Art 138a B-VG),
- Gesetzmäßigkeit von **Verordnungen** (Art 139 B-VG),
- Überschreitung der **Wiederverlautbarungs**-Ermächtigung (Art 139a B-VG),
- Verfassungsmäßigkeit von **Gesetzen** (Art 140 B-VG),
- Rechtswidrigkeit von **Staatsverträgen** (Art 140a B-VG),
- Anfechtung von **Wahlen** (Art 141 B-VG),
- **staatsrechtliche Anklagen** (Art 142 und 143 B-VG),
- **Bescheidbeschwerden** (Art 144 B-VG),
- Verletzungen des **Völkerrechts** (Art 145 B-VG).

Die praktisch bedeutsamen Kompetenzen sind die nach Art 144 B-VG (Bescheidbeschwerde, mittlerweile über 2000 pro Jahr) und die Kompetenzen zur Normprüfung nach Art 139 und 140 B-VG. Eine wichtige Rolle spielen noch die Wahlanfechtungen nach Art 141 B-VG, die Klagen nach Art 137 B-VG und allenfalls Kompetenzstreitigkeiten nach Art 138, 126a und 148f B-VG (dazu vgl unten VIII. 3.1. bis 3.7.). Die Zuständigkeit nach Art 145 B-VG kann vom Gerichtshof gar nicht wahrgenommen werden, weil ein entsprechendes Ausführungsgesetz nach wie vor nicht erlassen wurde.

## 2. Allgemeines Verfahrensrecht

Der Gang des Verfahrens gliedert sich im wesentlichen in ein **Vorverfahren**, in dem der Prozeßstoff aufbereitet wird, eine **mündliche Verhandlung**, die nach dem Gesetz noch den Regelfall darstellt, in der Praxis aber aufgrund der vielen im Gesetz selbst statuierten Ausnahmen (vgl § 19 VfGG) nur mehr selten stattfindet, in die **nicht-öffentliche Beratung und Beschlußfassung**, sowie die – sehr selten gehandhabte – **mündliche Verkündigung** des Erkenntnisses, an deren Stelle im Regelfall die schriftliche Ausfertigung getreten ist.

Das Verfahren ist im wesentlichen im VfGG geregelt; subsidiär gilt die ZPO (§ 35 VfGG), in den Fällen der staatsrechtlichen Anklage die StPO (§ 81 VfGG).

### 2.1. Prozeßvoraussetzungen

#### 2.1.1. Formerfordernisse einer Eingabe

Beschwerden, Klagen und Anträge bedürfen grundsätzlich der **Schriftform**. Als Minimalerfordernisse, bei deren Fehlen kein Verbesserungsauftrag ergeht, sondern die sofortige Zurückweisung erfolgt, gelten nach der Recht-

sprechung des VfGH die in § 15 Abs 2 VfGG genannten (vgl VfSlg 8733/1980, 9617/1983, 11243/1987):
- die Bezugnahme auf den **Artikel des B-VG**, aufgrund dessen der VfGH angerufen wird,
- die Darstellung des (antragsbegründenden) **Sachverhaltes** und
- ein (rechtsrichtiges) **bestimmtes Begehren** („rechtsrichtig" bedeutet, daß genau das einzig zulässige Begehren in einem bestimmten Verfahren gestellt werden muß, also zB die Aufhebung eines Bescheides in einem Verfahren nach Art 144 B-VG).

**Anträge** bedürfen – von einzelnen Ausnahmen abgesehen – weiters der **Unterschrift eines Rechtsanwaltes**. (Die Vollmachtsvorlage kann durch die Berufung auf die Vollmacht nach § 30 Abs 2 ZPO ersetzt werden.) Für das weitere Verfahren bedarf es de iure keiner Vertretung. Verfahrenshilfe kann nach den Bestimmungen der ZPO (§§ 63 ff) beantragt und gewährt werden. Jeder Eingabe und Beilage sind so viele Ausfertigungen anzuschließen, daß jeder zur Verhandlung zu ladenden Partei bzw Behörde ein Exemplar zugestellt werden kann. Allfällige Formmängel (mit Ausnahme der vorhin genannten nach § 15 Abs 2 VfGG) sind der Verbesserung zugänglich.

### 2.1.2. Zuständigkeit des VfGH

Siehe zuvor VIII.1.4.

### 2.1.3. Legitimation zur Einbringung einer Klage, einer Beschwerde oder eines Antrages

Diese ist abhängig von den einzelnen Verfahrensarten (vgl VIII.3.1. – 3.7.).

### 2.1.4. Wahrung von Fristen

Bei manchen Verfahren, wie zB der Bescheidbeschwerde oder bei Wahlanfechtungen, sind Fristen zu wahren (6 bzw 4 Wochen). Bei Versäumung der Frist steht nach § 33 VfGG nur dann, wenn die sechswöchige Beschwerdefrist des Art 144 B-VG versäumt wurde, das Rechtsinstitut der **Wiedereinsetzung** zur Verfügung. Die Zulässigkeit ist nach § 146 ZPO zu beurteilen (also wenn ein „unvorhergesehenes und unabwendbares Ereignis" die rechtzeitige Einbringung der Beschwerde verhindert hat).

### 2.1.5. Keine „res iudicata"

Grundsätzlich gilt, daß der VfGH in Angelegenheiten, die er schon entschieden hat, nicht nochmals angerufen werden kann. In den Fällen der Art 137, 143 und 144 B-VG kann aber das Verfahren nach § 34 VfGG iVm § 530 ZPO wiederaufgenommen werden.

Für **Normprüfungsverfahren** ist anzumerken, daß die geltendgemachten Bedenken den Prozeßgegenstand in gewisser Weise mitkonstituieren: eine negative Entscheidung aufgrund bestimmter Bedenken hindert nicht die Prüfung derselben Norm im Lichte anderer Bedenken.

## 2.2. Antrag auf aufschiebende Wirkung

Nach § 85 Abs 2 VfGG kann mit **Bescheidbeschwerden** der Antrag auf aufschiebende Wirkung verbunden werden (in Verordnungs- und Gesetzes-Prüfungsverfahren wäre ein derartiger Antrag unzulässig). Ein derartiger Antrag ist aber nur dann zielführend, wenn durch den Bescheid dem Beschwerdeführer ein Recht entzogen wird bzw seine Rechtsstellung verändert wird; Bescheide, mit denen erst Rechte verliehen werden, sind einer aufschiebenden Wirkung unzugänglich.

Über die aufschiebende Wirkung entscheidet während der Sessionen der Gerichtshof, ansonsten der Präsident auf Antrag des Referenten. Dem Antrag auf auschiebende Wirkung ist nach Maßgabe der in § 85 Abs 2 VfGG normierten Interessenabwägung (öffentliches Interesse und Interessen Dritter an der Durchsetzung gegen unverhältnismäßigen Nachteil für den Beschwerdeführer) stattzugeben.

## 2.3. Antrag auf Kostenersatz

In manchen Verfahren kann die unterlegene Partei zum Kostenersatz verurteilt werden (§ 27 VfGG). So steht Kostenersatz insbes im Verfahren nach Art 137 B-VG zu (Berechnung erfolgt nach Streitwert lt RA-Tarif), in Normprüfungsverfahren dem (Individual-) Antragsteller (§§ 61a, 65a und 66 VfGG) und im Bescheidbeschwerdeverfahren nach Art 144 B-VG (§ 88 VfGG). In diesen Fällen wird in Analogie zum Kostenersatz im Verfahren vor dem VwGH ein Pauschalbetrag zugesprochen, der etwas über den dortigen Kostensätzen liegt, z Zt S 12.500,— + 20% USt = S 15.000,—.

## 2.4. Gegenschriften und -äußerungen

Im Rahmen des Vorverfahrens sind im wesentlichen die Antragsgegner zur Abgabe von Gegenschriften bzw Gegenäußerungen und zur Aktenvorlage aufzufordern. Unterbleibt die Aktenvorlage und Abgabe der Gegenschrift innerhalb der vom Gerichtshof gesetzten Frist, so entscheidet der VfGH aufgrund der Angaben der Partei, wenn die Behörde auf diese Säumnisfolge hingewiesen wurde. (Eine Gegenäußerung ist auch dann unbeachtlich, wenn sie im Namen eines Kollegialorgans eingebracht wird, ohne daß ihr ein entsprechender Beschluß dieses Kollegialorgans zugrundeliegt – vgl VfSlg 10.598/1985).

## 2.5. Mündliche Verhandlung und Beratung

Nach § 19 VfGG soll grundsätzlich eine mündliche Verhandlung stattfinden, die vom Präsidenten angeordnet wird und durch Anschlag an der Amtstafel und durch die „Wiener Zeitung" kundzumachen ist (§ 22 VfGG). Dazu sind alle Parteien zu laden. Die Verhandlung hat mit dem Vortrag des Referenten zu beginnen; das Erkenntnis ist nach Möglichkeit sogleich nach Schluß der Verhandlung zu fällen und sofort zu verkünden.

Praktisch wird heute im Regelfall nach § 19 Abs 3 und 4 VfGG auf die Durchführung einer mündlichen Verhandlung verzichtet. Diese ist auch in den seltensten Fällen zielführend, weil der Prozeßstoff zumeist ohnehin in den Schriftsätzen erschöpfend aufbereitet werden kann (vgl § 19 Abs 4 VfGG). Die Hauptarbeit des Plenums und der „Kleinen Senate" findet demgemäß in der nicht-öffentlichen Beratung statt. Auch für den Fall einer öffentlichen Verhandlung ist die Verkündung des Erkenntnisses selten. Normalerweise werden Erkenntnisse und Beschlüsse des VfGH schriftlich ausgefertigt und zugestellt.

## 2.6. Beschlußfassung

Zu den notwendigen Mehrheiten vgl VIII.1.3.2.

## 2.7. Exekution

Gemäß Art 146 Abs 1 B-VG sind Erkenntnisse über **Ansprüche nach Art 137 B-VG** durch die **ordentlichen Gerichte** in Anwendung der EO durchzuführen. Ebenso obliegt die Exekution eines Erkenntnisses, das die **Zuständigkeit des RH zur Gebarungsüberprüfung** feststellt, den ordentlichen Gerichten (Art 126a B-VG).

In allen anderen Fällen ist gemäß Art 146 Abs 2 B-VG der **BPräs** zur Exekution verfassungsgerichtlicher Entscheidungen zuständig. Sie ist nach dessen Weisungen durch die nach seinem Ermessen von ihm beauftragten Organe des Bundes oder eines Landes einschließlich des Bundesheeres durchzuführen. Der Antrag auf Exekution ist vom VfGH zu stellen. Die entsprechenden Weisungen des BPräs bedürfen keiner Gegenzeichnung, wenn es sich um eine Exekution gegen den Bund oder Bundesorgane handelt.

Die Mehrzahl der Erkenntnisse des VfGH ist allerdings **einer Exekution nicht zugänglich,** da die Entscheidung entweder feststellenden Charakter trägt (Kompetenzkonflikte) oder die Rechtsfolge eo ipso eintritt (Aufhebung eines Bescheides, eines Gesetzes oder einer Verordnung – im Falle der Aufhebung eines Gesetzes oder einer Verordnung ist diese Rechtswirkung allerdings erst an die Kundmachung geknüpft, die allenfalls exekutierbar wäre); der VfGH reagiert in der Praxis auf das Unterbleiben der Kundmachung damit, daß er **jeden** neuen Fall als Anlaßfall behandelt (VfSlg 5189/1965).

# 3. Einzelne Verfahrensarten

## 3.1. Vermögensrechtliche Ansprüche

Im Rahmen der „**Kausalgerichtsbarkeit**" nach Art 137 B-VG entscheidet der VfGH über vermögensrechtliche Ansprüche gegen den Bund, die Länder, Gemeinden und Gemeindeverbände, soferne der Anspruch weder im ordentlichen Rechtsweg geltend gemacht werden kann, noch darüber ein Bescheid zu ergehen hat („Subsidiarität").

Die **Klage** kann unmittelbar auf Leistung (§ 37 VfGG) oder Feststellung (§ 38 VfGG) gerichtet sein. Gegenstand ist jedenfalls ein **vermögensrechtlicher Anspruch**. Dieser kann in der Forderung nach einer Geldleistung bestehen, oder in der Forderung auf Herausgabe beschlagnahmter Sachen (nach Wegfall der Rechtsgrundlage für die Beschlagnahme; vgl VfSlg 11.180/1986 – Schimpansen). Kein vermögensrechtlicher Anspruch liegt vor, wenn die Herausgabe öffentlicher Urkunden verlangt wird – diese stellen Berechtigungen dar und keine vermögenswerten Privatrechte (VfSlg 8048/1977; Führerschein, Taxilenkerausweis, etc). Der Anspruch erfaßt auch allfällige Verzugszinsen (§§ 1333 und 1334 ABGB werden analog angewendet).

**Passiv legitimiert** sind ausschließlich die in Art 137 B-VG genannten Gebietskörperschaften, andere Körperschaften öffentlichen Rechts jedoch nicht, was uU zu Rechtsschutzlücken führen kann. Die Klage ist gegen die Gebietskörperschaft zu richten und nicht gegen ein Organ (also: gegen den Bund, nicht aber etwa gegen einen BM). Welche Gebietskörperschaft im einzelnen passiv legitimiert ist, kann im Einzelfall durchaus problematisch sein. Die Verpflichtung zur Rückerstattung eines zu Unrecht erhobenen Strafbetrages trifft zB jene Gebietskörperschaft, für die die Behörde tätig gewesen ist (zB im Rahmen der StVO das Land, auch wenn die Strafe von einer Bundespolizeibehörde verhängt wurde).

**Subsidiarität** bedeutet, daß die Streitsache zum einen nicht im ordentlichen Rechtsweg auszutragen ist, zum anderen, daß kein Bescheid erwirkt werden kann. Im ordentlichen Rechtsweg auszutragen sind alle „bürgerlichen Rechtssachen" iSd § 1 JN. Zwingend ist daher, daß der vor dem VfGH geltend gemachte Anspruch **„im öffentlichen Recht wurzelt"** (VfSlg 10.933/1986 – Nierenlithotripter). Die Abgrenzung ist im einzelnen diffizil und mutet auch etwas kasuistisch an. Schadenersatzansprüche sind immer als bürgerliche Rechtssache anzusehen, Aufwandersatzansprüche und bereicherungsrechtliche Ansprüche können öffentlich-rechtlicher Natur sein, wie etwa Ansprüche auf Rückzahlung zu Unrecht eingehobener Strafbeträge. Typisch öffentlich-rechtliche Ansprüche sind etwa jene aus dem Finanzausgleichsrecht und besoldungsrechtliche Ansprüche. Sie können mit einer Klage nach Art 137 B-VG dann geltend gemacht werden, **wenn keine Verwaltungsbehörde mit Bescheid darüber zu entscheiden hat.** (Besoldungsrechtliche Ansprüche können im allgemeinen daher nur dann eingeklagt werden, wenn es nur noch um die Liquidierung geht; in allen anderen Fällen, insbes für die Frage der Gebührlichkeit, ist mit Bescheid abzusprechen.)

### 3.2. Kompetenzgerichtsbarkeit

Die Idee, Kompetenzfragen im Bundesstaat von einem Verfassungsgericht entscheiden zu lassen, stand in der Republik an der Wiege der Verfassungsgerichtsbarkeit. In ihr kann die Wurzel der Institutionalisierung des österreichischen VfGH erblickt werden.[2]

Zu unterscheiden sind zwei Arten der Kompetenzgerichtsbarkeit: die Entscheidung von **Kompetenzkonflikten** und die **Kompetenzfeststellung**.

---

2 Dazu näher *Öhlinger*, FS Melichar, 125 ff.

### 3.2.1. Kompetenzkonflikte

Der VfGH ist zuständig zur Entscheidung von Kompetenzkonflikten, sofern sie zwischen den in Art 138 Abs 1 B-VG genannten Organen auftreten (vgl VIII.1.4.). Ein solcher **Kompetenzkonflikt** liegt nach der Rechtsprechung des VfGH nur dann vor, wenn zwei (oder mehrere) Behörden oder Gerichte **in derselben Sache** ihre **Zuständigkeit** in Anspruch genommen (**positiver Kompetenzkonflikt**, vgl VfSlg 1341/1930, 1351/1930, 1720/1948 ua) oder abgelehnt haben (**negativer Kompetenzkonflikt**, vgl VfSlg 1432/1932, 2781/1954 ua), und **eine** der beteiligten Behörden oder Gerichte dies zu Unrecht getan hat, wobei es lediglich um die **Zuständigkeit zur Einzelfallentscheidung** (und nicht um die Setzung genereller Normen) geht. Das zumeist schwierigste Problem in diesen Fällen besteht in der Lösung der Frage, wann „dieselbe Sache" vorliegt. Von dieser kann man nur dann sprechen, wenn **dieselbe generelle Rechtsnorm** auf **ein und denselben Sachverhalt** anzuwenden ist; dies hängt auch davon ab, welchen Antrag die Partei etwa bei einem Gericht einerseits und der Verwaltungsbehörde andererseits gestellt hat (VfSlg 1643/1948).

> **Antragsberechtigt** ist (vgl §§ 42 ff VfGG):
> a) Bei einem **positiven Kompetenzkonflikt zwischen einem Gericht und einer Verwaltungsbehörde:** die zuständige oberste Verwaltungsbehörde des Bundes oder Landes binnen 4 Wochen nach Kenntnis. Die Versäumung der Antragsfrist hat die Zuständigkeit des Gerichtes zur Folge. Die **Parteien** haben ein **subsidiäres Antragsrecht,** wenn ihrem an die zuständige Verwaltungsbehörde gerichteten Begehren auf Antragstellung nicht binnen 4 Wochen nachgekommen wird.
> b) Bei einem **positiven Kompetenzkonflikt zwischen Gerichten:** der VfGH hat darüber zu entscheiden, soferne er davon durch Anzeige eines an der Sache beteiligten Gerichtes oder Partei oder aus dem Inhalt der eigenen Akten Kenntnis erhält. Die **Parteien** haben wiederum ein **subsidiäres Antragsrecht**.
> c) Bei einem **positiven Kompetenzkonflikt zwischen Verwaltungsbehörden des Bundes und der Länder oder verschiedener Länder:** antragsberechtigt ist jede der beteiligten Regierungen binnen 4 Wochen ab Kenntnis. Die **Parteien** haben ein **subsidiäres** Antragsrecht.
> d) In allen Fällen eines **negativen Kompetenzkonfliktes** kann der Antrag nur von einer **Partei** gestellt werden.

Der VfGH hat zu entscheiden, welche Behörde zuständig ist. Er hat ferner die seinem Erkenntnis entgegenstehenden Akte aufzuheben (also auch Akte der Gerichtsbarkeit!).

### 3.2.2. Kompetenzfeststellung

a. Nach **Art 138 Abs 2 B-VG** ist der VfGH berufen festzustellen, ob ein **Akt der Gesetzgebung** oder **der Vollziehung** in die Zuständigkeit des Bundes oder der Länder fällt. **Antragsberechtigt** ist die **Regierung** jener Gebietskörperschaft, in deren Bereich der fragliche Akt ergehen soll. Die Kontrolle des VfGH ist hier **präventiver** Natur. Im Fall der – praktisch allein relevanten – Frage der Zuständigkeit zur Gesetzgebung handelt es sich somit um eine Gesetzesprüfung **a priori**.

Die **Rechtsfrage**, die der VfGH im Rahmen des Verfahrens nach Art 138 Abs 2 B-VG zu entscheiden hat, besteht in der Interpretation der Kompetenzbestimmungen dahingehend, ob eine Kompetenz dem Bund oder den Ländern zusteht; nicht zu prüfen ist die inhaltliche Verfassungskonformität einer Regelung, ebenso nicht die Frage, ob etwa ein Gesetzgebungsakt dem Bund aufgrund des Art 10 oder Art 11 B-VG zusteht.

**Gegenstand** des Verfahrens ist ein Gesetzes- oder Verordnungs**entwurf**. Anträge sind nur so lange zulässig, als ein entsprechendes Gesetz oder eine entsprechende Verordnung noch nicht erlassen wurden.

Die Feststellung des VfGH ist (im Spruch des Erkenntnisses) in einem **Rechtssatz** zusammenzufassen, der vom Bundeskanzler im BGBl kundzumachen ist. Diesem Rechtssatz kommt die Wirkung einer **authentischen Interpretation** zu (VfSlg 3055/1956, 4027/1961, 4446/1963), hat damit Verfassungscharakter und kann nur vom Verfassungsgesetzgeber abgeändert werden.

b. Nach **Art 126a B-VG** entscheidet der VfGH bei Meinungsverschiedenheiten zwischen dem RH und einem (der Kontrolle des RH unterliegenden) Rechtsträger über die Auslegung der gesetzlichen Bestimmungen, die die **Zuständigkeit des RH** regeln. Eine Meinungsverschiedenheit liegt vor, wenn der Rechtsträger die Zuständigkeit des RH zur Gebarungsüberprüfung ausdrücklich bestreitet oder die Gebarungsüberprüfung tatsächlich nicht zuläßt oder aber der RH sich weigert, besondere Akte der Gebarungsüberprüfung durchzuführen.

**Antragsberechtigt** sind die BReg, eine LReg oder der RH. Der Antrag ist längstens binnen eines Jahres seit Auftreten der Meinungsverschiedenheit zu stellen (§ 36a Abs 2 VfGG idF BGBl 1993/510).

Bejaht der VfGH die Zuständigkeit des RH, so hat der Rechtsträger die Prüfung zu ermöglichen. Die **Exekution** dieser Verpflichtung obliegt den ordentlichen Gerichten (Art 126a B-VG idF BGBl 1993/508 – lex Bank Austria).

c. Nach **Art 148f B-VG** entscheidet der VfGH über Meinungsverschiedenheiten zwischen der VA und der BReg oder einem BM über die Auslegung der gesetzlichen Bestimmungen, die die **Zuständigkeit der VA** regeln. Ist die VA durch den Landesverfassungsgesetzgeber für ein Land zuständig erklärt worden, erstreckt sich diese Kompetenz des VfGH auch auf Meinungsverschiedenheiten zwischen der VA und einer LReg.

**Antragsberechtigt** sind die VA und die BReg bzw die LReg.

Ist eine eigene Einrichtung für das betreffende Land geschaffen worden (wie in Tirol und Vorarlberg – siehe oben V.7.2.5.), kann eine gleichartige Zuständigkeit des VfGH landesverfassungsgesetzlich begründet werden.

Für das Verfahren gelten die Vorschriften des VfGG über Meinungsverschiedenheiten zwischen dem RH und einem Rechtsträger (§ 36g VfGG).

## 3.3. Prüfung von Gesetzen und Verordnungen

### 3.3.1. Allgemeines und Überblick

Nach Art 139 und 140 B-VG ist der VfGH berufen, über die Frage der **Gesetzwidrigkeit von Verordnungen und der Verfassungswidrigkeit von Gesetzen** zu entscheiden. Die Entscheidung (nicht die Prüfung! – vgl dazu Art 89 Abs 2 B-VG) über die Rechtswidrigkeit genereller Normen ist demgemäß – und das ist ein besonderes Charakteristikum der österreichischen Verfassungsgerichtsbarkeit – **zentralisiert**. Hält der VfGH eine Norm für rechtswidrig, so hat er sie prinzipiell **aufzuheben** (Wirkung ex nunc). Im Fall der Aufhebung von Gesetzen tritt die Verfassungsgerichtsbarkeit in ein theoretisch nicht leicht zu bewältigendes Spannungsverhältnis zum demokratischen Gesetzgeber, das mitunter zu Konfliktsituationen führt. (Vgl zB die Diskussion um die Taxikonzessionen, Politikerpensionen, Frauenpensionsrecht, etc und die „Korrekturen" von VfGH-Entscheidungen durch den Verfassungsgesetzgeber.)

Das Normprüfungsverfahren ist entweder ein **„abstraktes"**, was bedeutet, daß der VfGH die Norm auf ihre Rechtmäßigkeit losgelöst von einem zur Entscheidung anstehenden Einzelfall, in dem sie anzuwenden wäre, prüft, oder ein **„konkretes"**. Das bedeutet, daß Voraussetzung für die Prüfung der Norm ist, daß sie in einem konkreten Rechtsstreit anzuwenden wäre.

Bemerkenswert ist weiterhin, daß ein angegriffenes Gesetz immer von der jeweiligen **Regierung** zu verteidigen ist (den Gesetzgebungskörperschaften kommt keine Parteistellung zu). Bei Verordnungsprüfungen ist die jeweilige Regierung neben der verordnungserlassenden Behörde (so diese mit der Regierung nicht identisch ist) Verfahrenspartei.

Eingeleitet werden Normkontrollverfahren **von Amts wegen oder auf Antrag**. In beiden Fällen wird ein selbständiges Normprüfungsverfahren durchgeführt (dh auch bei amtswegigen Verfahren; diese sind nicht bloßer Bestandteil des verfassungsgerichtlichen Anlaßverfahrens).

### 3.3.2. Antragslegitimation

a. **Antragslegitimation zu abstrakten Normkontrollverfahren:**
- BReg gegen eine **Verordnung einer Landesbehörde** oder gegen ein **Landesgesetz**;
- LReg gegen eine **Verordnung einer Bundesbehörde** oder gegen ein **Bundesgesetz**;
- ein Drittel der Mitglieder des NR oder des BR gegen ein **Bundesgesetz**;
- ein Drittel der Mitglieder eines Landtages gegen ein entsprechendes **Landesgesetz**, wenn die Landesverfassung dies vorsieht;
- VA oder gleichartige Einrichtung eines Landes gegen eine **Verordnung** (Art 148e, 148i B-VG);
- BMF gegen eine Gemeinde-**Verordnung** gemäß § 10 F-VG.

**b. Antragslegitimation zu konkreten Normkontrollverfahren:**
  aa. Antragsberechtigt gegenüber **Verordnungen** sind:
   – alle Gerichte,
   – UVS,
   – unmittelbar Betroffene („Individualantrag"),
   – Gemeinden gegen eine aufsichtsbehördliche Verordnung (Art 119a Abs 6 B-VG).
  bb. Antragsberechtigt gegenüber (Bundes- und Landes-)**Gesetzen** sind:
   – OGH, VwGH, Gerichte 2. Instanz (im funktionellen Sinn, Gericht = jeweiliger Spruchkörper),
   – UVS,
   – unmittelbar Betroffene („Individualantrag").
  cc. Der VfGH kann ein Gesetz oder eine Verordnung **von Amts wegen** immer dann prüfen, wenn er selbst die Norm in einer Rechtssache anzuwenden hätte.

### 3.3.3. Prüfungsgegenstand und -maßstab

#### 3.3.3.1. Verordnungsprüfung

**Prüfungsgegenstand** sind Rechts- und Verwaltungsverordnungen einer Bundes- oder Landesbehörde (zum Begriff vgl die Lehrbücher zum Allgemeinen Verwaltungsrecht). Bundes- oder Landesbehörde ist nicht organisatorisch, sondern funktionell zu verstehen; damit sind **alle Verordnungen**, auch die von Gemeinden, sonstigen Selbstverwaltungskörpern, beliehenen Unternehmen etc erlassenen Verordnungen beim VfGH anfechtbar, weil iS des Art 10-15 B-VG jeder Vollzugsakt entweder dem Bereich der Bundes- oder Landesvollziehung zurechenbar ist.

**Prüfungsmaßstab** ist das einfache Gesetz oder – bei verfassungsunmittelbarer Verordnung – das Verfassungsgesetz, wobei es auf die Sach- und Rechtslage **im Zeitpunkt der Prüfung** ankommt.

#### 3.3.3.2. Gesetzesprüfung

**Prüfungsgegenstand** ist jedes **Bundes- oder Landesgesetz**, einschließlich Bundes- oder Landes**verfassungs**gesetze. Nicht geprüft werden kann vom VfGH die Untätigkeit des Gesetzgebers, soweit sie nicht anhand bestehender Gesetze aufgegriffen werden kann (zB Gesetzeslücken).

**Prüfungsmaßstab** ist das Bundesverfassungsrecht, bei Landesgesetzen zusätzlich auch das Landesverfassungsrecht. Landesverfassungsgesetze können auf ihre Übereinstimmung mit Bundesverfassungsrecht, Bundesverfassungsgesetze selbst auf ihre Übereinstimmung mit den leitenden Prinzipien der Verfassungsordnung überprüft werden.

Grundsätzlich gilt, daß auch die Verfassungskonformität **im Zeitpunkt der Entscheidung** gegeben sein muß.

### 3.3.3.3. Umfang des Prozeßgegenstandes

Zum Umfang des Prozeßgegenstandes gehören auch die vom Antragsteller (im Fall der amtswegigen Prüfung vom VfGH selbst) gemäß § 57 und § 62 VfGG geltend zu machenden **Bedenken** gegen die Gesetzmäßigkeit (einer Verordnung) bzw. die Verfassungsmäßigkeit (eines Gesetzes). Man könnte in Anlehnung an die Zivilprozeßlehre von einem „dreigliedrigen Prozeßgegenstand" sprechen. Dies hat zur Konsequenz, daß der VfGH im Normkontrollverfahren auf die Frage beschränkt ist, ob die jeweils geltend gemachten Bedenken zu Recht bestehen oder nicht. (Dies gilt auch für amtswegige Prüfungsverfahren: dort wird der Prozeßgegenstand durch den Prüfungsbeschluß festgelegt.) Wurde zB ein Gesetz angefochten, weil es nach Meinung des Antragstellers Art 18 B-VG widerspricht, und findet der VfGH, daß dies zwar nicht der Fall ist, das Gesetz aber möglicherweise gleichheitswidrig ist, hat er diesen Antrag abzuweisen. Allerdings hindert die Rechtskraft dieses Erkenntnisses nicht die neuerliche Prüfung dieses Gesetzes aus einem anderen Grund.

Lediglich wenn der VfGH eine Norm aufgehoben hat, meint er, sie nicht wieder (auch nicht aus anderen Gründen) prüfen zu können. Dies hat Bedeutung für die Anlaßfall-Wirkung.

### 3.3.3.4. Abgrenzung des Prüfungsgegenstandes

Im Lichte der geltend gemachten Bedenken ist die anzufechtende Bestimmung „richtig" abzugrenzen (dh allenfalls ein Wort, eine Wortfolge, ein oder mehrere Absätze, Paragraphen oder auch die gesamte Rechtsvorschrift), und zwar in der Weise, **daß nicht mehr aus dem Rechtsbestand ausgeschieden wird, als zur Beseitigung der Verfassungswidrigkeit erforderlich ist, daß aber andererseits der verbleibende Teil auch keine Bedeutungsänderung erfährt**. Da beide Ziele kaum je vollständig zu erzielen sind, ist im Einzelfall abzuwägen, welchem Ziel der Vorrang gebührt (vgl VfSlg 8806/1980). Bestimmungen, die in „untrennbarem Zusammenhang" mit den solcherart zu ermittelnden stehen, sollen mitumfaßt werden. Was nach allfälliger Aufhebung übrig bleibt, soll kein sprachlicher Torso sein; ob der Rest aber (aus anderen Gründen) verfassungswidrig ist, ist gleichgültig.

Die entsprechende Abgrenzung des Antrages hat auch dann vorgenommen zu werden, wenn der VfGH ausnahmsweise befugt ist, von selbst die ganze Norm (Art 139 Abs 3; Art 140 Abs 3 B-VG) aufzuheben.

Eine „falsche" Abgrenzung des Prüfungsgegenstandes führt zur **Zurückweisung** des Antrages (die Praxis behilft sich gelegentlich mit Eventualanträgen).

### 3.3.4. Präjudizialität

Voraussetzung eines amtswegigen Prüfungsverfahrens oder eines Antrages eines Gerichtes oder UVS ist die **Präjudizialität** der zu prüfenden Bestimmung. Darunter versteht man, daß der VfGH selbst oder das Gericht (UVS) bei Lösung einer Rechtsfrage die fragliche Norm anzuwenden hätte. (Gleichgültig dabei ist, welche Auswirkungen das Ergebnis des Normprüfungsverfahrens auf die zu fällende Entscheidung in der Sache haben kann – ob etwa für eine Partei positiv oder negativ.)

Bei Gerichtsanträgen (Anträgen von UVS) genügt als Prozeßvoraussetzung, wenn diese Präjudizialität wenigstens **denkmöglich** ist: der VfGH hält sich nicht für berechtigt, bei der Prüfung der Frage, ob eine Vorschrift für die Entscheidung des Gerichts präjudiziell ist, das Gericht an eine bestimmte Auslegung zu binden und damit auf diese Art der gerichtlichen Entscheidung indirekt vorzugreifen. Ein Mangel der Präjudizialität liegt daher nur dann vor, wenn die zur Prüfung beantragte Bestimmung ganz offenbar und schon begrifflich überhaupt nicht als eine Voraussetzung des gerichtlichen Erkenntnisses in Betracht kommen kann.

So etwa, wenn das Anlaßverfahren vor Gericht bereits abgeschlossen ist (VfSlg 4069/1961); wenn materiell-rechtliche Bestimmungen aus Anlaß der Prüfung eines verfahrensrechtlichen Bescheides angefochten werden (VfGH 30.9.1991, G 72, 73/91); wenn die Rechtmäßigkeit von Gemeindegrenzen anhand eines konkreten Verwaltungsverfahrens in Frage gestellt werden (VfSlg 9751/1983); kein Hindernis liegt jedoch vor, wenn infolge der Prüfung die Bestimmungen aufgrund einer verfassungskonformen Interpretation nicht anzuwenden sind (VfSlg 12.572/1990).

Für den VfGH selbst ist eine Norm präjudiziell, wenn er sie bei der Entscheidung einer bei ihm anhängigen Rechtssache (zB Bescheidbeschwerde) anzuwenden hat. Dies ist aber nicht der Fall, wenn es sich um eine Bestimmung handelt, die die Behörde denkunmöglich angewendet hat (VfSlg 8999/1980); dann ist jene Bestimmung präjudiziell, die die Behörde pflichtgemäß hätte anwenden müssen.

### 3.3.5. Individualantrag

**Legitimiert** zur Erhebung eines Individualantrages ist, wer durch die generelle Norm unmittelbar in seinen Rechten verletzt zu sein behaupten kann, und für den die generelle Norm ohne Fällung einer gerichtlichen Entscheidung oder ohne Erlassung eines Bescheides wirksam geworden ist (Art 139 Abs 1, 140 Abs 1 B-VG). Daraus ergeben sich nach der Judikatur **zwei Voraussetzungen:** die Betroffenheit in einer Rechtsposition und die Unzumutbarkeit der Erlangung eines Urteils oder Bescheides („eines Umweges").

#### *3.3.5.1. Betroffenheit in einer Rechtsposition*

Der Antragsteller muß **behaupten, in subjektiven Rechten verletzt** zu sein. Es kommt dabei lediglich auf seine Behauptung an, nicht aber ob er jenseits einer unzutreffenden Behauptung allenfalls tatsächlich in Rechten verletzt ist (VfSlg 11477/1987). Die Legitimation fehlt jedoch, wenn die behauptete Rechtsverletzung ausgeschlossen ist.

In diesem Sinne führt der VfGH in ständiger Rechtsprechung aus, daß antragsberechtigt nur der ist, dessen Rechtssphäre durch die betreffende Norm berührt wird bzw in dessen

Rechtssphäre sie eingreift (VfSlg 9008/1977, 8292/1978, 8784/1980). Bloß **faktische** – wie etwa wirtschaftliche – **Auswirkungen** erlauben die Anfechtung nicht (so greift eine Verordnung nach der StVO, die ein „Linksabbiegeverbot" vorsieht, nicht in die Rechtssphäre des Würstelstandbesitzers ein, weil dadurch die „Zufahrt zu seinem Stand erschwert wird"). Ebenfalls keine subjektive Rechtssphäre wird durch Normen berührt, die lediglich die **Organstellung** der betroffenen Person berühren (so berührt die Katalogisierung von Erziehungsmittel im Schulrecht den Lehrer nicht in seiner subjektiven Rechtssphäre – VfSlg 10.571/1985). Nach ständiger Rechtsprechung konnte nur der von einer Norm unmittelbar betroffen sein, an oder gegen den sie sich wandte, der also **„Normadressat"** war (VfSlg 8009/1977 ua); allerdings hat der VfGH in jüngster Zeit einen Antrag auf Prüfung von Bestimmungen über das sog „Frauennachtarbeitsverbot" angenommen, der von betroffenen Frauen gestellt wurde, obwohl die einschlägigen Normen sich nur an den jeweiligen Unternehmer wenden (VfGH 12.2.1992, G 220/91). Der Eingriff muß weiters durch die Norm selbst **nach Art und Ausmaß eindeutig bestimmt** sein (VfSlg 8187/1977): deshalb können etwa Gesetzesbestimmungen nicht angefochten werden, die bloße Verordnungsermächtigungen enthalten (vgl etwa VfSlg 8978/1980). Der Eingriff muß darüber hinaus **aktuell und nicht bloß potentiell** sein. Das bedeutet, daß die Norm schon zum Zeitpunkt der Anfechtung und nicht etwa erst in einigen Jahren wirksam geworden sein muß (vgl VfSlg 10.606/1985 – Rechtspraktikanten; allfällige „Vorwirkungen" können aber berücksichtigt werden – VfSlg 11.402/1987 – Realapothekenkonzession). Da der Zweck des Individualantrages darin besteht, die behauptete Rechtsverletzung durch Aufhebung der bekämpften Gesetzesstelle zu beseitigen, besteht keine Antragslegitimation, wenn sich trotz Aufhebung der angefochtenen Bestimmung für die Rechtsposition des Antragstellers **nichts ändern würde** (VfSlg 9096/1981), etwa weil diese Rechtsposition auch durch andere Vorschriften (mit)konstituiert ist.

### 3.3.5.2. Umwegszumutbarkeit

Die zweite Voraussetzung für den Individualantrag verlangt, daß dem Antragsteller **kein zumutbarer Rechtsweg eröffnet ist, die Normbedenken nach einem Verwaltungsverfahren** (im Wege einer Beschwerde nach Art 144 B-VG gegen den letztinstanzlichen Bescheid) **oder aus Anlaß eines Gerichtsverfahrens** (Anregung auf Einbringung eines Prüfungsantrages) **an den VfGH heranzutragen** („Umweg"; „Subsidiarität" des Individualantrages). Erste Bedingung, daß der Antragsteller auf einen solchen „Umweg" verwiesen werden kann, ist, daß er überhaupt sichtlich **möglich** ist; zweite Bedingung, daß der mögliche Umweg auch **zumutbar** ist. Die Rechtsprechung zu dieser Frage ist umfangreich und sehr kasuistisch.

Für **unzumutbar** hielt der VfGH die Provozierung eines Strafverfahrens (außer: es war schon anhängig), die Nichtzahlung von Versicherungsbeiträgen, die Provozierung eines Bauverfahrens mit allen (teuren) Planunterlagen; **zumutbar** sind aber – wenn auch aussichtslose – Anträge auf Erlangung von Ausnahmegenehmigungen, die Führung zivilrechtlicher Rechtsstreitigkeiten, Klagen nach Art 137 B-VG uvam.

### 3.3.6. Antrag

Der Antrag hat auf Aufhebung der betreffenden Bestimmung oder allenfalls auf Feststellung, daß eine außerkraftgetretene Bestimmung rechtswidrig war, zu lauten.

## 3.3.7. Erkenntnis

Normkontrollverfahren beendigende Erkenntnisse lauten im stattgebenden Fall auf Aufhebung oder Feststellung, daß eine – bereits außer Kraft getretene – Bestimmung verfassungs- oder gesetzwidrig war, im negativen Fall auf Einstellung (bei amtswegigen Verfahren), Zurück- oder Abweisung.

### 3.3.7.1. Aufhebung

In der Regel kann bei Zutreffen der Bedenken **nur die angefochtene (präjudizielle) Gesetzes- oder Verordnungs-Stelle** aufgehoben werden. Der VfGH kann jedoch – ausnahmsweise – die **ganze Verordnung** aufheben, wenn sie zur Gänze der gesetzlichen Grundlage entbehrt, von einer unzuständigen Behörde erlassen oder in gesetzwidriger Weise kundgemacht wurde (Art 139 Abs 3 B-VG). Das **ganze Gesetz** kann aufgehoben werden, wenn es von einem nach der Kompetenzverteilung nicht berufenen Gesetzgebungsorgan erlassen oder in verfassungswidriger Weise kundgemacht wurde (Art 140 Abs 3 B-VG). Von dieser Möglichkeit darf der VfGH jedoch nur Gebrauch machen, wenn dies den Interessen einer Partei nicht zuwiderläuft.

### 3.3.7.2. Wirkung der Aufhebung

Die Aufhebung ist kundzumachen (vgl Art 139 Abs 5, Art 140 Abs 5 B-VG). Sie tritt grundsätzlich erst **am Tag der Kundmachung in Kraft** (Wirkung „ex nunc"), soferne der VfGH nicht eine **Frist** gesetzt hat. (Diese Frist beträgt bei Verordnungen höchstens **6 Monate**, bei Gesetzen höchstens **18 Monate**: Art 139 Abs 5, Art 140 Abs 5 B-VG.) Dann wirkt die Aufhebung erst mit Ablauf der Frist. Auf alle vor der Kundmachung bzw der Ablauf der Frist konkretisierten Fälle ist also das verfassungswidrige Gesetz anzuwenden.

Stets wirkt die Aufhebung aber auf den **Anlaßfall** zurück. Das ist der Fall (oder die Fälle), im Zuge dessen (deren) das Normprüfungsverfahren eingeleitet oder der Prüfungsantrag durch ein Gericht (UVS) gestellt wurde. Dem Anlaßfall gleichzuhalten sind – nach einer neueren Rechtsprechung des VfGH – alle jene Fälle, die spätestens am Tag des Beginns der mündlichen Verhandlung oder der nicht-öffentlichen Beratung beim VfGH anhängig gemacht wurden.

Der Anlaßfall ist demnach aufgrund der „bereinigten Rechtslage" zu entscheiden. Ist der Anlaßfall eine Bescheidbeschwerde nach Art 144 B-VG, so pflegt der VfGH im Regelfall den Bescheid aufzuheben, ohne die Gesetzmäßigkeit des Bescheides streng nach der bereinigten Rechtslage zu prüfen. Der VfGH begnügt sich mit der Begründung, es sei nicht auszuschließen, daß die Anwendung der aufgehobenen Norm für den Beschwerdeführer von Nachteil war. Es gibt aber auch Fälle, in denen es auch in einem solchen Anlaßfall zur Abweisung der Beschwerde kommt.[3]

---

3 Siehe VfSlg 10.689/1985: die Aufhebung eines Erlasses über einen Unterstützungsbeitrag an Rechtspraktikanten entzieht einem solchen Beitrag jegliche Rechtsgrundlage. Die Aufhebung des Bescheides würde den Verlust des in diesem Bescheid - nach Ansicht des Beschwerdeführers: zu geringen - zuerkannten Beitrages bewirken und wäre daher für den Beschwerdeführer nachteilig.

Der VfGH kann aber auch eine **generelle Rückwirkung der Aufhebung** anordnen. In diesem Fall ist das Gesetz (die Verordnung) auch in anderen (noch nicht rechtskräftig entschiedenen) Fällen nicht mehr anzuwenden.

Mit der Aufhebung treten grundsätzlich **frühere gesetzliche** Bestimmungen wieder in Wirksamkeit, wenn der VfGH nicht anderes ausspricht (Art 140 Abs 6 B-VG); letzteres geschieht allerdings regelmäßig. Frühere Verordnungen treten nicht wieder in Kraft.

## 3.4. Prüfung von Staatsverträgen

Der Begriff von Staatsverträgen in Art 140a B-VG ist – ebenso wie in anderen Bestimmungen des B-VG – iS aller **völkerrechtlichen Verträge** zu verstehen (siehe noch unten IX. 3.).

Das **Prüfungsverfahren** richtet sich nach dem **Rang des Staatsvertrages in der innerstaatlichen Rechtsordnung**: auf Staatsverträge, die mit Genehmigung des NR gemäß Art 50 B-VG oder eines Landtages abgeschlossen wurden und daher den Rang eines (Bundes- oder Landes-)Gesetzes, allenfalls auch Verfassungsgesetzes besitzen, ist Art 140 B-VG (Gesetzesprüfung) anzuwenden, auf alle anderen Staatsverträge Art 139 B-VG (Verordnungsprüfung).

Allerdings kann der VfGH den als rechtswidrig erkannten Staatsvertrag nicht aufheben, sondern nur seine **Rechtswidrigkeit** (Verfassungswidrigkeit oder Gesetzeswidrigkeit) **feststellen**. Eine solche Feststellung hat die Wirkung, daß der Vertrag von den zu seiner Vollziehung berufenen Organen **nicht mehr angewendet werden darf**. Diese Rechtswirkung eines Erkenntnisses nach Art 140a B-VG gleicht also der eines „Erfüllungsvorbehaltes" (siehe dazu unten IX.3.1.3.).

Für das Inkrafttreten eines solchen Feststellungserkenntnisses gelten die gleichen Regeln wie im Gesetzes- oder Verordnungsprüfungsverfahren – siehe zuvor VIII. 3.3.7.2. – mit der Maßgabe, daß der VfGH eine **längere Frist** setzen kann:

– 2 Jahre bei parlamentarisch genehmigten Staatsverträgen,
– 1 Jahr bei sonstigen Staatsverträgen.

## 3.5. Prüfung von Wiederverlautbarungen

Der VfGH kann nach Art 139a B-VG die Rechtmäßigkeit einer Wiederverlautbarung prüfen.

**Prüfungsmaßstab** ist die **Ermächtigung zur Wiederverlautbarung**. Diese ist bezüglich Bundesgesetzen in Art 49a B-VG geregelt (siehe oben VI.4.6.1.2.).

Das **Verfahren**, insbes die Antragslegitimation, entspricht jenem der Prüfung von Verordnungen (Art 139 B-VG).

## 3.6. Bescheidbeschwerde („Sonderverwaltungsgerichtsbarkeit")

Die Zuständigkeit nach Art 144 B-VG ist mit seit längerem weit über 2000 neuen Verfahren pro Jahr die umfangmäßig gewichtigste Kompetenz. Aufgrund des weitreichenden Ablehnungsrechts besteht seine Bedeutung vor allem darin, direkt dem VfGH die Möglichkeit zu geben, Bedenken gegen die den Bescheid tragenden Rechtsgrundlagen aufzugreifen bzw die Verwaltungsbehörden auf eine verfassungskonforme Rechtsauslegung zu verpflichten.

### 3.6.1. Prüfungsgegenstand

Unter „**Bescheid**" versteht der VfGH jede Erledigung einer Verwaltungsbehörde, mit der ein individuelles Rechtsverhältnis gestaltet oder festgestellt wird, gleichgültig ob die Erledigung in Form eines Bescheides nach § 56 AVG ergeht oder nicht (VfSlg 11.590/1987). Der Begriff „Bescheid" in Art 144 B-VG ist demnach weiter als der nach dem AVG (zu den einzelnen Merkmalen eines Bescheides bzw Verwaltungsaktes vgl die Lehrbücher zum Allgemeinen Verwaltungsrecht).

### 3.6.2. Prozeßvoraussetzungen

#### *3.6.2.1. Erschöpfung des Instanzenzuges*[4]

Vor dem VfGH kann immer nur der **letztinstanzliche** Bescheid (nicht etwa auch Bescheide unterer Instanzen) angefochten werden. „Letztinstanzlich" ist ein Bescheid dann, wenn gegen ihn ein weiterer Instanzenzug nicht eröffnet ist. Ein Instanzenzug besteht nach der Rechtsprechung des VfGH immer dann, wenn der Partei durch ein Gesetz der Anspruch eingeräumt ist, daß auf ihr Verlangen über die Rechtmäßigkeit des Bescheides entschieden wird, daß der Bescheid im Falle der Rechtswidrigkeit aufgehoben wird, und daß die Behörde, deren Bescheid aufgehoben wurde, an die in der aufhebenden Entscheidung zum Ausdruck kommende Rechtsansicht der überprüfenden Behörde gebunden ist (VfSlg 5353/1966). Der Begriff des Instanzenzuges ist demnach hier **weiter** als im Verwaltungsverfahrensrecht. Zum „Instanzenzug" zählt etwa auch die **Vorstellung** nach § 57 AVG oder Art 119a B-VG.

#### *3.6.2.2. Behauptete Rechtsverletzung*

Die Beschwerde kann nach Art 144 B-VG erhoben werden, wenn der Beschwerdeführer entweder behauptet, durch den Bescheid in verfassungsgesetzlich gewährleisteten Rechten oder wegen der Anwendung einer generellen

---

4 § 82 VfGG.

rechtswidrigen Norm in seinen (auch sonstigen) Rechten verletzt worden zu sein. Im Rahmen der Prozeßvoraussetzung muß diese Behauptung nicht richtig, sondern bloß „möglich" sein. Die Legitimation fehlt, wenn der Beschwerdeführer in einem subjektiven Recht offenkundig nicht verletzt sein konnte.

Dies ist etwa dann der Fall, wenn der beschwerdeführenden Gruppe gar keine Rechtspersönlichkeit zukommt, wenn durch den Bescheid lediglich in die Rechte Dritter eingegriffen wird oder wenn jemand durch einen Bescheid vollinhaltlich Recht bekommt.

Es ist nicht notwendig (wenngleich prozessual vorteilhaft), die einzelnen Rechte auch zu benennen. Der VfGH prüft – zumindestens dem Anspruch nach – von sich aus, welche verfassungsgesetzlich gewährleisteten Rechte durch den Bescheid verletzt wurden. Auch falsche Benennung schadet daher nicht: siehe zB VfGH 10.3.1993, B 1074/92: Beschwerdeführer behauptet eine Verletzung des Art 5 StGG; der VfGH „wertet dieses Vorbringen dahingehend, daß damit die Verletzung des … Rechts auf Gleichheit aller Staatsbürger vor dem Gesetz … geltend gemacht" wurde. Wird allerdings nur eine Rechtsverletzung wegen Anwendung einer rechtswidrigen generellen Norm geltend gemacht, hält sich der VfGH nicht für befugt, allfällige andere Rechtsverletzungen von Amts wegen zu prüfen.

### 3.6.2.3. Beschwerdefrist und Antrag

Die Beschwerde ist innerhalb einer **Frist von 6 Wochen** einzubringen. Die Frist beginnt grundsätzlich mit Zustellung des Bescheides zu laufen. Allerdings kann auch schon Beschwerde erhoben werden, wenn man – im Mehrparteiverfahren – von einem Bescheid, der lediglich einer anderen Partei zugestellt wurde, vollinhaltlich Kenntnis erhält.

Der Antrag hat immer auf Aufhebung des Bescheides zu lauten.

### 3.6.3. Prüfungsmaßstab

Prüfungsmaßstab für den Bescheid sind die verfassungsgesetzlich gewährleisteten subjektiven öffentlichen Rechte („Grundrechte"; Abgrenzung zum VwGH!). Wird die Anwendung einer rechtswidrigen generellen Norm geltend gemacht, so ist Maßstab der Prüfung der generellen Norm die gesamte Verfassungsordnung.

### 3.6.4. Entscheidung

Die Entscheidung lautet auf Aufhebung oder Zurück- bzw Abweisung. Der VfGH kann die Behandlung einer Beschwerde auch **ablehnen** (besonders vereinfachte Entscheidung, meist mit formelhafter Begründung), wenn sie keine Aussicht auf Erfolg hat oder von ihr die Klärung einer verfassungsrechtlichen Frage nicht zu erwarten ist und wenn die Rechtssache von der Zuständigkeit des VwGH nicht ausgeschlossen ist.

Im Fall der Abweisung oder Ablehnung kann der VfGH die Beschwerde **auf Antrag dem VwGH abtreten** (zur Prüfung von sonstigen Rechtsverletzungen). Wird der Antrag erst innerhalb von 14 Tagen ab Zustellung des Erkenntnisses gestellt, entscheidet darüber der Referent (Überschreitung der Frist führt zur Zurückweisung durch das Plenum bzw den „Kleinen Senat").

Im Fall der **Klaglosstellung** oder der **Zurückziehung** der Beschwerde ist das Verfahren **einzustellen** (die Klaglosstellung hindert aber nicht an der Fortführung eines bereits begonnenen amtswegigen Normprüfungsverfahrens: Art 139 Abs 2, 140 Abs 2 B-VG).

### 3.7. Wahlprüfung

Gemäß Art 141 B-VG entscheidet der VfGH über die Anfechtung von Wahlen oder bei Mandatsverlusten. Praktisch bedeutsam sind vor allem Wahlanfechtungsverfahren. Mit der Behauptung, daß das Wahlverfahren rechtswidrig war, können angefochten werden:

a) die BPräs-Wahlen,
b) die Wahlen zu allgemeinen Vertretungskörpern (NR, BR, Landtage, Gemeinderäte),
c) die Wahlen zu satzungsgebenden Organen der gesetzlich beruflichen Vertretungen,
d) die Wahlen der LReg und der Gemeindevollzugsorgane.

#### 3.7.1. Anfechtungsberechtigung

Anfechtungsberechtigt zu a) – c) sind **Wählergruppen**, die rechtzeitig Wahlvorschläge vorgelegt haben (durch ihren Zustellungsbevollmächtigten) sowie ein **Wahlwerber**, der behauptet, daß ihm seine Wählbarkeit rechtswidrigerweise aberkannt wurde. Anfechtungsberechtigt zu d) sind ein Zehntel der Mitglieder des jeweiligen Gremiums, mindestens jedoch 2.

#### 3.7.2. Antrag und Frist

Der Antrag lautet auf Nichtigerklärung des Wahlverfahrens (ab Vorliegen der geltendgemachten Rechtswidrigkeit). Er ist spätestens **4 Wochen** ab Beendigung des Wahlverfahrens oder nach Zustellung eines im Zuge des Wahlverfahrens zu erlangenden Bescheides (dies ist meist dann der Fall, wenn nur die ziffernmäßige Richtigkeit bekämpft wird – vgl § 110 NRWO) einzubringen. Das Wahlverfahren ist mit seinem letzten Akt, der im allgemeinen in der letzten amtlichen Verlautbarung des Wahlergebnisses besteht, beendet.

#### 3.7.3. Prüfungsmaßstab

Maßstab der Prüfung ist die Rechtmäßigkeit des Wahlverfahrens – jede Rechtswidrigkeit kann geltend gemacht werden. (Der Antrag muß auch in dieser Richtung substantiiert sein, sonst wird er zurückgewiesen; der VfGH erachtet sich in seiner Prüfung auch auf die geltend gemachte Rechtswidrigkeit beschränkt; nur dann, wenn die Verfassungswidrigkeit der Wahlordnung geltend gemacht wird, sind alle Verfassungsnormen Prüfungsmaßstab.) Der VfGH pflegt im übrigen Wahlvorschriften tendenziell sehr formal auszulegen.

### 3.7.4. Erkenntnis

Das Erkenntnis kann die Wahl einer Person, die nicht wählbar war, aber für wählbar erklärt wurde, für nichtig erklären (dann sind zumeist die Bestimmungen der WahlO heranzuziehen, die für das Freiwerden von Mandaten gelten); ebenso kann die Wahl anderer Personen für nichtig erklärt werden, wenn einer wählbaren Person zu Unrecht die Wählbarkeit aberkannt worden war (hat die Wahl aufgrund von Parteilisten stattgefunden, kann das Wahlergebnis berichtigt werden).

Jede andere Rechtswidrigkeit des Wahlverfahrens kann nur dann aufgegriffen werden und zu seiner Aufhebung zumindest in einem bestimmten Umfang (ab der Rechtswidrigkeit) führen, wenn die Rechtswidrigkeit von **Einfluß auf das Wahlergebnis** war.

### 3.7.5. Entscheidungen über Volksbegehren, Volksabstimmung und Volksbefragung

Der VfGH ist zuständig zur Entscheidung über die Anfechtung des Ergebnisses eines Volksbegehrens, einer Volksbefragung oder einer Volksabstimmung.

Nähere Bestimmungen finden sich in den einschlägigen Bundesgesetzen (VolksbegehrensG, VolksabstimmungsG, VolksbefragungsG). Danach sind **antragsberechtigt**:
- bezüglich eines Volksbegehrens: der Bevollmächtigte des Antrages auf Einleitung oder je 4 Mitglieder des NR oder eines Landtages (§ 18 VolksbegehrensG);
- bezüglich einer Volksabstimmung oder Volksbefragung je nach Wahlkreis 100–500 Stimmberechtigte (§ 14 Abs 2 VolksabstimmungsG).

## 3.8. Exkurs: Grundrechtsbeschwerde

Ein eigenartiges Charakteristikum der österreichischen Verfassungsgerichtsbarkeit ist es, daß eine „Verfassungsbeschwerde" wegen Verletzung von verfassungsgesetzlich gewährleisteten Rechten („Grundrechten") nur gegen Verwaltungsakte gerichtet werden kann (Art 144 B-VG), nicht aber auch gegen Entscheidungen von Gerichten. Eine behauptete Grundrechtsverletzung durch ein Gericht muß mit den allgemein gegen gerichtliche Entscheidungen zur Verfügung stehenden Rechtsmitteln geltend gemacht werden; Gerichte unterstehen diesbezüglich keiner „Fremdkontrolle" durch den VfGH. Wohl aber kann die Europäische Kommission für Menschenrechte auch gegen gerichtliche Entscheidungen angerufen werden (siehe unten IX.5.).

Ein ausdrücklich als **„Grundrechtsbeschwerde"** bezeichnetes Rechtsmittel wurde 1992 eingerichtet:[5] Wer meint, durch eine strafrechtliche Entscheidung in seinem Recht auf persönliche Freiheit (iS des BVG über den Schutz der persönlichen Freiheit[6] sowie des Art 5 MRK) – insbes durch eine unverhältnismäßige Untersuchungshaft (nicht aber durch die Verhängung oder den Vollzug von Freiheitsstrafen bzw vorbeugenden Maßnahmen) – verletzt worden zu sein, kann Beschwerde beim OGH erheben. Damit ist ein besonderes Rechtsmittel geschaffen worden, das ausschließlich der Kontrolle grundrechtskonformen Verhaltens von (Straf-)Gerichten dient. Diese Regelung sollte freilich nicht darüber hinwegtäuschen, daß die Gerichte bei allen ihren Entscheidungen alle (der Sache nach in Betracht kommenden) verfassungsgesetzlich gewährleisteten Rechte („Grundrechte")[7] zu beachten haben und daher Verletzungen von Grundrechten im Rahmen des gerichtlichen Instanzenzuges moniert werden können.

---

5 Bundesgesetz über die Beschwerde an den Obersten Gerichtshof wegen Verletzung des Grundrechtes auf persönliche Freiheit (Grundrechtsbeschwerde-Gesetz - GRBG), BGBl 1992/864; dazu *Graff,* Die Grundrechtsbeschwerde an den OGH, ÖJZ 1992, 777.
6 BGBl 1988/684.
7 Von besonderer praktischer Relevanz ist etwa Art 17a StGG (Freiheit der Kunst).

# IX. Verfassungsrecht und Völkerrecht

**Lit:** *Öhlinger,* Der völkerrechtliche Vertrag im staatlichen Recht (1973)

Der einzelne Staat ist heute eingebettet in ein dichtes Netz völkerrechtlicher – sei es gewohnheitsrechtlicher, sei es vertraglicher – Verpflichtungen und nur mehr in sehr relativem Maße **souverän**. Besonders intensive Bindungen ergeben sich aus der Mitgliedschaft in Internationalen Organisationen.

## 1. Theorien über das Verhältnis von staatlichem Recht und Völkerrecht

Über das Verhältnis von Völkerrecht und staatlichem Recht gibt es eine Fülle von Theorien, die sich in zwei Gruppen gliedern lassen.

Der **Dualismus** geht davon aus, daß Völkerrecht und staatliches Recht zwei vollständig verschiedene und getrennte Rechtsordnungen sind mit

- unterschiedlichem Geltungsgrund,
- unterschiedlichen Adressaten,
- unterschiedlichen Regelungsgegenständen.
- Völkerrecht wird in einem internationalen Verfahren erzeugt (Gewohnheit oder völkerrechtlicher Vertrag), staatliches Recht beruht dagegen auf dem nationalen Verfassungsrecht;
- Völkerrecht verpflichtet nur Staaten oder souveräne Gemeinschaften (Internationale Organisationen), nur staatliches Recht ist imstande, Rechte und Verpflichtungen von Privatpersonen zu normieren;
- Völkerrecht regelt nur internationale Materien (die zumindest Interessen zweier Völkerrechtssubjekte betreffen), staatliches Recht regelt innere Angelegenheiten (andernfalls verletzt es die Souveränität anderer Völkerrechtssubjekte). Völkerrecht ist Koordinationsrecht, staatliches Recht Subordinationsrecht.

Der **Monismus** begreift Völkerrecht und staatliches Recht als Recht derselben Qualität, die eine Einheit in Form einer Rechtspyramide (Stufenbau) bilden. Er existiert in zwei Varianten:

- **Primat des staatlichen Rechts:** das Völkerrecht ist „äußeres Staatsrecht",
- **Primat des Völkerrechts.**

Alle diese Theorien haben Einfluß auf die verfassungsrechtlichen Regeln über das Verhältnis des Staatsrechts zum Völkerrecht genommen. Auf eine dualistische Sicht geht die **Transformationstheorie** zurück: sie verlangt, daß Völkerrecht, um auch im innerstaatlichen Bereich Geltung zu erlangen, einer Transformation in staatliches Recht bedürfe. Für einen konsequenten Monisten ist eine solche Transformation überflüssig. Ein – heute üblicher – gemäßigter (gegliederter) Monismus auf der Grundlage des Primats des Völkerrechts *(Verdross)* anerkennt, daß die völkerrechtlichen Verpflichtungen in der Regel nur den Staat als Völkerrechtssubjekt treffen und von diesem „umgesetzt" werden müssen, wobei aber der Staat grundsätzlich frei ist, die Art und Weise der Erfüllung seiner völkerrechtlichen Verpflichtungen selbst zu bestimmen.

Sieht man von radikalen, heute kaum mehr vertretenen, Varianten des Theorienstreites ab, lassen sich die einschlägigen Regelungen des B-VG, obwohl in ihrer Formulierung von der monistischen Theorie der Wiener Schule *(Kelsen, Verdross)* geprägt, im Sinne beider Theorien interpretieren. Mit anderen Worten: die unterschiedlichen Theorien über das Verhältnis von Völkerrecht und staatlichem Recht haben für die Interpretation des österreichischen Verfassungsrechts keine oder nur verschwindende Relevanz.

Sowohl Monisten wie Dualisten der heute üblicherweise vertretenen gemäßigten Richtungen räumen ein, daß die Erfüllung einer vertraglichen Verpflichtung im wesentlichen nach zwei verschiedenen rechtstechnischen Methoden erfolgen kann. Die völkerrechtliche Vertragsnorm kann in eine innerstaatliche Rechtsquelle aufgenommen werden, deren Befolgung durch Behörden, Gerichte oder Einzelpersonen den völkerrechtsgemäßen Zustand bewirkt (Transformation im Sinne der Schule *Triepels,* auch „spezielle" oder „individuelle" Transformation genannt). Der Staat kann seiner Verpflichtung aber auch dadurch nachkommen, daß er die völkerrechtliche Norm als solche unverändert übernimmt und sie in das staatliche Recht inkorporiert. Das kann wiederum in genereller Weise durch eine Bestimmung der Verfassung oder aber dadurch geschehen, daß jeweils im besonderen die Anwendung eines Vertrages in seiner unveränderten völkerrechtlichen Form angeordnet wird. Jede dieser Techniken wird sowohl von Vertretern des Monismus als auch von Anhängern des Dualismus als theoretisch möglich anerkannt.

Demnach lassen sich zwei Methoden der Umsetzung völkerrechtlicher Verpflichtungen unterscheiden:

a. **Transformationsmethode**: Die Völkerrechtsnorm wird in eine innerstaatliche Rechtsquelle aufgenommen und entsprechend umgeformt. Die Befolgung dieser innerstaatlichen Norm bewirkt den völkerrechtskonformen Zustand.

b. **Adoptionsmethode**: Die völkerrechtliche Norm wird als solche (unverändert) in den innerstaatlichen Rechtsbereich übernommen und verpflichtet staatliche Organe sowie Einzelpersonen, sofern sie ihrem Inhalt nach dazu geeignet ist. Ihre unmittelbare Anwendung durch staatliche Organe ist abhängig vom Grad der Bestimmtheit der Normen („self-executing").

Beide Methoden sind sowohl vom Standpunkt eines gemäßigten Monismus als auch eines gemäßigten Dualismus aus vertretbar.

## 2. Die allgemein anerkannten Regeln des Völkerrechts

Nach Art 9 Abs 1 B-VG gelten „die allgemein anerkannten Regeln des Völkerrechtes ... als Bestandteile des Bundesrechtes". Unter den allgemein anerkannten Regeln des Völkerrechts ist das völkerrechtliche Gewohnheitsrecht zu verstehen. Art 9 Abs 1 B-VG kann als „genereller Transformator" oder als Adoptionsbestimmung gedeutet werden.

Umstritten ist der **Rang** der allgemein anerkannten Regeln des Völkerrechts im innerstaatlichen Rechtsquellensystem.

a. Nach der älteren Judikatur des VfGH sind die durch Art 9 B-VG zu Bestandteilen des Bundesrechts erklärten allgemein anerkannten Regeln des Völkerrechts nicht als Bundesverfassungsrecht, sondern als **einfa-**

**ches Bundesrecht** rezipiert worden. Sie werden auch nicht durch Art 145 B-VG auf die Stufe verfassungsrechtlicher Normen gehoben (VfSlg 2680/1954, 1375/1931, 3950/1961).

b. Die allgemein anerkannten Regeln des Völkerrechts nehmen im innerstaatlichen Recht einen Rang **zwischen** Bundesverfassungsrecht und einfachen Bundesgesetzen ein („Mezzanintheorie"[1]).

c. Nach **herrschender** Lehre kommt es auf den Inhalt an: je nachdem, ob eine gleichartige Regel im innerstaatlichen Bereich nur durch Bundesverfassungsgesetz oder durch ein einfaches Bundesgesetz erlassen werden könnte, besitzen die allgemein anerkannten Regeln des Völkerrechts den Rang von Bundesverfassungsgesetzen oder einfachen Bundesgesetzen. Es wird also ein **materielles Einordnungskriterium** angewendet.

Die praktische Bedeutung der allgemein anerkannten Regeln des Völkerrechts liegt im zwischenstaatlichen Verkehr. Sie bilden gewissermaßen die „gesetzliche Grundlage" iS des Art 18 Abs 1 B-VG für viele Akte der auswärtigen Verwaltung österreichischer Organe (BM, Diplomaten etc). In der Praxis sonstiger inländischer Behörden und Gerichte spielen sie nur selten eine Rolle (siehe etwa OGH SSt 16/120).

## 3. Völkerrechtliche Verträge

Die Bestimmungen des B-VG über „Staatsverträge" (Art 10 Abs 1 Z 2, 10 Abs 3, 16, 49, 50, 65, 66, 89 und 140a B-VG) beziehen sich nicht nur auf Verträge mit anderen Staaten, sondern auch auf **Verträge mit anderen Völkerrechtssubjekten**, insbes mit Internationalen Organisationen, aber auch mit dem Hl. Stuhl („Konkordate"), also auf alle **völkerrechtlichen Verträge**. Die Praxis subsumiert darunter aber auch **einseitige Völkerrechtsgeschäfte** wie Kündigung eines Vertrages, Erklärung von Vorbehalten, aber auch die Anerkennung von Staaten.

### 3.1. Staatsverträge des Bundes

#### 3.1.1. Kompetenz des Bundes

Nach Art 10 Abs 1 Z 2 B-VG kann der Bund völkerrechtliche Verträge auf allen Sachgebieten abschließen, ohne dabei durch die Kompetenzverteilung (Art 10 bis 15 B-VG) beschränkt zu sein. Die Durchführung der Verträge richtet sich allerdings nach der Kompetenzverteilung (Art 16 B-VG – siehe unten IX.3.3.). Bei Verträgen, die Durchführungsmaßnahmen der Länder erforderlich machen oder in anderer Weise den selbständigen Wirkungsbereich der Länder berühren, ist jedoch den **Ländern** vor Abschluß **Gelegenheit zur Stellung-**

---

[1] *Rill,* Der Rang der allgemein anerkannten Regeln des Völkerrechts, ÖZÖR 1960, 439.

**nahme** zu geben (Art 10 Abs 3 B-VG). Solche Verträge bedürfen überdies der **Zustimmung des BR** (Art 50 Abs 1 letzter Satz B-VG).

### 3.1.2. Organe des Vertragsabschlusses

a. Gemäß Art 65 Abs 1 B-VG schließt der BPräs die Staatsverträge ab („**Ratifikation**").

b. Politische sowie gesetzändernde und gesetzesergänzende Staatsverträge bedürfen vor der Ratifikation durch den BPräs der **Genehmigung des NR** unter Mitwirkung (Einspruchs– oder Zustimmungsrecht) des **BR** (Art 50 B-VG). Für verfassungsändernde und -ergänzende Verträge gelten die besonderen Quorumsregelungen; die Anwendbarkeit des Art 44 Abs 3 B-VG ist jedoch strittig, aber wohl zu bejahen.

c. Gemäß Art 66 Abs 2 B-VG kann der BPräs zum Abschluß jener Staatsverträge, die nicht unter Art 50 B-VG fallen („Verwaltungsabkommen"), die BReg oder die zuständigen Mitglieder der BReg ermächtigen. Die Entschließung vom 31.12.1920, BGBl 1921/49, ermächtigt

– die **BReg** zum Abschluß von Regierungsübereinkommen,
– den **zuständigen BM im Einvernehmen mit dem BM für Auswärtige Angelegenheiten** zum Abschluß von Ressortübereinkommen,
– den **zuständigen BM** zum Abschluß von Verwaltungsübereinkommen.

### 3.1.3. Kundmachung von Staatsverträgen und Erfüllungsvorbehalt

Gemäß Art 49 B-VG sind die im Art 50 B-VG bezeichneten Staatsverträge vom Bundeskanzler im Bundesgesetzblatt kundzumachen. Durch diese Kundmachung werden diese Staatsverträge als solche Bestandteil des österreichischen Rechts und innerstaatlich – entsprechend ihrem Inhalt – verbindlich (**Adoptionsprinzip** oder **Prinzip der generellen Transformation**). Diese Wirkung kann jedoch durch einen **Erfüllungsvorbehalt** eingeschränkt werden. In diesem Fall darf der Staatsvertrag von Behörden und Gerichten nicht angewendet werden und begründet keinesfalls subjektive Rechte und Verpflichtungen von Privatpersonen. Es bedarf vielmehr zur innerstaatlichen Erfüllung einer **speziellen Transformation**.

Die **Zuständigkeit,** einen Erfüllungsvorbehalt zu beschließen, liegt
– hinsichtlich parlamentarisch genehmigter Staatsverträge beim **NR,**
– hinsichtlich der sonstigen Staatsverträge beim **BPräs** bzw bei dem von ihm zum Abschluß ermächtigten Organ (BReg oder BM – siehe zuvor IX.3.1.2).

### 3.1.4. Der Rang von Staatsverträgen im staatlichen Recht

Staatsverträge, die ohne Erfüllungsvorbehalt „adoptiert" wurden, sind in der innerstaatlichen Rechtsordnung den staatlichen Rechtsquellen in folgender Weise gleichgestellt:

- Verfassungsändernde Staatsverträge haben den Rang (und die daran geknüpften Rechtswirkungen) von Bundesverfassungsgesetzen. Sie bilden daher einen verfassungsgerichtlichen Prüfungsmaßstab einfacher Gesetze.
- Gesetzändernde Staatsverträge haben den Rang von einfachen Bundesgesetzen; sie sind daher auch „Gesetze" iSd Art 18 Abs 1 und 2 B-VG.
- Alle anderen Staatsverträge haben den Rang von Verordnungen. Das Maß, in dem Verwaltungsorgane Staatsverträge ohne parlamentarische Genehmigung (Art 50 B-VG) abschließen dürfen, ergibt sich daher aus Art 18 Abs 2 B-VG: solche Verträge bedürfen einer hinreichend bestimmten gesetzlichen Grundlage (wobei diese Grundlage durch einen parlamentarisch genehmigten Staatsvertrag selbst gebildet werden kann).

Das Kriterium der Einordnung in den Stufenbau der staatlichen Rechtsordnung ist somit die Art der **parlamentarischen Mitwirkung**.

### 3.2. Staatsverträge der Länder

Lit: *Hammer*, Länderstaatsverträge. Zugleich ein Beitrag zur Selbständigkeit der Länder im Bundesstaat (1992)

Mit der B-VGNov BGBl 1988/685 wurde den Ländern eine eingeschränkte Kompetenz zum Abschluß von Staatsverträgen eingeräumt (Art 16 Abs 1 B-VG). Dies bildet die Grundlage für eine **partielle Völkerrechtssubjektivität** der Länder.

Tatsächlich haben die einzelnen Länder – in unterschiedlichem Ausmaß – seit langem internationale Kontakte mit fremden Staaten, Teilstaaten oder Regionen gepflogen und in diesem Rahmen auch Verträge – gestützt auf Art 17 B-VG – abgeschlossen. Der Abschluß völkerrechtlicher Verträge war ihnen aber bis zu dieser Novelle nicht möglich.

Die Vertragsschlußkompetenz der Länder ist – anders als jene des Bundes – auf **Angelegenheiten, die nach der Kompetenzverteilung in ihren selbständigen Wirkungsbereich fallen**, begrenzt. Das erlaubt im Rahmen des Art 15 Abs 1 und des Art 12 Abs 1 B-VG auch gesetzändernde oder -ergänzende Staatsverträge, im Rahmen des Art 11 B-VG nur Verwaltungsabkommen.

**Vertragspartner** dürfen nur an Österreich (nicht unbedingt auch an das betroffene Land) **angrenzende Staaten** oder „**Teilstaaten**" solcher Staaten (wobei letztere nicht an Österreich grenzen müssen) sein. Unter Teilstaaten sind alle Gliederungen eines Staates zu verstehen, denen ihrerseits (nach der jeweiligen Staatsverfassung) Vertragsschlußkompetenz zukommt.

Das **Verfahren** weist folgende Besonderheiten auf (Art 16 Abs 2 B-VG):

- vor Aufnahme von Verhandlungen ist die BReg zu unterrichten;
- vor Abschluß ist die Zustimmung der BReg einzuholen;
- die Bevollmächtigung zur Aufnahme von Verhandlungen und der Abschluß erfolgt durch den BPräs auf Vorschlag der LReg und unter Gegenzeichnung des LH;
- der BPräs kann zum Abschluß nicht-gesetzändernder Verträge die LReg ermächtigen (auf Vorschlag der LReg und unter Gegenzeichnung des LH; Art 66 Abs 3 B-VG);
- eine Mitwirkung der Gesetzgebungsorgane bei gesetzändernden Verträgen ist unter Bindung an die Grundsätze eines parlamentarischen Regierungssystems landesverfassungsgesetzlich zu regeln;

– ein Staatsvertrag eines Landes ist auf Verlangen der BReg zu kündigen. Kommt das Land dieser Verpflichtung nicht nach, geht die Zuständigkeit zur Kündigung auf den Bund über (Art 16 Abs 3 B-VG).

### 3.3. Durchführung der Staatsverträge

Die Kompetenz zur innerstaatlichen Durchführung von völkerrechtlichen Verträgen des Bundes richtet sich nach der **allgemeinen Kompetenzverteilung**.

Die **Länder** sind jedoch verpflichtet, in ihrem Kompetenzbereich jene Akte zu setzen, die zur Erfüllung eines völkerrechtlichen Vertrages erforderlich sind. Kommt ein Land dieser Verpflichtung **nicht rechtzeitig** nach, so geht die Kompetenz auf den Bund über (**Devolution**). Doch tritt eine vom Bund getroffene Maßnahme, etwa ein Gesetz, wieder außer Kraft, sobald das Land seiner Verpflichtung nachkommt (Art 16 Abs 4 B-VG).

Dem Bund kommt hinsichtlich dieser Verpflichtung der Länder ein **Aufsichtsrecht** zu, das auch die Erteilung von **Weisungen** an den LH einschließt (Art 16 Abs 5 B-VG).

## 4. Beschlüsse Internationaler Organisationen

**Lit:** *Öhlinger/Mayrzedt/Kucera,* Institutionelle Aspekte der österreichischen Integrationspolitik (1976); *Griller,* Die Übertragung von Hoheitsrechten auf zwischenstaatliche Einrichtungen (1989)

Eine neuere Entwicklung des Völkerrechts ist die Bildung Internationaler Organisationen. Diesen kommen vielfach Kompetenzen zur Setzung genereller oder individueller Rechtsakte zu, die für die Mitgliedstaaten verbindlich sind und gelegentlich sogar „Durchgriffswirkung" (Verbindlichkeit für einzelne Bürger) intendieren.

Seit Beginn der Sechzigerjahre wurde die These vertreten, daß
– Verträge, die Organe eines fremden Staates oder einer Internationalen Organisation ermächtigen, im Inland Hoheitsakte zu setzen, oder österreichische Organe zur Setzung von Hoheitsakten im Ausland ermächtigen,
– oder Verträge, die Organe Internationaler Organisationen zu Beschlüssen ermächtigen, die für die Vertragsparteien unmittelbar verbindlich sind,

verfassungsändernd sind.

Das hat, beginnend mit dem EFTA-Abkommen, BGBl 1960/100, zu einer Fülle von Verfassungsbestimmungen in Staatsverträgen (von manchmal ansonsten völlig untergeordneter Bedeutung) geführt. Demgegenüber enthalten ältere internationale Abkommen mit manchmal sehr weitgehenden Befugnissen internationaler Organe – zB die UN-Charta BGBl 1956/120 – keine Verfassungsbestimmungen.

Mit der B-VGNov 1981/350 wurde eine begrenzte Ermächtigung[2] zur **Übertragung von Hoheitsrechten auf Internationale Organisationen** („zwischenstaatliche Einrichtungen") und der **grenzüberschreitenden Tätigkeit ausländischer und österreichischer Organe** geschaffen (**Art 9 Abs 2 B-VG**). Nunmehr sind derartige Regelungen auf einfachgesetzlicher Ebene – durch formelles Gesetz oder (in der Regel) gesetzändernden Staatsvertrag – zulässig.

---

2 Es dürfen nur **einzelne** Hoheitsrechte des **Bundes** übertragen werden.

Nach § 2 Abs 1 lit c BGBlG sind solche Beschlüsse im BGBl zu verlautbaren, wenn sie sich ihrem Inhalt nach nicht ausschließlich an Verwaltungsbehörden wenden.

Ungelöst sind die Fragen des innerstaatlichen Ranges und des Rechtsschutzes (Anwendbarkeit des Art 140a B-VG?).

## 5. Die Europäische Menschenrechtskonvention

Ein multilateraler Staatsvertrag, der weit über herkömmliche Ausmaße völkerrechtlicher Verträge hinaus in die innerstaatliche Verfassungsordnung eingreift, ist die **Konvention zum Schutze der Menschenrechte und Grundfreiheiten** (Europäische Menschenrechtskonvention – MRK). Es handelt sich dabei um ein Abkommen zwischen Mitgliedstaaten des **Europarates**, das 1950 abgeschlossen und inzwischen durch **10 Zusatzprotokolle** (ZP) ergänzt wurde. Österreich ist der MRK (einschließlich des 1. ZP) 1958 beigetreten und hat in der Zwischenzeit alle ZP ratifiziert.

 a. Der wesentliche **Inhalt** der MRK (einschließlich der ZP) besteht aus zwei Teilen:

  a. einem Katalog von Grundrechten (Art 2-18 MRK),

  b. Institutionen und Verfahren zur Durchsetzung dieser Grundrechte. Es handelt sich dabei um die **Europäische Kommission für Menschenrechte** (EKMR) und dem **Europäischen Gerichtshof für Menschenrechte** (EGMR). Beide Institutionen haben ihren Sitz in **Straßburg**, dem Sitz des Europarates.

 b. Die EKMR ist zuständig für:

  – Beschwerden von Mitgliedstaaten der Konvention wegen Verletzung der Konvention durch einen anderen Mitgliedstaat (**Staatenbeschwerde**);

  – **Individualbeschwerden**, sofern der Mitgliedstaat diese Zuständigkeit **ausdrücklich anerkannt** hat (Art 25 MRK). Österreich hat die Zuständigkeit anerkannt (siehe zuletzt BGBl 1991/608).

Voraussetzung für eine Individualbeschwerde ist ferner, daß der Beschwerdeführer den **innerstaatlichen Instanzenzug erschöpft** hat. Die Beschwerdefrist beträgt **6 Monate** (Art 26 MRK).

Die EKMR prüft zunächst die **Zulässigkeit** der Beschwerde. Unzulässig ist eine Beschwerde („Gesuch") ua, wenn sie offensichtlich unbegründet ist (Art 27 MRK). Wird die Beschwerde angenommen, so hat die EKMR den Sachverhalt zu ermitteln und eine **gütliche Einigung** zwischen dem Beschwerdeführer und dem belangten Staat zu versuchen (Art 28 MRK). Gelingt dies nicht, so endet das Verfahren vor der Kommission mit einem **Bericht** an das Ministerkomitee des Europarates, in dem festzustellen ist, ob der belangte Staat eine Verpflichtung aus der Konvention verletzt hat.

Nunmehr bestehen 2 Möglichkeiten:

– das Ministerkomitee entscheidet endgültig (mit Zweidrittelmehrheit),

– soferne nicht binnen 3 Monaten der Fall **von der EKMR und/oder einem beteiligten Staat an den EGMR herangetragen wird** (derzeit noch kein Beschwerderecht des Betroffenen; dies ist in einem 9. ZP, das noch nicht in Kraft ist, vorgesehen).

Voraussetzung dafür ist allerdings, daß der belangte Staat die Zuständigkeit des EGMR anerkannt hat (Art 46 MRK). Dies ist von Seiten Österreichs geschehen (siehe zuletzt BGBl 1991/608 und 609).

Die MRK hat in Österreich den **Rang eines Bundesverfassungsgesetzes**[3] und ist **unmittelbar anwendbar.** Der Grundrechtskatalog der MRK steht daher gleichrangig neben dem Staatsgrundgesetz über die allgemeinen Rechte der Staatsbürger (StGG) und sonstigen innerstaatlichen Grundrechtsregelungen. Es handelt sich dabei um „verfassungsgesetzlich gewährleistete Rechte" iS des Art 144 B-VG.

Die Verletzung eines von der MRK garantierten Rechtes ist daher, wenn es sich um einen verwaltungsbehördlichen Bescheid handelt, vor dem VfGH nach Art 144 B-VG geltend zu machen (bei Akten unmittelbarer Befehls- und Zwangsgewalt hat dem eine Beschwerde vor dem UVS vorauszugehen); gerichtliche Entscheidungen sind im gerichtlichen Instanzenzug zu bekämpfen. Erst nach Erschöpfung des innerstaatlichen Instanzenzuges ist eine Beschwerde in Straßburg zulässig. Insofern sind auch Entscheidungen österreichischer Höchstgerichte einschließlich des VfGH in Straßburg bekämpfbar.

Eine Entscheidung des EGMR, in der eine Konventionsverletzung festgestellt wird, verpflichtet den belangten Staat völkerrechtlich zur Herstellung eines konventionsgemäßen Zustandes. Der EGMR kann auch eine finanzielle Entschädigung zuerkennen.

## 6. Europäische Integration

**Lit:** *Öhlinger,* Verfassungsrechtliche Aspekte eines Beitritts Österreichs zu den EG (1988)

### 6.1. Die EG als supranationale Organisation

Mit den Europäischen Gemeinschaften – Europäische Gemeinschaft für Kohle und Stahl (1951, EGKS), Europäische Wirtschaftsgemeinschaft (1957, EWG) und Europäische Atomgemeinschaft (1957, EURATOM), 1965 fusioniert zur Europäischen Gemeinschaft (EG) – sind neuartige – **supranationale** – zwischenstaatliche Organisationen geschaffen worden. **Merkmale der Supranationalität** sind:
 – die Gemeinschaftsorgane entscheiden in vielen Fällen mit Mehrheit;
 – ein Teil der Entscheidungen erfolgt darüber hinaus durch Organe, die von den Mitgliedstaaten unabhängig sind (insbes Kommission, EuGH);
 – **Durchgriffswirkung**: die Organe der EG erzeugen Recht („**Verordnungen**"), die Einzelpersonen unmittelbar berechtigen und verpflichten;
 – das Gemeinschaftsrecht hat **Vorrang vor dem nationalen Recht** einschließlich – nach der (bestrittenen) Judikatur des EuGH – des Verfassungsrechtes.

Die EG ist eine Rechtsgemeinschaft, die gerade in ihrer rechtlichen Struktur bereits bundesstaatliche Züge besitzt, ohne aber als echter (Bundes-) Staat qualifizierbar zu sein. Ein entscheidender Schritt in diese Richtung stellt der am 7.2.1992 in **Maastricht** unterzeichnete Vertrag über die **Europäische Union** dar.

---

3 BVG vom 4.3.1964, BGBl Nr 59.

Österreich ist zunächst wegen seines Status' als **dauernd neutraler Staat** der EG nicht beigetreten. 1989 wurde aber ein Antrag auf Mitgliedschaft gestellt (siehe oben I.7.3.3.). Ein solcher Beitritt wird heute allgemein als Gesamtänderung der Bundesverfassung iS des Art 44 Abs 3 B-VG qualifiziert. Bereits im Vorfeld des Beitritts sind gewichtige Verfassungsänderungen erfolgt (siehe dazu im folgenden 6.2.-6.4.).

## 6.2. Die Beteiligung der Länder und Gemeinden an der Europäischen Integration

Lit: *Burtscher*, EG-Beitritt und Föderalismus (1990); *Pernthaler*, Das Länderbeteiligungsverfahren an der europäischen Integration (1992)

a. Der Bund ist verpflichtet, die Länder sowie die Gemeinden (vertreten durch Städtebund und Gemeindebund) über alle „Vorhaben im Rahmen der europäischen Integration", die deren selbständigen bzw eigenen Wirkungsbereich oder sonst für sie wichtige Interessen berühren, unverzüglich zu **informieren** und diesen **Gelegenheit zur Stellungnahme** zu geben (Art 10 Abs 4 B-VG).

b. Eine **einheitliche Stellungnahme** der Länder zu einem Vorhaben, das Angelegenheiten ihrer Gesetzgebungskompetenzen betrifft, ist **für den Bund verbindlich**. Der Bund darf davon nur aus zwingenden außen- oder integrationspolitischen Gründen abweichen und hat solche Gründe binnen 8 Wochen nach Kundmachung des betreffenden Rechtsaktes mitzuteilen (Art 10 Abs 5 B-VG).

## 6.3. Durchführung des europäischen Rechts

Die Verpflichtungen aus einer Mitgliedschaft in der EG oder des EWR treffen den Gesamtstaat. Die EG ist „bundesstaatsblind".

Die innerstaatliche **Durchführung** des EG- oder EWR-Rechts unterliegt einem ähnlichen Regime wie die Durchführung völkerrechtlicher Verträge (siehe oben IX.3.3.). Abweichend davon geht die Kompetenz auf den Bund bei **Säumigkeit eines Landes** nur dann über, wenn dies von einem „Gericht im Rahmen der europäischen Integration" (das sind der EWR-Gerichtshof bzw der EuGH) festgestellt wurde (Art 16 Abs 6 B-VG). Außerdem besitzt der Bund, anders als bei der Durchführung von Staatsverträgen durch die Länder, kein Aufsichts- und Weisungsrecht (siehe oben V.6.).

## 6.4. EWR-BVG

**Lit:** *Burtscher,* Das Abkommen über den Europäischen Wirtschaftsraum (EWR) – Entstehung, Kurzdarstellung, Textauswahl (1992); *Rill,* Rechtsetzung im EWR, ZfV 1993, 223

Der Bundesverfassungsgesetzgeber hat Anfang 1993 ein EWR-BVG (BGBl 1993/115) beschlossen, dessen Inkrafttreten freilich von dem des EWR-Vertrages[4] selbst abhängig ist.

Mit dem EWR-Vertrag übernehmen die Partner der EFTA nicht nur einen großen Teil der bestehenden EG-Rechtsvorschriften – die in Anhängen zum Vertrag aufgezählt sind –, sondern verpflichten sich auch zur Übernahme künftigen Gemeinschaftsrechts. Diese Übernahme erfolgt im Regelfall durch Änderung oder Ergänzung des entsprechenden Verweises in den Anhängen. Der entsprechende Beschluß ist im **gemeinsamen EWR-Ausschuß** zu fassen. Dieser faßt seine Beschlüsse im Einvernehmen zwischen der EG einerseits und den mit einer Stimme sprechenden EFTA-Partnern andererseits. Solche Beschlüsse („EWR-Recht") sind nach der dem EWR-BVG zugrundeliegenden Auffassung „Staatsverträge" iS des B-VG. Gesetzändernde oder gesetzesergänzende Beschlüsse[5] bedürften daher der Genehmigung des NR und allenfalls der Zustimmung des BR gemäß Art 50 B-VG. Dies wird in Art 2 Abs 1 EWR-BVG wiederholt. Art 2 Abs 2 EWR-BVG sieht jedoch die Möglichkeit eines **vereinfachten Genehmigungsverfahrens** vor: in der GeONR kann die Genehmigung des NR an den Hauptausschuß, in der GeO des BR die Zustimmung an einen besonderen Ausschuß des BR **delegiert** werden.[6] Lediglich die Genehmigung bzw Zustimmung zu verfassungsändernden Beschlüsse(n) ist dem jeweiligen Plenum vorbehalten (Quoren gemäß Art 44 Abs 1 und 2 B-VG sowie ausdrückliche Bezeichnung als verfassungsändernd!). Auf Beschlüsse des gemeinsamen EWR-Ausschusses ist Art 140a B-VG anzuwenden: solche Beschlüsse unterliegen somit der Kontrolle des VfGH auf ihre Verfassungsmäßigkeit. Damit ist klargestellt, daß das EWG-Recht, sofern es nicht als „verfassungsändernd" genehmigt wurde, keinen „Anwendungsvorrang" gegenüber dem Verfassungsrecht hat, wie dies für das EG-Recht in den EG-Mitgliedstaaten postuliert wird. Allerdings ist ein ähnlicher Anwendungsvorrang wohl aus dem EWR-Abkommen abzuleiten.

Art 3 EWR-BVG bezieht sich auf Richtlinien der EG, die als EWR-Recht übernommen werden: ihre Ausführung hat grundsätzlich durch Gesetze zu erfolgen. Anläßlich der Genehmigung kann der NR bzw Hauptausschuß – siehe zuvor – beschließen, daß die Durchführung durch Verordnung erfolgen kann, wenn die Richtlinie inhaltlich hinreichend bestimmt ist.

Die Kundmachung von EWR-Recht im Amtsblatt der EG ersetzt die Kundmachung im BGBl (Art 4 Abs 2 EWR-BVG).

---

4 Abkommen über den Europäischen Wirtschaftsraum, abgeschlossen zwischen der EG und den EFTA-Staaten (mit Ausnahme der Schweiz). Ziel dieses Abkommens ist die Herstellung binnenmarktähnlicher Verhältnisse zwischen den Mitgliedstaaten von EG und EFTA. Zu diesem Zweck übernehmen die EFTA-Staaten weitgehend das Recht der EG.

5 Das sind, weil der EWR-Vertrag samt Anhängen selbst Gesetzesrang hat, **alle** Änderungen oder Ergänzungen eines Anhangs.

6 Siehe dazu § 29a Abs 2 und 3 GeONR: der Hauptausschuß genehmigt gesetzändernde und gesetzesergänzende Beschlüsse des EWR-Ausschusses, sofern nicht ein Viertel seiner Mitglieder die Genehmigung durch das Plenum verlangt oder dies der Präsident nach Beratung in der Präsidialkonferenz anordnet.